多元文化與公民社會

Multiculture and Civil Society

劉阿榮◎主編

序

在各族群的發展過程中，由於不同的生活方式、歷史背景、地理環境、宗教信仰之差異，慢慢形成不同的族群文化。在漫長的文化發展過程中，人們世世代代學習既有的文化，也吸收外來的文化，創造新的文化，使文化內涵更為豐富。這個傳遞積累的過程，包含了縱向的「繼承」，以及橫向的「融合」。「繼承」讓各個文化保有其特色；「融合」使不同文化互相滲透、影響，於是出現「多元文化」的現象。

多元文化固然有其多樣性、活潑性的特色，但也有其隱憂，如弱勢族群無法獲得平等對待時，不僅無法實現公平正義，也會引發對立與仇視。這種現象要以合理的方式來解決，才能達到不同族群文化間彼此平等、尊重、包容、欣賞，以創造全人類的福祉。

族群要平等尊重，有賴於成熟穩健的公民社會，而「公民社會」一詞源自西方的"Civil Society"，意指一個以自主結社為基礎，以追求公益為目標的社會，其組織與行動是自願與自發的。公民社會係政府組織（第一部門）之外的企業部門與非營利組織（NPO），包括公共服務的志願團體、慈善機構等。成熟的公民社會，以理性為依歸，發揮人民公共參與的能力，促進公民社會的蓬勃發展，此種公民社會不僅存在於一國之內，也逐漸擴及「全球公民社會」，共同解決人類的貧富不均、教育落差、環境污染和族群衝突等問題，讓世界邁向共欣共榮的美好遠景。

亞太各國，不僅是我們生活最接近，互動最頻仍的地區；也因族群文化的多樣性，呈現多元文化的特色，而且此地區內各國公民社會也日益興盛，成為學術界關注的焦點。有鑑於此，元智大學於 2008 年 12 月

17 至 18 日舉辦「激盪與迴響：亞太社會文化的展望」國際學術研討會，邀集韓國、中國大陸、香港、澳門、新加坡、馬來西亞及國內學者，共聚一堂，深入研討，共有三十二篇論文發表，會後經作者修改，嚴謹的審查制度，最後有十四篇論文彙編成本書。在「多元文化」方面：王潤華教授的〈被殖民的南洋水果花草——後殖民的植物文化困境〉、鍾怡雯教授的〈我方的歷史——馬共書寫的敘事研究〉、吳翠華教授的〈金子美鈴童謠中的文化風土——以鯨魚供養為中心〉、鈕則謙教授的〈「全球城市」發展的文化途徑——以北京為例〉、鄒淑慧教授的〈跨越焦慮之後：海外中國裝置藝術家的異域表述〉，以及新加坡古蹟督察處楊茳善處長的〈新加坡古跡保存歷程〉、馬來西亞新紀元學院鄭文泉教授的〈馬六甲儒家的馬來（西）亞化——從陳禎祿的國族主義到沈慕羽的社群主義〉、屏東科技大學謝政道及許光廷教授的〈「空間／權力」的滲透——以日治時期大南社魯凱族部落為例〉、台灣大學何輝慶教授的〈分裂國家的通郵問題——華滿與兩岸通郵談判之比較〉等，廣泛地論述了各個文化的面向，展現了多元文化不同的風采。

　　在「公民社會」方面：北京大學程立顯教授〈論中國的政治民主化前景與公民文化建設〉、李衛紅老師〈民間組織對維護公民權利的作用——以中國大陸為例〉、首都師範大學高鋒教授〈中國內地公民社會發展的趨向分析〉、浙江大學連連教授〈中俄社會轉型中公民社會發展之比較〉，以及元智大學李俊豪教授與立德大學徐淑媛教授、陳東豪先生合撰之〈新移民婦女之社會資本、社會適應與社區意識——中國籍與東南亞籍新移民之比較〉等，以中國的公民社會議題為主軸，論及公民社會之發展軌跡與新移民婦女之社會問題，資料蒐集完備且論述精彩。

　　本書之出版，首先要感謝各篇作者之努力與辛勞；其次，要感謝所有審查委員對論文的審查意見，提供作者客觀的建議，使作者跳脫個人主觀的限制，而經過不斷地修正，讓論述更為精進。當然，對於未能通過審查的各篇論文作者，我們也要表達感謝和歉意！最後，本書之出版，

獲得元智大學執行教育部教學卓越計畫經費之補助，一併致謝之。

劉阿榮　謹識於元智大學人文社會學院

2009 年 6 月

目　錄

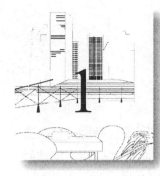

被殖民的南洋水果花草——
後殖民的植物文化困境

王潤華　元智大學國際語文中心主任

摘　要

　　1511 年馬六甲被葡萄牙占領，緊接著西班牙，荷蘭、英國便爭先恐後的搶占東南亞各地區為殖民地，東南亞便開始進入殖民時期。殖民主義壓迫及剝削其人民、豪取強奪其土地上的物資及地下的礦產，但我們的文化論述很少注意到水果花草，也遭受被殖民的命運，它們遭受到壓迫與剝奪。本章透過東南亞文學藝術中常出現的東南亞熱帶水果花草，如何被搶奪侮辱，並分析其後殖民的文化情境，也就是後殖民的水果花草是在帝國主義文化與本土文化互相影響、碰擊、排斥之下產生的文化身分的錯置被壓迫而成政治認同。

　　後殖民水果花草中的「後殖民」的定義，與獨立後（post-independence）或殖民主義之後（after colonialism）不同，它是指殖民主義從開始統治那一刻到獨立之後的今日的殖民主義與帝國霸權。後殖民的水果花草文化的產生歷史已很長久，就如後殖民文學及其理論只是要等到後現代主義興起，才引起學者的興趣與注意，因為只有後現代主義解構以西方為中心的優勢文化論之後，才注意到它的存在。

　　本章採用後殖民文學／文化的重要策略，如重置語言（re-placing language）、賽伊德（Edward Said）的重新建構（configuration）與改變構型（transfiguration）重建文化程式來解讀，並瞭解東南亞如何企圖努力消除本土植物文化思想中的殖民主義影響。

Abstract

Colonialism refers to a period of history from the 15th to the 20th century when the imperial powers from Europe built colonies on other continents. Portuguese army conquered Malacca (Malay: Melaka) in 1511 and it was used as a strategic base for the European expansion in Southeast Asia. Since then many countries in Southeast Asia were under the rule of Western Imperialism. It is easy to see unequal social relations, oppression, exploitation, enslavement and other negative impacts on the political and economic spheres brought about by the colonialism. The general influence on the perceptual frameworks of contemporary peoples is often less evident. Therefore cultural colonialism continues today in most countries, especially in Southeast Asia where I was born and brought up.

Cultural colonialism refers to internal domination by one group and its culture or ideology over others. An example comes from the domination over the former British former colonies Singapore and Malaysia by English language and Western culture. Dominant cultures have made themselves the official culture.

In this paper I would use post-colonial culture of Plants in Southeast Asia as an example to show how the negative aspects of colonialism have occurred for centuries, and continues to the present day. After successfully seeking independence for the countries and the peoples from the Western powers, we forgot to liberate our fruits and plants from imperial colonialism. We cannot continue to absorb and transmit the ideas and knowledge brought by British colonizers. My current study examines the process of the indigenization of the colonial knowledge of fruits and plants of Southeast Asia which is taking place in Singapore and Malaysia. To rewrite books about the local fruits and plants, among many others, plays a vital part in the construction and transmission of local knowledge of tropical fruits and plants.

一、後殖民的南洋水果花草文化

　　1511 年馬六甲被葡萄牙占領,緊接著西班牙,荷蘭、英國爭先恐後搶占東南亞各地區為殖民地,東南亞開始進入殖民時期。[1]殖民主義壓迫及剝削其人民、豪取強奪其土地上的物資與地下的礦產,但我們的文化論述很少注意到水果花草,也像其土地與人民般,遭受被殖民的命運,遭受到壓迫,更不必說尋求獨立。本章討論在東南亞文學藝術文本中經常出現的東南亞熱帶水果花草,如何被殖民、搶奪、改變其身分,目前還生長在後殖民的困境中,並分析其後殖民的文化情境,也就是後殖民的水果花草是在帝國主義文化與本土文化互相影響、碰擊、排斥之下產生的駁雜文化。

　　本章所稱的後殖民水果花草中的「後殖民」的定義,與獨立後(post-independence)或殖民主義之後(after colonialism)不同,它是指殖民主義從開始統治那一刻到獨立之後的今日的殖民主義與帝國霸權。後殖民的水果花草文化的產生歷史已很長久,就如後殖民文學及其理論只是要等到後現代主義興起,才引起學者的興趣與注意,因為只有後現代主義解構以西方為中心的優勢文化論之後,才注意到它的存在。[2]

---

[1] 關於東南亞及馬來亞的殖民史,參考邱新民(1984)。《東南亞文化交通史》。新加坡:新加坡亞洲學會;梁志明主編(1999)。《殖民主義:東南亞卷》。北京:北京大學出版社;D. G. Hall, *A History of Southeast Asia*, 4th edition (London: Palgrave, 1998); Andaya and Leonard Y. Andaya, *A History of Malaysia*, 2nd edition (London: Palgrave, 2001).

[2] Bill Ashcroft, Gareth Grifiths and Helen Tiffin, *The Empire Writes Back: Theory and Practice in Post-Colonial Literatures* (London: Routledge, 1989), pp. 1-2, 117-118. 此書中譯本見劉自荃譯(1998)。《逆寫帝國:後殖民文學的理論與實踐》。臺北:駱駝出版社。

二、當老舍走進倫敦邱園的亞洲植物：發現知識的侵略的開始

　　老舍在 1924 年夏天乘船到倫敦，在倫敦東方學院教授中國語文，一直到 1929 年夏天才結束，離開後他先到歐洲旅行，然後到新加坡教書半年才回國。在倫敦的第二年（1925）老舍寫了長篇小說《老張的哲學》，過了一年，又寫了另一部長篇《趙子曰》（1926）。老舍在倫敦的第三篇長篇小說《二馬》是在 1929 年春天寫成的。那時他為了學好英文，已熟讀英國小說，尤其深受康拉德（Joseph Conrad, 1857-1924）寫作技巧的影響，但是他在《二馬》卻逆寫殖民帝國，成為殖民者／被殖民者的對話、衝突。[3] 小說再現中國人在大英帝國中心的倫敦的迷思。中國人和英國人的衝突，隱喻強大民族的意識形態對不甚瞭解的異族的集體偏見。[4]小說中在一個新年假日，馬威被英國女郎瑪力拒絕愛情，帶著失戀的苦楚獨自逛倫敦郊外的植物園。他偶爾抬頭，驚見老松樹頂雲霄裏有中國式寶塔：「走到河的盡處，看見了松梢上的塔尖，馬威看見老松與中國寶塔，心中不由高興起來。呆呆的站了半天，他的心思完全被塔尖引到東方去了。」[5]

　　後來馬威走進小竹林，看見移植自日本、中國及亞洲各地的竹子：「竹園內沒有人，沒有聲音，只有竹葉，帶著水珠，輕輕的動。」馬威哈著腰看竹根插著的小牌子：「日本的、中國的、東方各處的竹子，都

---

[3] 王潤華（1995）。《老舍小說新論》。臺北：大東圖書，頁 1-46、79-110。

[4] 王潤華。〈從康拉德偷學來的一些招數：老舍《二馬》解讀〉，《老舍小說新論》，頁 79-110。

[5]《老舍文集》第一冊。北京：北京人民出版社，1980-1991，頁 583-584。

雜著種在一塊。」[6]於是馬威產生無限的感慨：

「帝國主義不是瞎吹的！」馬威自己說：「不專是奪了人家的地方，滅了人家的國家，也真的把人家的東西都拿來，加一番研究。動物，植物，地理，言語，風俗，他們全研究，這是帝國主義厲害的地方！他們不專在軍事上霸道，他們的知識也真高！知識和武力！武力可以有朝一日被廢的，知識是永遠需要的！英國人厲害，同時，多麼可佩服呢！」[7]

小說寫的是英國的皇家植物園——邱園（Royal Botanic Gardens, Kew, or Kew Gardens），座落在倫敦三區的西南角。被聯合國指定為世界文化遺產。邱園始建於 1759 年，原本是英皇喬治三世的皇太后奧格斯汀公主（Augustene）一所私人皇家植物園，起初只有 3.6 公頃，經過二百多年的發展，已擴建成為有 120 公頃的規模宏大的皇家植物園，目前邱園收集了全世界超過五萬種植物，活的樹木便有二十五萬棵之多。寶塔，或稱中國佛塔（Pagoda）於 1762 年為 Augusta 王妃所建，由 William Chambers 設計，當然這也是作為他本人對中國建築興趣的一種紀念。在 18 世紀中

邱園的佛塔

資料來源：檢索自邱園官方網站（2008）。http://www.kew.org/data/index.html

---

[6]《老舍文集》第一冊，頁 584。
[7]《老舍文集》第一冊，頁 584。

期，英國的園林設計中非常流行中國風。寶塔高 50 多米，共十層，八角形的結構，塔頂的邊緣有龍的圖案，整座塔色彩豐富，為邱園寧靜的南部創造了一個新視野。

　　大英帝國從世界各地殖民地移植的花草樹木，尤其奇花異木，都種植在這個邱園中，而且加以研究，試驗改良、變種，因而掌握了命名的權利，也成為他們的知識與財富。[8]比如目前已知的世界上非樹生的最大的花，種類繁多，花的形狀也多樣化，有些貼地而生，有些樹立地面，故名稱也不一，如 Titan Arum、Amorphophallus 及 Titanum Becc（Araceae 天南星科植物）等。原產地為印尼的蘇門答臘的其中之一品種，其花心高 140 公分，花瓣直徑 95 公分，最快四年才開一次，但一兩天內花就凋謝了。這種巨大的海芋類植物的花所散發出來的不是迷人的芬芳，而有類似如垃圾和腐肉般的臭味，老百姓因為其臭味而叫做腐屍花 "corpse flower"。現在都用西方的學名，每次開花，都成為世界新聞，而且多數的花開在邱園，而不是開在印尼、婆羅州、泰國、馬來西亞的土地上：[9]

倫敦邱園的腐屍花

資料來源：檢索自邱園官方網站（2008）。http://www.kew.org/data/index.html

---

[8] http://www.kew.org/data/index.html
[9] David Attenborough, *The Private Life of Plants* (Princeton: University of Princeton University Press, 1995), pp.235-243.

因爲每年倫敦邱園的腐屍花綻放，成爲世界新聞，後來下列爪哇茂物植物園（左圖）及馬來西亞熱帶叢林（右圖）的腐屍花開花時，才出現在東南亞的報紙上。下面是其中兩種不同的品種：[10]

印尼茂物植物園的腐屍花　　　　馬來西亞叢林的腐屍花

資料來源：左，新加坡《聯合早報》，2000年8月23日；右，新
　　　加坡《海峽時報》（The Straits Times），2000年9月
　　　15日新聞與圖片。複製自王潤華收藏剪報資料。

---

[10] 左，新加坡《聯合早報》，2000年8月23日；右，新加坡《海峽時報》（The Straits Times），2000年9月15日新聞與圖片。複製自王潤華收藏剪報資料。這二種花被印尼人稱之爲 bunga bangkai。

三、萊佛士植物知識的霸權與侵略：東南亞花木的殖民主義話語

1819 年，英屬東印度公司的史丹佛‧萊佛士（Sir Thomas Stamford Raffles, 1781-1826）[11]在新加坡登陸後，發現這座小島有著極重要的戰略及貿易優勢，因此他便決定留在新加坡，並積極建設這座小島成為英國海外的貿易據點。而新加坡就在佛萊士的規劃及建設下，由一個小漁村蛻變成為繁榮的國際化都市[12]。新加坡人為了紀念他，許多建築或是路名都是以他的名字來命名，像是 Stamford Road、Raffles BLVD、Swissotel、The Stamford、Raffles Hotel 與 Raffles City 等。

萊佛士不但是一位精明能幹的英國殖民主義的侵略者、政府的行政人員、也是一位熱心的自然學家。他的馬來助理及馬來文老師阿都拉（Munsyi Abdulah Bin Sheikh Abdul Kadir, 1796-1854）在馬來文學作品

---

[11] 關於史丹佛‧萊佛士的傳記甚多，本文多根據 Maurice Collis, Raffles: The Definitive Biography (Singapore: Graham Bras, 1982)，另外也參考 C. E. Wurtzburg, Raffles of the Eastern Isles (Singapore: Oxford University Press, 1984); Nigel Barley, The Duke of Puddle Dock: In the Footsteps of Stamford Raffles (London: Penguin Books, 1993); Swaine, D. R., Stamford Raffles (Singapore: Malaya Pub. House, 1957)；曾鐵忱（1963），《悲劇人物萊佛士》，新加坡：南洋出版公司。

[12] C. M. Turnbull, A History of Singapore (Oxford: Oxford University Press, 1988), Chapters 1 and 2; Ernest Chew and Edwin Lee (eds), A History of Singapore (Oxford: Oxford University Press, 1991), chapter 3. Ernest Chew, "Who's the Real Founder?" The Sunday Times (Singapore), p.8.; Maurice Collis, Raffles: The Definitive Biography (Singapore: Graham Bras, 1982), pp. 174-183.

《阿都拉傳》裏對萊佛士有一段這樣的描寫：「他準備了一本大簿子，紙張都是厚厚的。那是用來收集各種葉子和花朵，有些東西無法收在當中，他就請一個很會描繪各種花鳥果木的廣東人，生動地將它描繪下來，並附上詳細的說明。」（頁 43-44）其實不只一個廣東人，還有很多其他的畫家參與這項歷史性的自然文化工程。可惜的是，1824 年萊佛士乘搭「榮譽號」（Fame）回英國，離開蘇門答臘不久，不幸輪船遇火，在新加坡不遠處沉沒，許多珍貴的活的動植物及其繪畫與標本，還有很多研究熱帶的自然歷史手稿與殖民地政府官方檔案，付之一炬。萊佛士的個人災難，不但是殖民地的損失，也是全人類文明的損失。[13]

史丹佛・萊佛士畫像

資料來源：照片取自新加坡國立大學萊佛士自然博物館（2008）。
http://rmbr.nus.edu.sg/history/raffles.htm#top#top

---

[13] 楊貴誼譯（1998）。《阿都拉傳》。新加坡：熱帶出版社，頁 43-44。
英文譯本：*The Autobiography of Munshi Abdullah*, translated from the Malay by W. G. Shellabear. (London: H. S. King, 1874, 1918 reprint).

史丹佛‧萊佛士擔任蘇門答臘的明古連總督（Governor of Bencoolen）[14]的時候，他特別狂熱的進入蘇門答臘熱帶叢林收集與研究奇花異草、珍禽異獸。最為人知道的，他再次又聘請畫家以水彩與素描把熱帶的植物動物記錄下來。當然作為自然學家，他也大量收集標本。1818 年萊佛士帶領一大隊人馬，包括軍人與植物學家，深入蘇門答臘島的熱帶雨林尋找植物與動物。根據萊佛士夫人 Sophia 的描述，他們看見一朵巨大無比的花，一丈大，花心的直徑就有九吋深，可容 1 加侖半的水，花重約十五磅。花朵呈現紫、黃、白、紅等顏色，花瓣豐厚如菌類，其味如腐爛的屍體，奇臭難聞。約有二十六種品種，這種植物無莖無葉無根。但地土族早就利用來治病，當然因為萊佛士首次在印尼叢林看見，當地人稱為他者，便武斷地說這是第一次被發現，這是霸權的話語，搶奪的行為。結果以他自己的姓氏 Rafflesia 命名，另一品種則以他的姓氏與隨行的植物學家 Dr. Joseph Arnold 來命名，稱為 Rafflesia Arnoldi。[15]如上所說，當地人稱它腐屍花，馬來語，印尼語通稱為 bunga patma，或是 bunga bangkai，下面是馬來西亞與印尼叢林的這一類花朵：[16]

馬來西亞與印尼叢林所見的腐屍花
資料來源：The Carnivorous Plant Society 照片。

---

[14] 現改稱 Bengkulu，在蘇門答臘島上的西南邊，為印尼的其中一省，早年英國建立為重要軍事與貿易重地。

[15] Maurice Collis, *Raffles: The Definitive Biography* (Singapore: Graham Bras, 1982), pp. 115-116. http://en.wikipedia.org/wiki/Rafflesia

[16] http://www.people.fas.harvard.edu/~ccdavis/weblinks/NPR.htm

還有叢林中的豬籠草，因為萊佛士自己首次在馬來西亞與印尼叢林看見，也武斷地說這是第一次被發現，結果現在的英文記載，都用萊佛士，如 Raffesia（Raffles pitcher）、Nepenthes rafflesiana 及 Giant Raffles' Pitcher-Plant 來命名[17]。下面是各種巨型的萊佛士豬籠草（猴杯）的照片：

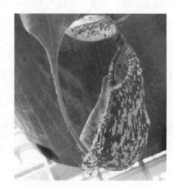

所謂萊佛士發現的熱帶雨林中巨大的豬籠草（猴杯）
資料來源：http://travel.mongabay.com/topics/new/carnivorous%20plants4.html

就這樣我們東南亞的植物便一直被殖民到現在，恐怕永遠也不能爭取獨立了。

其實萊佛士不但對植物有研究，也熱愛研究動物、飛禽走獸及魚類。為了紀念他的研究，很多飛禽走獸及魚類都以他命名，如熱帶鳥有 Megalaima rafflesi（Red-crowned Barbet）以及 Dinopium rafflesii（Olive-backed Woodpecker），魚有 Chaetodon rafflesi（Latticed Butterfly-fish）等等。新加坡國立大學理學院的萊佛士多樣性生態研究博物館，擁有大約五十萬件東南亞動植物標本（所展出的是一部分標本）。各種飛

---

[17]The Carnivorous Plant Society

http://www.thecps.org.uk/content/view/51/25/；又見 David Attenborough, *The Private Life of Plants* (Princeton: Princeton University Press, 1995), pp.72-81.

禽走獸，如蟑螂、螳螂、老虎、豹、蝙蝠、眼鏡蛇等應有盡有。當然還有本地水果、蔬菜和礦產等的展示，以及馬來人、爪哇人所使用的器物，如武器、錢幣、紙幣，以及他們的工作場所和巫術。該前身是殖民地政府於 1849 年成立的萊佛士博物館。裏面有相當部分得益於當年萊佛士和法誇爾的收集。[18]雖然萊佛士於 1824 年回返倫敦途中，因爲輪船與文物都被大火燒毀，但還有大批留存，目前大英博物館（British Museum）還有萊佛士家族特藏，擁有大批他當年請人繪製的有關東南亞的動植物圖畫。[19]

目前收藏於大英博物館的萊佛士當年請畫家畫的動植物圖畫

資料來源：圖片取自藝術基金官方網站：
　　　　http://www.artfund.org/artwork/9744/collection-of-drawings-and-waterc

---

[18] Raffles Museum of Biodiversity Research, Department of Biological Sciences, Faculty of Science, National University of Singapore http://rmbr.nus.edu.sg/collections/raffles.php
[19] http://www.artfund.org/artwork/9744/collection-of-drawings-and-waterc

四、威廉·法誇爾「東印度公司風格」動植物圖畫：知識的再度侵略

　　19 世紀歐洲人對自然科學非常重視，尤其對動植物學感興趣。19 世紀初是西方對東方進行大肆開發掠奪階段，收集研究動植物的目的是尋找一切有經濟利用價值的動物和植物。萊佛士在福康寧山上開辦第一個香料園和植物園，正是此意圖的具體顯現。東印度公司另一位職員威廉·法誇爾（William Farquhar c. 1770 - 1839）是在萊佛士登陸開闢新加坡後被委任的新加坡第一任駐紮官（British Resident and Commandant of Singapore, 1819-1823）。

威廉·法誇爾畫像

資料來源：新加坡品牌網。
　　　　　http://www.singaporebrand.net/bbs/read.php?tid=1779&fpage=4

　　在此之前，威廉·法誇爾曾在 1803 到 1818 年期間，擔任馬六甲殖民政府的行政與軍事主管（Resident and Commandant of Malacca）。威廉·法誇爾也同樣有此嗜好。他們所處的那個年代，歐洲人對自然科學非常重視，尤其對動植物學感興趣。法誇爾在馬六甲任職期間，聘用當地華人與印度人用彩筆描繪馬六甲一帶自然生態，包括動植物外表形態。這

批畫作是 19 世紀初新加坡和馬來西亞南部地區自然生態最大、最完整的記錄。[20]新加坡歷史博物館曾為法誇爾舉辦過展覽，下面是其中的一些圖片：

法誇爾在馬六甲任職期間，聘用當地華人與印度人用彩筆描繪熱帶水果

資料來源：新加坡品牌網站。

http://www.singaporebrand.net/bbs/read.php?tid=1779&fpage=4

---

[20] 關於威廉・法誇爾，散見 Ernest Chew and Edwin Lee (eds.), *The History of Singapore* (Oxford: Oxford University Press, 1991), "Who is the Real Founder: Great Scott! It was not just Raffles", *The Sunday Times* (Singapore), January 13,200, p.8; Maurice Collis, *Raffles: The Definitive Biography* (Singapore: Graham Brash, 1982); Alice Loh (eds.), *Sir Thomas Raffles: A Comprehensive Bibliography* (Singapore: National Board of Museum, 1997).

1827 年，威廉‧法誇爾告老還鄉，這批畫作也被他隨身帶回英國，交給英國皇家亞洲學會保管。這批畫分成八大冊共四百七十七幅，每一幅都有爪哇文與英文名稱，有些還附有拉丁文學名，這批畫作出自許多不知名畫家的手筆，卻具有一種獨特風格，即所謂「東印度公司風格」。新加坡商人吳玉欽（G. K. Goh）於 1994 年在蘇富比舉辦的拍賣會上以大約三百萬新元標得這整批畫作，並於 1996 年捐獻給新加坡國家文物局，使得古畫重歸新加坡懷抱。因為新加坡國家博物館前所未有首次完整展出威廉‧法誇爾（William Farquhar）的自然歷史繪畫收藏系列，成為「自然帝國」（The Empire of Nature）。全套系列有四百七十七幅畫作之多，是國家博物館的十一件國寶級典藏精品之一。[21]

法誇爾在馬六甲任職期間，聘用當地華人與印度人用彩筆描繪熱帶水果
資料來源：新加坡國家文物館（2008）。http://www.nationalmuseum.sg

---

[21] 四百七十七件完整的威廉‧法誇爾的繪畫曾在「新加坡國家博物館」展出，drawings will be on at the National Museum from 7 September to 21 October 2007; www.nationalmuseum.sg;
http://www.singaporebrand.net/bbs/read.php?tid=1779&fpage=4

五、後殖民的榴槤滋味：中國化與西方殖民化的爭奪戰場

在東南亞，尤其鄭和下西洋船隊訪問過新馬，很多人迷信榴槤是鄭和下南洋時，在叢林中留下的糞便所變成。說得難聽一點，榴槤的果肉，就像一團一團的糞便。東南亞的人都迷信，榴槤樹很高大，果實表面長滿尖刺，如果從樹上掉下打中人，必定頭破血流，但卻從沒聽過有這種悲劇發生。神話中都說是因為鄭和的神靈在保護。鄭和後來在東南亞被當作神靈來膜拜。事實上，本土名字在東南亞各地，如馬來西亞、新加坡、泰國、婆羅州、印尼、菲律賓都成為 Durian 。中文榴槤之名卻說取自於因為華人移民流連忘返，定居南洋的人，都喜歡吃，所以取名榴槤，與留戀、流連同音。這樣釋音，並示其義，可以把南洋果中之王中國化。這也是爭取發言權的一種手段，但體現中國人在海外不侵略、不殖民的民族性，力求與本土結合的華人心態。

熱帶水果之王榴槤之內外形狀

資料來源：王潤華攝影。

榴槤所發出的香味極富傳奇性。本土人，尤其是原居民，一聞到它，都說芬芳無比，垂涎三尺。可是對多數中國人與西方人來說，榴槤的香

味變成臭味，一嗅到氣味，便掩鼻走開。初來東南亞的中國人，形容榴槤「若牛肉之臭」，現代作家鍾梅音說它「雞屎臭」。西方人則形容氣味為腐爛洋蔥或乳酪。我曾說榴槤神話代表典型的後殖民文本。[22]

後殖民文化（post-colonial cultures）是在帝國主義文化與本土文化互相影響、碰擊、排斥之下產生的結果。武力型的殖民主義雖然已消失這種殖民主義的影響，仍然深入的進入文化生活中，便產生所謂後殖民文化。榴槤命運繼續被後殖民文化操縱。不久前世界各國，尤其東南亞，爭先報導關於泰國一位科學家經過三十年的研究，已成功將榴槤濃濃的香味消除，這種新品種的榴槤，「氣味就和香蕉一樣一點兒也不難聞」。一切是為了迎合全球的，尤其是西方人的口味。我讀後十分難過，雖然從改良研究熱帶水果上來說，也許是一項突破，卻反而破壞熱帶水果的神話，因此我不覺得這是提升人類文化的研究。

我在〈吃榴槤的神話：東南亞華人創作的後殖民文本〉中指出，榴槤在東南亞被尊為熱帶果中之王，他的香味很魔幻，擁抱本土的人民，或熱愛東南亞的移民或遊客，都喜愛吃榴槤，其香味能使人癡如醉，會上癮。愛它的人氣味越濃烈，味道就越好。對這土地沒有感情的人，絕大多數是西方殖民者或優越感的人，覺得它的氣味很臭，難於形容，不同的人會感嗅到不同的氣味，有人說像發黴的乳酪、雞糞，或是爛魚臭蝦。榴槤的氣味可以穿越時空，只要大飯店其中一客房有榴槤，所有的空間都會有其氣味。所以殖民時代，就立下至今不改的嚴格規定：禁止攜帶榴槤進飯店。

么味的榴槤就是去本土化，典型的後殖民文化。所謂國際化就是西方化。霸權話語就連熱帶果中之王的榴槤，也必須改變自己的本土身分，向西方認同。所以我們在知識的領土上，永遠被西方殖民。

---

[22]王潤華（2001）。〈吃榴槤的神話：東南亞華人創作的後殖民文本〉，《華文後殖民文學》。臺北：文史哲出版社，頁 177-190；上海：學林出版社，2001 年，頁 158-170。

六、企圖走出後殖民的迷思：去殖民化的城市與道路

由此可見，在東南亞，即使水果花草，也難逃被中西方霸權殖民的命運，而且不像屬於土地的區域性地理空間，可以民族主義的領土權力，爭取獨立，脫離殖民政府統治。屬於知識的領域是沒有國界的，一旦建立的論述，包括簡單的命名，就很難改變。土地命名，含有被殖民的名稱，包括城市名稱與道路，就如韓國的漢化的漢城，改稱韓國化的首爾，印度的孟買，原是葡萄人化的 Bombay，今天變成印度化的 Mumbai, 馬來西亞的中國化的海邊小城 Anson（安順）變成馬來化的 Telok Intan。凡是殖民地留下的地名，獨立後只要動用去殖民化的文化政策，就隨時把它本土化。

所以比較對照戰前戰後，或獨立前後的亞洲各國城市的街道地圖，您會非常驚訝的發現亞洲城市，一半以上的街道都改了名字，以馬來西亞的首都吉隆坡為例，最具典範性，英國殖民時代道路都以英國統治者命名，現在除了原來以馬來本土名稱，如 Jalan Ipoh（怡保路）、Jalan Ampang 或華人拓荒者而致富的政商名流如陸佑街（Jalan Loke Yew）還保留，原來八成的以英國統治者的路名都被馬來民族主義下的政治人物或地方名稱取代了。獨立以前的 Mountbatten Road、Swettenham Road、Birch Road 及 Foch Avenue 都消失了。[23]

---

[23] 請參考吉隆坡市中心獨立前後街道的去殖民化與本土化的街道名字：Birch Road - Jalan Maharajalela; Bluff Road - Jalan Bukit Aman; Brickfields Road - Jalan Sambanthan; Campbell Road - Jalan Dang Wangi; Cecil Street - Jalan Hang Lekir; Church Street; - Jalan Gereja; Clarke Street - Jalan Mahkamah Tinggi; Club Road - Jalan Parlimen; Cross Street - Jalan

當然也有例外的，以新加坡爲例，單單一位殖民者萊佛士，許多道路，如 Raffles Boulevard、Stamford Road、Stamford Avenue、Raffles Hotel、Raffles the Palza、Stamford House、Raffles Aracde、Raffles city、Swisssotel、the Stamford、Raffles Hotel Museum、Raffles Land Site 及 Stamford Court 等，還有很多以 Raffles 命名的學校、醫院、高爾夫球俱樂部、遊艇俱樂部。這又是另一種後殖民的情景。他們讓眞實的歷史留下來，就如一座座帝國主義的建築，讓它成爲珍貴的人類歷史文物。

七、擺脫殖民主義的胡姬花：本土化與國際化

賽依德（Edward Said, 1935-2003）說，亞洲透過歐洲的想像而得到表述，歐洲文化正是透過東方學這一學科的政治的、社會的、軍事的、意識形態的、科學的、以及想像的方式來處理，甚至創造東方。中國學者與文人也是如此創造了南洋。[24]

大陸、臺灣及香港的遊客初次到新加坡，總是要問爲什麼要稱蘭花

Silang; Dickson Street - Jalan Masjid India; Davidson Road - Jalan Hang Jebat; Foch Avenue - Jalan Cheng Lock; High Street - Jalan Bandar - Jalan Tun H S Lee; Holland Road - Jalan Mahkamah Persekutuan; Hospital Road - Jalan Chendersari; Mountbatten Road - Jalan Tun Perak; Klyne Street - Jalan Hang Lekiu; Market Street - Leboh Pasar Besar; Pudoh Street - Jalan Pudu; Rodger Street - Jalan Hang Kasturi; Shaw Road - Jalan Hang Tuah; Swettenham Road - Jalan Mahameru; Treacher Road - Jalan Sultan Ismail; Venning Road - Jalan Perdana; Victoria Avenue - Jalan Sultan Hishamuddin; Weld Road - Jalan Raja Chulan. 參考 http://lamjo.tripod.com/road.html
[24] 王宇根譯（1999），愛德華‧賽依德著。《東方學》。北京：三聯書店，頁 4、5。

為胡姬花？胡姬花的名字就是一場典型的中西文化在多元種族、多種語言的社會中發言權的爭奪戰。東南亞的蘭花因為長在當年尚未開墾蠻荒的東南亞，從歷史文化悠久的中國新移民看來，南洋是胡人之地。胡姬，即野蠻之地的美女，胡姬花，即蠻荒之地美女之花。其實胡姬花原是英文 orchid 的音譯，但中國移民加上了中國性的蠻荒意義，因此胡姬花這樣的花卉就變成中西交雜的後殖民文化，這就是東南亞文化的特點。所以它既有中國性也有西方的性，也擁有本土性，在東南亞地區，今天華人都約定俗成地使用「胡姬花」這個名稱。

南洋的蘭花稱為胡姬花，種類繁多，這是新加坡的國花卓錦・萬代蘭
資料來源：王潤華攝影。

　　1981 年新加坡文化部宣布一種名為卓錦・萬代蘭（Vanda Miss Joaquim）的胡姬花為國花。卓錦萬代蘭距今有八、九十年的歷史，由僑居新加坡的西班牙女園藝師艾尼絲・卓錦（Agnes Joaquim）於 1893 年在其後花園所發現，是一種自然混種的胡姬花，新加坡植物園為了紀念她，把這種花命名為卓錦萬代蘭，意即卓錦女士之蘭花。vanda 是梵文，本土蘭花的一種品種。卓錦・萬代蘭兼有音譯和意譯，有卓越錦秀、萬代不朽之意。[25]卓錦・萬代蘭花瓣呈淺紫色，中間部分為深玫瑰的斑點，整個

---

[25] http://en.wikipedia.org/wiki/Vanda_Miss_Joaquim

花朵顯得芬芳艷美，十分惹人喜愛。它那嬌美四綻的唇片，象徵各民族以及馬來語、英語、華語、淡米爾語四種語言平等。上攀的花莖，象徵向上，向善；一花凋謝，一花繼開，象徵國家民族源遠流長，具有無窮的信心和希望。卓錦・萬代蘭整個花朵清麗端莊，超群而謙和，象徵新加坡人的氣質；它的生命力特強，不論在多麼惡劣的條件下，都能爭芳吐艷，象徵新加坡民族刻苦耐勞，果敢奮鬥的精神。

　　早期的胡姬花多以西方人命名，但是獨立後的新加坡採用以胡姬花命名儀式，表示對世界各國來訪的貴賓給予最高禮遇與榮譽，這就打破了西方名字壟斷與操縱的局面。比如泰國皇后來訪，就以 Cattleya Queen Sirikhit 命名新品種的 Cattleya 胡姬花。萬代蘭（Vanda）新品種的花以新加坡銀行家兼慈善家陳振傳（Tan Chin Tuan）為名時，就成為 Vanda Tan Chin Tuan。[26]由於新加坡建立了強大的胡姬花研究團隊，把種植、培植、變種成為重要的國際經濟企業，這樣新加坡就掌握了胡姬花的論述權。由於胡姬花是熱帶的原始植物，容易生長，在馬來西亞、泰國、菲律賓及其他東南亞國家，由於經濟利益，政府與民間都推動大規模研究與培植胡姬花，所以胡姬花可說是開始擺脫殖民主義，開始獨立自主了。[27]

八、正名與重新認識：拯救被殖民的植物的第一步

其實本土花草樹木與本土人民密切的一起生活，東南亞的人，很早

---

[26] Hugh Tan, Hew Choy Sin, *A Guide to the Orchids of Singapore* (Singapore: Singapore science Center, 1993)。參考關於胡姬花新品種之國際註冊與認定，參考本書，頁 20-25。

[27] 關於「新加坡及熱帶的胡姬花種植」，參考 Hugh Tan, Hew Choy Sin, *A Guide to the Orchids of Singapore*, pp.45-56.

就意識到讓它們回歸本土。二十多年以來，我最常翻閱的兩本有關熱帶水果樹木的書《新馬水果集》及《馬來亞常見的樹木》(*Some Common Trees of Malaya*)。[28]就是最好的例子。兩本書的作者都只是普通的植物愛好者，不是什麼專家，他們的用心在於希望我們認識，記得這些植物的本土名稱以及它們與本地人生活的密切關係。即使今天，很多人家，尤其住在鄉村的人家，往往會把木瓜、香蕉、斑蘭葉，種植在屋子的周圍，成為生活的一部分。這兩書對每一種樹木花果，都會註明學名本土及英文名，如《新馬水果集》因為是中文書，中文敘述全用「人心果」，另外學名：Achras sapota、linn；馬來名：chik；英文名：chiku、sapodilla 及 naseberry，結果在馬來人、西方的敘述裏，都通用 chiku，華人都一致用「人心果」。再如山竹，那是華人自創的俗名，自古通用，其學名也有馬來化：garcinia、mangostana、linn，馬來人稱之為 mangisgis、manggistan；英國人為了發音方便，稍微改變成 mangosteen。[29]華人稱為紅毛丹的水果最傳神，這是把本土馬來名稱 rambutan 音譯意譯外加上顏色，遂變成紅毛丹。英國人也只好入鄉隨俗叫它為 rambutan。[30]在新加坡最常見的路邊樹叫雨樹，馬來人稱為 pukul lima 即五點鐘的意思，因為這種屬於含羞草科的樹木，每天下午太陽下山時，其葉子就會收縮，合疊起來，古代居民把它當作時間的指標。華人與英國人稱為雨樹，是因為每天清晨葉子張開時，露水如雨點掉下，所以通稱雨樹。這種本土化生活化的名字，為東西方各種語言的族群所接受。[31]

---

[28] 林耀東、黃玉榮、林孟君（1969）等編。《新馬水果集》。新加坡：青山出版社；Betty Molesworth Allen, *Some Common Trees of Malaya* (Singapore: Eastern Universities Press, 1957).

[29] 《新馬水果集》，頁 7-8、31-32。

[30] Anne Nathan and Wong Yit Chee, *A Guide to Fruits and Seeds* (Singapore: Singapore Science Center, 1987), pp.32-33。

[31] Betty Molesworth Allen, *Some Common Trees of Malaya,* pp.12-13。

這種綠色的革命，一直不斷在民間進行著。最好的例子就是新加坡的科學舘出版的大自然系列叢書，如《新加坡胡姬花入門》、《新加坡路邊樹木入門》、《新加坡野花入門》、《種子與水果入門》、《新加坡淡水魚類入門》等等四十二本書。[32]

　　　　山竹　　　　　　　　紅毛丹　　　　　　　雨樹
資料來源：王潤華攝影。

　　上述這些科普書籍，在英文論述中都推動東南亞民間的名稱，如中文稱爲打架魚／鬥魚，英文也用俗名 fighting fish，而不是 betta splendens。生長於東南亞熱帶叢林深處的湖泊與河流的金龍魚，由於華人供奉為吉祥物，會帶來財富，大量飼養，成爲國際企業，這種魚逐漸的被中文化，

[32] Hugh Tan, Hew Choy Sin, *A Guide to the Orchids of Singapore* (Singapore: Singapore science Center, 1993); Wee Yeow Chin, *A Guide to the Wayside Tress of Singapore* (Singapore: Singapore science Center, 1989); Foo Tok Shiew, *A Guide to the Wildflowers of Singapore* (Singapore: Singapore science Center, 1985); Anne Nathan and Wong Yit Chee, *A Guide to Fruits and Seeds* (Singapore: Singapore science Center, 1987); Kelvin Lim and Peter Ng, *A Guide to the Fresh Water Fishes of Singapore* (Singapore: Singapore science Center, 1990). 請參考新加坡科學舘。

連英文書籍都通稱爲 dragon fish。[33]

鬥魚　　　　　　　　　　金龍魚

資料來源：圖片取自Kelvin Lim and Peter Ng, *A Guide to the Fresh Water Fishes of Singapore* (Singapore: Singapore Science Center, 1990), pp.24-25.

　　這種正名化的工作，重新認識本土動植物，深入研究與商業化，是拯救被殖民的動植物的第一步，也是一項大工程。

---

[33] Kelvin Lim and Peter Ng, *A Guide to the Fresh Water Fishes of Singapore*, pp.24-25.

參考書目

一、中文部分

《聯合早報》（2000）。關於印尼茂物植物園的腐屍花的新聞報導與圖
　　片，取自 2000 年 8 月 23 日報導。

王宇根譯（1999），愛德華‧賽依德著。《東方學》。北京：三聯書店。

王潤華（1995）。《老舍小說新論》。臺北：大東圖書，1995。

王潤華（2001）。〈吃榴槤的神話：東南亞華人創作的後殖民文本〉，
　　《華文後殖民文學》。臺北：文史哲出版社。

老舍（1980）。《老舍文集》第一冊。北京：北京人民出版社。

林耀東、黃玉榮、林孟君等編。《新馬水果集》。新加坡：青山出版社。

邱新民（1984）。《東南亞文化交通史》。新加坡：新加坡亞洲學會。

梁志明主編（1999）。《殖民主義：東南亞卷》。北京：北京大學出版
　　社。

曾鐵忱（1963）。《悲劇人物萊佛士》。新加坡：南洋出版公司。

楊貴誼譯（1998）。《阿都拉傳》。新加坡：熱帶出版社。

劉自荃譯（1998），賽依德著。《逆寫帝國：後殖民文學的理論與實踐》。
　　臺北：駱駝出版社。

二、外文部分

Abdullah, Munshi. *The Autobiography of Munshi Abdullah*, translated from
　　the Malay by W. G. Shellabear. (London: H. S. King, 1874, 1918
　　reprint).

Allen, Betty Molesworth, *Some Common Trees of Malaya* (Singapore:
　　Eastern Universities Press, 1957).

Andaya, Barbara Watson and Leonard Y Andaya, *A History of Malaysia, 2nd edition* (London: Palgrave, 1982).

Ashcroft, Bill, Gareth Grifiths and Helen Tiffin, *The Empire Writes Back: Theory and Practice in Post-Colonial Literatures* (London: Routledge, 1989)

Attenborough, David. *The Private Life of Plants* (Princeton: Princeton University Press, 1995).

Barley, Nigel, *The Duke of Puddle Dock: In the Footsteps of Stamford Raffles* (London: Penguin Books, 1993).

Chew, Ernest and Edwin Lee (eds). *The History of Singapore* (Oxford: Oxford University Press, 1991).

Chew, Ernest. "Who is the Real Founder: Great Scott! It was not just Raffles", *The Sunday Times* (Singapore), January 13,200, p.8.

Foo Tok Shiew, *A Guide to the Wildflowers of Singapore* (Singapore: Singapore science Center, 1985).

Collis, Maurice. *Raffles: The Definitive Biography* (Singapore: Graham Brash, 1982).

Hall, D. G. *A History of Southeast Asia*, 4th edition Babara Watson (London: Palgrave, 1998).

Lim, Kelvin and Peter Ng. *A Guide to the Fresh Water Fishes of Singapore* (Singapore: Singapore science Center, 1990).

Loh, Alice (ed.). *Sir Thomas Raffles: A Comprehensive Bibliography* (Singapore: National Board of Singapore Museum, 1997).

Nathan, Anne and Wong Yit Chee, *A Guide to Fruits and Seeds* (Singapore: Singapore Science Center, 1987).

Swaine, D. R., *Stamford Raffles* (Singapore : Malaya Pub. House, 1957).

Tan, Hugh, Hew Choy Sin. *A Guide to the Orchids of Singapore* (Singapore:

Singapore Science Center, 1993).

Turnbull C. M., *A History of Singapore* (Oxford: Oxford University Press, 1988).

Wee Yeow Chin, *A Guide to the Wayside Tress of Singapore* (Singapore: Singapore science Center, 1989).

Wurtzburg, C. E. *Raffles of the Eastern Isles* (Singapore: Oxford University Press, 1984).

三、網站資料

有關卓錦・萬代蘭網站:http://en.wikipedia.org/wiki/Vanda_Miss_Joaquim

新加坡科學館網站:http://www.science.edu.sg/ssc/index.jsp

新加坡國家博物館 www.nationalmuseum.sg.

萊佛士豬籠草(猴杯)的照片取自:

　　http://travel.mongabay.com/topics/new/carnivorous%20plants4.html;

　　http://www.people.fas.harvard.edu/~ccdavis/weblinks/NPR.htm

邱園官方網站 http://www.kew.org/data/index.html

馬來西亞與印尼叢林所見的死屍花取自:The Carnivorous Plant Society

　　http://www.thecps.org.uk/content/view/51/25/;

　　http://www.people.fas.harvard.edu/~ccdavis/weblinks/NPR.htm

威廉・法誇爾(William Farquhar)的自然歷史繪畫照片取自:

　　http://www.singaporebrand.net/bbs/read.php?tid=1779&fpage=4

Raffles Museum of Biodiversity Research, Department of Biological Sciences, Faculty of Science, National University of Singapore:

　　http://rmbr.nus.edu.sg/collections/raffles.php

新加坡古跡保存歷程

楊荏善博士　新加坡古跡保存局建築顧問暨古跡督察處處長

摘　要

　　歷史文化古跡的保護是一個國家文化事業的實際寫照。新加坡現今雖僅只有短短一百八十九年的歷史，卻孕育了許多譬如鄉土建築、店屋、殖民地建築、傳統宗教建築等古跡。英國人菲立‧傑克遜中尉（Lieutenant Phillip Jackson）依照史丹福‧萊佛士（Stamford Raffles）的指示，繪製「新加坡城地圖」（Town of Singapore）。這份完成於 1822 年的規劃圖，對新加坡建築規劃的發展具有深遠影響。至今，該圖仍然是規劃古跡甚至新建築的底本。迅速發展的城市均面臨巨大的發展壓力。作為一個土地資源有限的都市化城邦，新加坡更是如此。本章從歷史與政策的角度，探討新加坡古跡保存所面對的挑戰。

Abstract

In Singapore, built cultural heritage spans the clusters of vernacular houses, shophouses, bungalows, colonial civic buildings, traditional religious buildings, etc, which was deeply influenced by the British planning of the Town of Singapore in 1822. These form the base model for our conservation and preservation efforts, including present day architecture which is the heritage we are leaving for our future generations. Conservation – redevelopment issues are very much inherent and gaining significance on the urban agendas of cities in developing countries. Such issues are pertinent for Singapore as a city-state that faces intensive redevelopment pressures. This paper examines the approaches of urban conservation from a historical perspective, how redevelopment and conservation are embedded within the domain of Singapore's planning and the trend toward material conservation.

一、前　言[1]

　　文化遺產的流失是發展中國家在經歷城市化快速發展的過程中所面臨的棘手問題。伴隨現代化而來的工業化雖然改變了城市的面貌，提高了人們的生活水準，但歷史建築物與地區卻仍然在人們的集體記憶裡扮演著重要的角色，因為它們所包含的是對於一個國家、社群與文化的認同感。另一方面，歷史建築與其地區亦被視為文化旅遊的重要資產。以新加坡為例，自 1965 年建國以來，新加坡在二十年內經歷了迅速的社會建設（Lim, 1991: 197; Ooi, 1995: 3），經濟發展和歷史環境之間的矛盾已日益凸顯。新加坡的多元種族與文化也使得這之間的矛盾更加複雜。

二、古跡保留的歷程：英國殖民地時期的
　　　歷史遺產與規劃史

　　在歷史上，新加坡屬柔佛蘇丹國的一部分，而柔佛蘇丹國則被視為 15 世紀的馬六甲（滿剌加）王國的延續。1819 年，前爪哇總督史丹福・萊佛士爵士代表英國東印度公司，與控制著廖內群島部分島嶼以及包括新加坡在內的馬來半島南部一些地區的天猛公阿都拉曼（Temenggong Abdul Rahman）達成協議後，立東姑胡申隆（Tunku Hussein Long）為新加坡蘇丹，並為英國成立了一處貿易口（Pang, 1983: 1920）。

---

[1] The author would like to thank Dr Johannes Widodo for his comments on earlier drafts. The author is also indebted to Dr Jon Lim who initiated his interest in Singapore's architectural history.

新加坡最早的城市規劃，始於萊佛士於 1819 年 6 月 25 日，前往明古連（Bencoolen[2]）前，一封致威廉・法古哈中校（Major William Farquhar）的信。從信件的內容判斷，萊佛士必當有意發展、甚至保留王家山（後來的福康寧山[3]）上的古防禦城與山腳的草場[4]。這兩處以南面的新加坡河與北面的"old Lines"為界[5]。萊佛士於 1822 年 10 月 10 日返回新加坡後，發現新加坡的發展偏離他的指示，於是他在 10 月 17 日成立土地分配委

---

[2] After Raffles' appointment as the Assistant Secretary to Mr. Phillip Dundas, the first Governor of Georgetown in 1805 (Pearson: 1961, pp. 15-16), he visited Lord Minto in Calcutta several times in connection with the Dutch threat to the Straits of Malacca region. This Calcutta connection, together with Raffles' awareness of the strategic Town Plan of Calcutta, may have influenced him to apply its principles to the Town Plan of Singapore (Jon Lim, 1990, Vol 1: 69-86).

[3] Later known as Government Hill and subsequently as Fort Canning Hill.

[4] *Padang* refers to an 'Open Field' in Malay. It is also known as *maidan* or cantonment.

[5] Raffles wrote, 'The whole space included within the old Lines and the Singapore River is to be considered as cantonments, and of course no ground within this space can be permanently appropriated to individuals. Wherever you may have planned the lines, barracks, &c, for the troops… it will be necessary to allot sufficient space in a convenient and proper situation for the officers' bungalows…. The whole of the Hill extending to the fort within the two rivers and the fresh water cut is to be reserved for the exclusive accommodation of the Chief Authority and is not to be otherwise appropriated except for defences' (Wurtzburg, 1984: 522).

In particular, the old Lines as referred to by Raffles were in fact an 'ancient Malay Wall' dating back to the eighth-century (Wheatly, 1961: 81). According to John Crawfurd's account, the old Lines divided the ancient citadel at Bukit Larangan from the plains along the present Stamford Road (Stamford Canal).

員會（Land Allotment Committee[6]），之後並於 29 日成立城市規劃委員會（Town Planning Committee[7]）。城市規劃委員會於 11 月 4 日公布了一套後來稱為「萊佛士法例」（Raffles 'Ordinances' 或 Raffles Regulations）的規劃指導原則。同年，菲立‧傑克遜中尉（Lieutenant Phillip Jackson）依萊佛士的指示繪製了「新加坡城地圖」（Town of Singapore），亦稱「傑克遜規劃圖」（圖 2-1）。至今，「新加坡城地圖」對新加坡城市發展仍然具有影響力。

「萊佛士法例」將最好的土地——「城鎮海岸線以內至與其平行的馬路之間的土地平均分配給政府建築和一片大草場（市政區），中央商業區與市政區的北面則分配給歐洲人居住所用，華族的甘榜（kampong[8]）則在南面。其他種族則分配至周圍的小甘榜」（Wurtzburg, 1984: 610-612）。從此，新加坡城市的形態與族群的分布均以 1822 年「傑克遜規劃圖」為底本。

1836 年的「哥裡門地圖」（1836 Coleman's Map）、1846 年的「湯申規劃圖」（1846 Thomson's Plan）和 1857 年的「新加坡城市總規劃圖」（A general plan of the Town and Environs of Singapore[9]）（圖 2-2），顯

---

[6] The Land Allotment Committee comprises of Dr. James Lumsdaine, Captain Francis Salmond and Dr Nathaniel Wallich (Wurtzburg, 1984: 608).

[7] The Town Planning Committee, the forerunner of the Municipal Council, consisted of Captain C. E. Davis as chairman, George Bonham, a civil servant, and A. L. Johnston, the leading merchant. The second committee also included F. J. Bernard (Wurtzburg, 1984: 610).

[8] Also known as *kampong* and *campong*.

[9] According to mapping specialist Mok Ly Yng, this map, compiled by S. Narayanan of the Calcutta Survey Office, is a hand manuscript based on J. T. Thomson's survey of 1854. In 1841, J. T. Thomson was appointed Government Surveyor at Singapore and in 1844 became Superintendent of Roads and Public Works. In 1853 he left Singapore and returned to Singapore in January 1855, only to resign from service shortly.

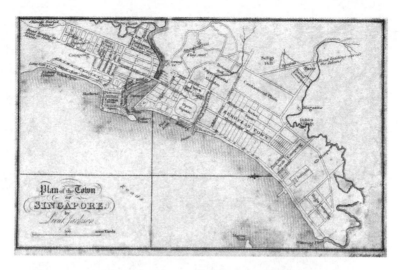

圖2-1　菲立・傑克遜中尉1822年所製作之「新加坡城地圖」（亦稱
　　　　「傑克遜規劃圖」）

資料來源：Crawfurd, John (1828) *Journal of an Embassy from the Governor-General of India to the Courts of Siam and Cochin China; Exhibiting a View of the Actual State of Those Kingdoms*, London: Henry Colburn.

示了新加坡城市的發展與 1822 年的「傑克遜規劃圖」的規劃基本上接近[10]。菲立・傑克遜中尉於 1823 年所繪，稱為"Singapore view from the Sea"

---

[10] The slight deviation in urban development from the 1822 *Jackson's Plan* was the result of the Town Committee's lack of statutory powers for the implementation of the Plan. In fact, the Town Committee merely worked as an ad-hoc planning committee to advise the Resident and later the Governor. The only difference being the European Town, initially proposed to be at Rochore Square, was instead replaced by a spacious Residential Suburb and designated as Kampong Glam. Jon Lim has pointed out that the place name is not to be confused with the present and nearby Kampong Glam where the Malay Royalty of the former Sultanate of Hussein Long resided (Jon Lim, 1990, Vol I: 73 & 74).

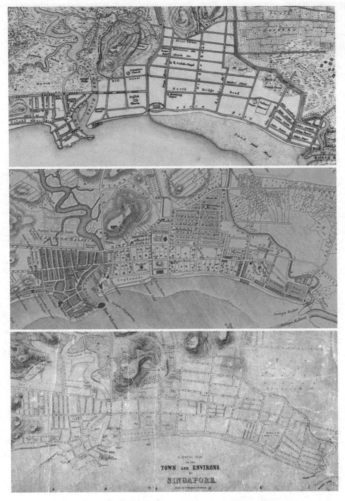

圖 2-2　圖為 1836 年的「哥裡門地圖」（上）、1846 年的「湯申規劃圖」
　　　　（中）與 1857 年所製的「新加坡城市總規劃圖」（下）

資料來源：*Map of the Town and Environs of Singapore, drawn by J. B. Tassin,
　　　　　from an Actual Survey by G. D. Coleman 1836; Plan of Singapore
　　　　　Town and Adjoining Districts from actual Survey by John Turnbull
　　　　　Thomson, Government Surveyor, Singapore, 1846; A general plan of
　　　　　the Town and Environs of Singapore* from the Collection of Mr Lim
　　　　　Chen Sian. 圖為林槙祥先生的私人收藏。

的素描[11]則反映了殖民地時代初期，市政區內由一組印度英式獨立式洋房（Anglo-Indian bungalows）與馬來甘榜屋組成。（圖 2-3）到了 1820 年代末，城市內雖然主要還是以木結構「亞答」（atap[12]）甘榜屋為主，但在建築風格上已有了變化。首先，房子逐漸被喬治亞風的別墅（Georgian villas）所取代[13]；到了 1830 年代，教堂開始出現。最後，於 1844 與 1854

圖 2-3　菲立 傑克遜中尉於 1823 年所繪的素描「Singapore view from the Sea」

資料來源：K M Foong's Amended Sketch of Lieutenant Philip Jackson's Sketch of 1823 in Pearson, H F (1953) *Singapore from the Sea, 1823*, Journal of the Malayan Branch of the Royal Asiatic Society (JMBRAS), Vol. XXVI Pt I.

---

[11] This sketch is commonly attributed to Jackson. Actual artist is not known.

[12] 'Atap' is the frond of the nipah palm (*nipa fructicans*) used as thatch on roofs.

[13] The Georgian villas were also reflected in "A general plan of the Town and Environs of Singapore", dated 1857, compiled by S. Narayanan of the Calcutta Survey Office. It showed a number of public buildings, including three Georgian Palladian (Anglo-Palladian) buildings identified by Jon Lim to be designed by George Dromgold Coleman: Raffles Residency (1822); Raffles Institution (1828, 1836-1841) and the Assembly Room (c. 1837) (Jon Lim, 1990, Vol I: 119).

年之間，教堂採用了吉布斯（James Gibbs）為位於倫敦的聖馬丁教堂所設計的尖頂，並占據了城區的天際線。直到 1856 年，雖然有 1822 年的「傑克遜規劃圖」與於 1823 年 1 月 1 日公布的土地註冊法，但實際上土地發展並沒有任何有效的法律控制。

1856 年，英殖民「印度第十四法例」（Indian Act XIV）由印度立法會（Legislative Council of India）通過。該法例授予市政首長（Municipal Commissioners）控制發展的權利，並明文規定任何人若想營造房屋均必須提交一份建築藍圖供審批[14]（Dale, 1999: 72; Khublall & Yuen, 1991: 8; Hallifax, 1921: 316-317）。這開啓了新加坡建築史的新篇章[15]。

1862 年，新加坡因聖安德列教堂的營造而迎接了維多利亞歌德復興

---

[14] *Indian Act XIV* Clause 54 – "… the person intending to build or re-build such house such give to the Commissioners notice thereof in writing and shall accompany such notice with a plan showing the levels at which the foundation and lowest floor of such house, are proposed to be laid by reference to some level ascertained under the direction of the Commissioners."
This Act also has provisions that contributed to the shophouse typology:
Clause 22 – "… the Commissioners may require such huts or hut to be built, so that they may stand in regular lines with a free passage or way in front of the line, of such width as the Commissioners may think proper for salutary ventilation, and to facilitate scavengering…"
Clause 26 – "The Commissioners may, upon such terms as they think fit, allow any house or building to be set forward for improving the line of any public street in which such house or building is situated."
Clause 34 – "The Commissioners may cause any such projection, encroachment or obstruction, erected or placed against or in front of any house or building … to be removed or altered as they think fit …"
[15] However, extant plans held at the National Archives of Singapore of early twentieth century were mostly relatively simple and without the names of the architects or the persons preparing the plans.

式（Victorian Gothic Revival）建築的到來[16]。歌德復興式則反映在 1867 年建造的新總督府（new Government House[17]）的折線形屋頂上。歌德復興式亦繼續用於市政建築與教堂的建築上，直至 20 世紀初。

從湯申於 1846 至 1851 年之間所繪製的一系列繪畫中可以看出，1822 年「傑克遜規劃圖」對店屋原型的發展有著頗深的影響[18]（Hall-Jones & Hooi, 1979; Hall-Jones, 1983）：兩層連棟房（terrace），相同的立面、迴廊與第二層的窗，磚砌共用牆（party wall）。之後，於 1867 至 1926 年，稱之為「海峽殖民地復合式店屋建築」（Straits Eclectic Style）[19]的店屋，因其主要立面為四柱式（tetrastyle），且附加了多種復合裝飾而命名。（圖 2-4）到了 1930 年代，西方現代建築主義與鋼筋混凝土的廣泛使用，造就了現代式的店屋建築（Jon Lim, 1993）。

20 世紀首個重要的法例是 1913 年的「市政法例」（Municipal Ordinance of 1913）[20]。「市政法例」的附例規定 35 尺寬的街道（馬路）；限制房子的高度；以及為了提供更良好的環境而規定建設的店屋後巷[21]。

---

[16] This is the third church to be built on the site and gazetted as a National Monument on 6 July 1973.

[17] Currently known as the Istana. Formerly also known as Istana Negara. National Monument, gazetted on 14 February 1992.

[18] 'Shophouse' etymologically is based on the literal translation of the Chinese term *dian wu* [店屋] referring to a shop-house, i.e. a "business house". According to the Oxford English Dictionary (1979), the term shophouse became common from the 1950s.

[19] Also known as the "Straits Settlement Style" or "Straits Chinese Baroque".

[20] It followed a 1907 report by a tropical health expert, Dr. W. J. Simpson, to alleviate acute overcrowding and unsanitary living conditions caused by piecemeal development controls.

[21] The back-lanes of shophouses today are the legacy of the 1913 Municipal Ordinance.

圖 2-4　湯申於 1846 年所繪的水彩畫（Singapore Town from Government
　　　　Hill looking South, 1846）

資料來源：Hall-Jones, John (1983) *The Thomson Paintings,* Oxford University
　　　　　Press, Singapore.

「市政法例」美中不足的是，缺乏建立一個統一的規劃局及新加坡整體
規劃的方針。一直到了 1927 年，「新加坡改良法例」（Singapore
Improvement Ordinance[22]）頒布之時，才明文授予新加坡改良信託局

---

[22] Ordinance No. 10 of 1927.
This Ordinance established and granted Singapore Improvement Trust (SIT)
with powers to (a) prepare a *General Improvement Plan* (GIP) for the whole
island, except for the land used by the British forces, which comprises of a
series of maps recording all decisions of the Trust regarding use of land and
approved planning schemes, and to (b) inherit a number of improvement
schemes started under the *Municipal Ordinance*, e.g. widening of roads and
provision of back-lanes between the rows of shophouses.

（Singapore Improvement Trust）實行新加坡整體規劃的權利。在 1936 年，新加坡改良信託局也受委任建造「廉價」的公共住宅區，譬如中峇魯（Tiong Bahru Estate）等公共住宅區。但新加坡改良信託局卻因經費不足與權利的限制等問題而面臨艱巨的挑戰。第二世界大戰後，新加坡改良信託局的不足，更因無法應付戰後重建的挑戰而越發明顯[23]。1951 年，「新加坡改良法例」進行修正後[24]，改良信託局於 1952 年開始在政府規劃顧問 Sir George Pepler 的帶領下，對新加坡的土地與建設進行系統的勘查，並於 1955 年完成「新加坡總規劃藍圖」（Master Plan[25]）。該總規劃藍圖於 1958 年由總督批准，並公布為法定規劃。隨後，於 1959 年，政府分別通過「規劃法例」（Planning Ordinance）和「新加坡住房與發展法例」（Singapore Housing and Development Ordinance），將規劃與建設機構分為二體，以便更有效的實施新加坡的發展與規劃。

三、市區重建與建築文化事業的歷程

新加坡自 1965 年獨立後，面臨急需提供住房、交通、就業機會的嚴峻挑戰。因而，1960 至 1970 年代的規劃政策均偏向重建與整頓城區（Choe, 1975: 99）。面對房屋嚴重短缺、人口急速膨脹和貧民區過度擁擠等急迫問題，加上經濟極需急速發展，市區重建的重要性因而凌駕於文物保護之上。成立於 1960 年的建屋發展局（Housing and Development Board）

---

[23] The GIP produced was merely a cadastral record of existing and approved developments as well as their usages.

[24] Ordinance No. 41 of 1951.

[25] Also known as *the Pepler Plan*.

取代了新加坡改良信託局。其主要任務實際上是清除貧民窟[26]以及交通街道、住房、輔助設施的建設。大規模的拆除與重建是早年的作業方式。

1964 年，建屋發展局成立市區重建處（Urban Renewal Unit），並於 1966 年改名為市區重建署（Urban Renewal Department）。1974 年，該署由國會授予權利，提升為法定的市區重建局（Urban Renewal Authority，後改為 Urban Redevelopment Authority - URA）。新加坡建國初期，國會雖然於 1971 年通過「古跡保存法例」（Preservation of Monuments Act），並設立了法定的古跡保存局（Preservation of Monuments Board - PMB）[27]，但建築保留仍未受到政府的重視。新加坡最早對建築進行法律保護，是於 1973 年授予國家古跡資格的八棟建築[28]。在 1973 至 1980 年之間，僅有十九棟建築成為國家古跡[29]。在 1970 年代大規模發展的背景下，保

---

[26] The bulk of the population was housed in two to three-storey shophouses in varying degrees of dilapidation in the 1950s. In the SIT 1956 Survey, it was judged that houses north and south of the Singapore River occupied by 75,000 to 85,000 people were "ripe for demolition" and those occupied by another 105,000 to 115,000 were "obsolete with limited life" (Boey, 1998: 133-134).

[27] PMB was transferred from Ministry of National Development to Ministry of Information and the Arts (MITA) on 1 April 1997 as a statutory board under MITA. PMB is now a statutory board of the Ministry of Information, Communications and the Arts (MICA).

[28] Namely Old Thong Chai Medical Institution, Armenian Church, St Andrew's Cathedral, Telok Ayer Market, Thian Hock Keng Temple, Sri Mariamman Temple, Hajjah Fatimah Mosque and Cathedral of the Good Shepherd.

[29] In addition to the eight initial buildings, only eleven buildings were inscribed as National Monuments between 1973 and 1980: namely Jamae Mosque, Tan Si Chong Su Temple, House of Tan Yeok Nee, Al-Abrar Mosque and Nagore Dargah in 1974; Sultan Mosque in 1975; Sri Perumal

護建築文化事業顯然不是政府的首要任務。（圖 2-5）

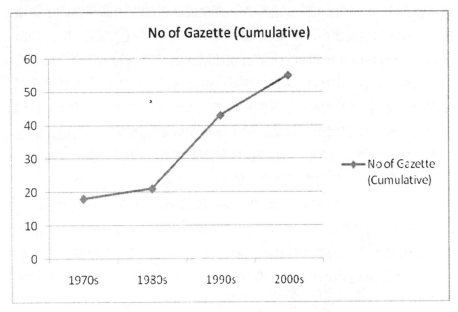

No of Gazette (Cumulative)

圖 2-5　歷年法定爲國家古跡的數目
資料來源：新加坡古跡保存局提供。

　　到了 1980 年代中期，新加坡民間漸漸地意識到保留歷史建築工作的
急迫性。1981 年 3 月 28 日，在新加坡規劃師學會（Singapore Institute of
Planners）舉辦的「保留建築研討會」上，新加坡旅遊促進局〔Singapore
Tourist Promotion Board，現為新加坡旅遊局（Singapore Tourism Board）〕
的李張秀虹女士（Mrs Pamelia Chong Lee）主張保留「美麗的舊廟宇、教
堂、回教堂（清真寺）以及在牛車水（Chinatown）、阿拉伯街和實籠崗
路等的生活面貌」（Boey, 1998: 162）。迄今，新加坡旅遊局雖然沒有保

Temple, Hong San See and St George's Church in 1978; Abdul Gaffoor
Mosque in 1989; and Siong Lim Temple in 1980.

留建築的法定權利，但它仍然在保留政策與實施方面扮演著重要的角色[30]。為了確保保留建築繼續在新時代保有生命力，發展與保護之間的權衡必須受到重視。因此，保留建築的規劃也成為新加坡市區規劃的重要環節。一系列的發展使得市區重建局於 1985 公布「市中心結構計畫」（1985 Central Area Structure Plan）。該計畫建議保留市區內的幾處歷史性區域（「萊佛士法例」的甘榜區）並在區外進行新建設。隔年，市區重建局為向公眾獲取反饋意見，舉辦了一個有關保留建築的展覽與講座。1987年，又舉辦了第二個保留建築展覽，以幫助公眾瞭解保留歷史建築的重要性。隨著公眾對建築文化事業的興趣逐漸提升，市區重建局展開了一次全方位的研究，探討保留歷史區域的可行性，並於 1988 年完成了「行政與文化區計畫」（1988 Master Plan for the Civic and Cultural District），以及 1989 年完成的「保留建築計畫」（1989 Conservation Plan）。前者建議中央商業區內的歷史性建築均被保留，並將它們以文化事業的用途活性再利用（adaptive reuse）；後者訂定了有關保護新加坡歷史地區的準則和方法。

國會也在 1989 年 3 月修正「規劃法例」，授權市區重建局規劃與管理建築保留的事宜[31]。該修正法例的內容也在新加坡司法史上，首次列出

---

[30] The Singapore Tourist Promotion Board has been instrumental in the gazette of Raffles Hotel as National Monument on 6 March 1987 (after a lapse of seven year since the last gazette on 17 October 1980 of Siong Lim Temple) and also the gazette of conservation areas by URA in 1989.
It is not the scope of the chapter to discuss cultural tourism in conservation, however it must be knowledge that while tourism are in some ways closely associated with heritage, tourism management and heritage management are very different in nature. Heritage management pertains to the control of changes within a heritage site, while tourism management is how to commoditise heritage.

[31] Planning (Amendment) Act 1989 (No. 12 of 1989).

「保留」（conservation）的法律定義[32]：

　　「保存，改善或修復：
　　1.保留區的特色和面貌。
　　2.保留區內的行業、技術、風俗與其他的傳統活動。」[33]

　　但是，保留區的士紳化（gentrification）與房地產價格高漲所帶來的壓力卻促使了法律定義的改變。現有的 1998 年「規劃法例」（1998 Planning Act）將原有法律定義中「保留區內的行業、技術、風俗與其他的傳統活動」的句子以「保留區內建築的內部與外部立面」[34]取而代之。

　　「規劃法例」授予市區重建局權利，就保護區內的任何建築物或土地發出指引。隨著規範保護區的立法框架制定後，市區重建局首先於政府憲報公告了新加坡十個保護區：牛車水（Kreta Ayer - Chinatown）、武吉巴疏（Bukit Pasoh）、直落亞逸（Telok Ayer）、丹戎巴葛（Tanjong Pagar）、小印度（Little India）、甘榜格南（Kampong Glam）、駁船碼頭（Boat Quay）、翡翠山（Emerald Hill）、經禧山（Cairnhill）以及克拉碼頭（Clarke Quay）。

　　「2001 年概念發展總藍圖」（Concept Plan 2001）將保留歷史建築納為策略性規劃和發展須顧及的重要一環，從其擬備國家中長期環境建設的策略性規劃，目標是「創造一個富有豐富多原文化特色與自我認同

---

[32] There is no legal definition of conservation or preservation in the Preservation of Monuments Act enacted in 1971.
Attempts have been made to define the term 'conservation' in international charters, for example UNESCO, ICOMOS, etc, but substantial variations do remain.

[33] "the preservation, enhancement or restoration of:
The character or appearance of a conservation area;
The trades, crafts, customs, and other traditional activities carried on in a conservation area".

[34] "the interior and exterior of any building in a conservation area".

感的城市」[35]。其中有關加強自我認同感的宗旨也造就了「2002 年本土身分認同計畫」（2002 Identity Plan）的誕生。該計畫建議政府將一些雖與國家歷史無太大關係，但富有本土特色的老區進行保留。

四、保存、保留什麼？

自 1989 年開始，新加坡歷史建築分別由兩種法例保護，即「古跡保存法例」[36]與「規劃法例」。「古跡保存法例」授予的「國家古跡」資格，保存具有歷史、傳統、考古、建築或藝術價值的古跡[37]，令整個國家受惠。「規劃法例」[38]則授予保留區資格，保留具有建築、歷史或藝術價值的地方，並將之劃定為「保護區」[39]。保護區可以包括特定地區、單幢建築物或建築羣。對比之下，兩種法例的宗旨大同小異，唯一的分別在於「古跡保存法例」包含了具考古價值的古跡。

迄今，古跡保存局屬下的國家古跡，僅包括對國家的建築歷史或人

---

[35] "to create a distinctive city alive with rich heritage, character diversity and identity."

[36] The *Preservation of Monuments Act* is currently being studied for amendments. All current Singapore statues can be assessed at 'Singapore Statutes Online': http://statutes.agc.gov.sg/

[37] Preservation of Monuments Act, Section 5(a).

[38] 政府於 2009 年 3 月 23 日在國會通過保存古跡法修正案（Preservation of Monuments Bill）的一讀，以加強對國家古跡的保護。該法案主要將古跡保存局編入國家文物局（National Heritage Board），並賦予國家文物局更大的執法能力，同時讓破壞古跡的人面對更高的刑罰，雙管齊下保護國家古跡。該法案已於 2009 年 4 月 13 日三讀通過，4 月 28 日由總統簽署並於 7 月 1 日正式生效。

[39] *Planning Act*, Section 9(1).

文歷史有特殊意義的建築物[40]。古跡保存局為每一棟國家古跡準備並頒布一份該古跡的「保留指導原則」（Preservation Guidelines）。雖然「古跡保存法例」涵蓋了考古古跡[41]，但新加坡至今仍然未將任何的考古遺址列為古跡。現有的國家古跡均是英國人於 1819 年開埠後建造的。氣候、地理環境、社會結構、安全考量、建材的供應、經濟考量以及簡單的營造方法等，均是造成現今沒有任何 1819 年以前的建築物，及僅有少量 19 世紀的建築物受到保護的原因（Anandarajan, 1961: 40）。這時期的建材主要是木材，而以木材建造的建築物往往無法很好的保存於世。約翰・克勞福（John Crawfurd）在描述福康寧山考古發掘中的柱礎與城牆遺址時，也指出木結構建築在以往確實存在著[42]。

---

[40] 55 structures have been gazetted as National Monuments: 26 religious buildings, 18 civic and institutional buildings, 6 commercial buildings, 2 hotels and 3 educational buildings.

[41] *Preservation of Monuments Act*, Section 2(1), 5(a) & 6(d).

[42] The British commenced construction on Bukit Larangan with a Government House in November 1822 and renamed it Government Hill or Singapore Hill. It might be of interest to readers that in the same year, the Botanical Gardens was set up on the hill, headed by surgeon Nathaniel Wallich. The Garden was closed in June 1829 due to rising costs and the lack of government support.

In January 1823, the European (Protestant and Roman Catholic) cemetery was opened on the hill. In 1867, the cemetery was declared full. It was moved lower down the hill in 1834 where it was enclosed by the 1846 Gothic gateways built by Captain Charles Edward Faber and two Classical Monuments (Cupolas) believed to be designed by G. D. Coleman. It was only until 1930s that the cemetery was closed and the graves exhumed.

In 1859, Government House was demolished and the construction of the Fort commenced and was completed in 1861. Government Hall was renamed after Viscount Charles John Canning, Governor-General and First Viceroy of India (1856-1862) as Fort Canning. The Gothic archway of its

新加坡歷史建築的保留狀況可分為三大類：

1.第一類為其原來的建築和用途均須保留的建築物。這一類大部分是
公共和宗教建築物。（圖 2-6）

2.第二類為其原來的建築和用途均須保留的建築物，但在修復後其用
途有所提升（局部的改變）的建築物。萊佛士酒店（Raffles Hotel[43]）
與前南洋大學圖書館暨行政樓（old Nanyang University Library &
Administration Building[44]）是這一類的典型例子。（圖 2-7）

---

entrance (the Old Fort Gateway 1859), designed by G. C. Collyer, still
stands today.

In 1926, the hill underwent further changes with the constructing of a
reservoir. Prior to World War II, the General Officer Commanding Malaya
was headquartered in a maze of bunker complexes in the hill. In the last 50
years, additions and various developments continued to alter the face of the
hill. Nearby, 11 buildings located within the vicinity of Fort Canning Hill
were given conservation status on 21 November 2005.

The first systematic archaeological investigation in Singapore occurred in
1984 at Fort Canning Hill (Lim, 2006), although there are archaeological
interests and work since 1933. In 1949, there was an investigation on Pulau
Ubin (offshore island); however nothing was found (Choo, 1987). The Fort
Canning Hill excavations led by John Miksic demonstrated that Singapore in
the 14th century was the site of a complex urban society. Excavations at Fort
Canning, the new Parliament House Complex, the old Parliament House,
Colombo Court, and Empress Place, have yielded thousands of artefacts in
undisturbed 14th century contexts (Miksic, 1985; Miksic & Low, 2004).

[43] National Monument, gazetted on 6 March 1987 & 3 June 1995.
[44] National Monument, gazetted on 18 December 1998.

圖 2-6　第一類：宗教國家古跡

註：左上為天福宮（Thian Hock Keng）；右上為斯里尼瓦沙柏魯馬興都
　　廟（Sri Perumal Temple）；右下為聖安德列教堂（St Andrew's
　　Cathedral）；左下為蘇丹回教堂（Sultan Mosque）。
資料來源：新加坡古跡保存局提供。

圖 2-7　第二類：修後其用途有所提升（局部的改變）的國家古跡

註：左：前南洋大學圖書館暨行政樓（old Nanyang University Library &
　　Administration Building）。修後的用途有所改變的國家古跡。右：土
　　生文化博物館（Peranakan Museum），即前道南學校（Old Tao Nan
　　School）。
資料來源：新加坡古跡保存局提供。

3.第三類為其原來建築已被保留的建築物，但在修復後其用途有所改
　變的建築物。現稱芝加哥大學商學院研究所（University of Chicago
　Graduate School of Business）的資政第（House of Tan Yeok Nee）、
　現稱新加坡美術館（Singapore Art Museum）的前聖約瑟書院
　（Former St Joseph's Institution）、現稱讚美廣場（CHIJMES）的
　前聖嬰女修道院（Former Convent of the Holy Infant Jesus），以及
　保留區內的多數保留建築均屬於此類。（圖 2-8）

圖 2-8　第三類：原建築已被保留的建築物，但於修復後用途有所改變之
建築物

註：左：現稱讚美廣場（CHIJMES）的前聖嬰女修道院（former Convent of the
Holy Infant Jesus）。右：現稱新加坡美術館（Singapore Art Museum）
的前聖約瑟書院（Former St Joseph's Institution）。
資料來源：新加坡古跡保存局提供。

　　「萊佛士法例」內分配於不同族群居住的甘榜群[45]也均被列為保留
區，並在區內將富有歷史價值的建築物列為保留建築[46]。迄今，市區重建

---

[45] This system of segregation of the races continued until post-independence
when a deliberate policy was introduced in the 1980s to provide public
housing on a massive scale whereby all races could co-exist in public
housing estates.

[46] Chinatown Conservation Area, consisting of Kreta Ayer (Chinatown)
Conservation Area, Telok Ayer (Chinatown) Conservation Area, Bukit
Pasoh (Chinatown) Conservation Area, and Tanjong Pagar (Chinatown)
Conservation Area, was given conservation status on 7 July 1989. In
addition, more shophouses and structures were given conservation status on
12 April 1990, 25 October 1991 and 25 November 2005.
Kampong Glam Conservation Area was given conservation status on 7 July
1989.

局已將七十一個老區，六千五百棟建築分別列為保留區與保留建築。保留建築主要以 20 世紀建造的店屋（shophouse）和連棟房（townhouse）為主。基本上，「古跡保存法例」對國家歷史有特殊意義，以及對營造年份較老的建築物進行保護的作用，「規劃法例」則保護對本國社區歷史有特殊意義的建築物。

五、保留與改變

　　保留建築的目的是為了保住它們所承載的文化與保持其生命力。但在保留的同時，我們難免要對建築物進行一定的修繕工作，而任何修繕工作必當對歷史建築物帶來改變。新加坡政府將保留建築視為持續性的經濟活動。這個政府原則——保留與經濟發展——並不被視為對立而是相輔相成，以達到該「地段的全面經濟效益」[47]（Powell, 1992: 41）。換言之，政府將確保每棟保存或保留建築物都有效且持續地被利用。因此，為達到新用途、土地密集使用及現代化的需要，活性再利用與局部建築結構的改變在某種程度上受到了認可。但在進行改變前，應當展開研究並採用適當的設計，以免破壞建築物的歷史價值。

(一)環境改變

　　現在的新加坡已經轉變成一個土地密集的城市。但至今仍然沒有保護歷史性建築物的環境發展指導原則。歷史性建築物周圍的環境大多數

Little India Conservation Area was given conservation status on 7 July 1989.

[47] "full potential of an area"

都建立了高樓大廈。在新加坡，這類高樓大廈與歷史性建築形成強烈對比的例子比比皆是。但這類對比必須經過詳細考量並受到控制，否則新的高樓發展項目將破壞歷史性建築物所應保有的特殊環境。

新加坡商業區內有一例子：新加坡河畔的駁船碼頭有一排於 1980 年代末至 1990 年代初活性再利用的商業店屋。這一排三至五層高的店屋與背後嵩高的辦公大廈呈現了一個獨特的市區風景線。市區重建局在此有效的控制了周遭的環境與建築物的高度（envelope and building height controls）。

(二)現代化、土地密集使用及活化再利用

國家古跡與保留建築往往都會面臨原用途遭到經濟淘汰，以及建築物本身功能不足的問題。在地少人多的新加坡，每一寸土地都受到強大的發展壓力。歷史性建築物也不例外。因此，政府容許適度的改變和土地密集化，以為現代社會的需求做出調整。但國家古跡被容許改變的空間則要比保留建築少。一般而言，現代化的供水、供電、空調設施的建設都可獲得批准。在某些情況下，土地密集化也可能被批准。而在有關活性再利用的項目裡，透過加建輔助建築以達到土地密集化是較常用的方法。甚至在不損壞其建築的歷史價值的前提下，內部空間格局的變化也能獲得批准。（圖 2-8）

歷史性建築物的特殊面貌取決於兩個因素：建築物所處地點的社會與經濟環境。社會環境關係到譬如城市形態、空間關係、建築立面等；經濟環境則關係到建築物使用者、用途、活動、傳統等。上述因素若有任何改變或出現士紳化的情況，就會對該區有著一定的影響。因此，保留工作除了保留建築物的主體外，關鍵也在於維持該區的人文精神，以及社會與經濟環境之間的平衡。

圖 2-9　市區重建局控制了新加坡河邊環境與建築物的高度（envelope and building height controls）

註：左：新加坡河邊的國家古跡：政府大廈、前高等法院、前總檢查署、前國會大廈、維多利亞劇院與音樂廳以及亞洲文明博物館（圖下方）；保留店屋（圖中部）；高樓大廈（圖上方）。右：保留建築與高樓大廈的強烈對比。

資料來源：新加坡古跡保存局提供。

　　雖然新加坡成功的修復與保留了許多國家古跡、保留建築與保留區，並以活化再利用的方式提升其建築的功能，卻難免改變了該區的文化精神。一般而言，文化精神的改變往往在於新用途與原有用途之間有著太大的差異，或在為建築物提升現代化功能的同時，改變了建築物本身特有的空間關係，因而造成結構性的改變。

　　歷史性建築物是具有生命力的。它不能猶如博物館內的文物一樣，將其原封不動地保存在某個歷史階段。我們必須將其最寶貴、最獨特的建築精神、設計、空間關係保留下來。但在恰當的情況下也必須允許適度的改變。所謂「適度的改變」就是容許改變慢慢的進行，讓建築物與該區能有時間調適改變所帶來的衝擊。

(三)行政與文化區的活化再利用

　　於新加坡河北岸的行政與文化區是一處富有濃郁歷史建築文化的區域，譬如政府大廈[48]、前高等法院[49]、殖民地時代的學校建築以及教堂等（URA, 1988d）。該區標誌著以往殖民地政府及其主要辦事處的所在地，但這些歷史建築物亦同樣面對其用途淘汰的問題。該區在國家的歷史中扮演了重要的角色，也是許多國人引以為傲的地標。在人們的集體記憶內，許多國家大事，譬如政府大廈內的市政廳見證了第二世界大戰的結束── 日本向聯軍投降的典禮──，也見證了新加坡歷代總理的就職典禮等；政府大廈前草場的國慶典禮、妝儀大遊行等；政府大廈前的台基亦是許多國人拍結婚和大學畢業照的首選地點等等。由於該區的許多建築物甚至空間對於國人具有特殊意義，政府因此有意將該區打造成歷史文化旅遊區。在過去的二十年間，政府部門已逐漸撤出這些建築，搬至現代化的辦公樓內。這些建築物也就得以進行活化再利用的修復工作。

　　在新加坡，活化再利用基本上分為三種類型：教育改為商業用途再利用、教育改為公共用途再利用以及公共用途的改變再利用。

■教育改為商業用途

　　現稱讚美廣場（CHIJMES）的前聖嬰女修道院（Convent of the Holy Infant Jesus）建於 1840 至 1903 年之間。原修道院的圍牆內設有女子學校、女子孤兒院及小教堂。在修道院搬離原址之後，該地段賣給了私人發展商。因為經濟的考量，發展商在原有的小教堂後挖了地下層以添加使用空間。在進行土地密集化的同時，發展商也對歷史性建築物進行了修復、

---

[48] National Monument, gazetted on 14 February 1992.

[49] National Monument, gazetted on 14 February 1992.

修繕工作。項目完成後，它搖身一變，成了一個飲食娛樂場所。修復後的歷史建築雖然達到空間與功能的實用性，並符合經濟效益，但大眾對新商業用途是否適合這座前修道院則持不同意見（如圖 2-8）。

■教育改為公共用途

現為土生文化博物館（Peranakan Museum[50]）的前道南學校（Old Tao Nan School[51]）建於 1906 年（如圖 2-7）；現為新加坡美術館（Singapore Art Museum）的前聖約瑟書院（St Joseph's Institution[52]）則建於 1867 年（如圖 2-8）。這兩所學校經活化再利用後，已成為博物館。修復工程的最大挑戰是將空間狹小的課室改變成展廳。它們的新用途並沒有引起任何爭議，畢竟博物館也扮演著教育大眾的角色。

■公共用途的改變

前國會大廈（Old Parliament House and Annex Building[53]）以及前皇后坊大廈（Empress Place Building[54]）已分別變身為藝術之家（The Arts House）和亞洲文明博物館（Asian Civilisations Museum），如圖 2-10：

---

[50] The term Peranakan applied to Straits-born Chinese of mixed Chinese and Indigenous parentage (predominantly Malay). Most early Chinese immigrants were men. Chinese women were few in numbers. This led to a shortage of brides, and the Chinese men married indigenous women. Their children made up a new class or race known as the Peranakan. However, Peranakans were not limited to mixed Chinese and Malay parentage; there were also Indian Peranakan, amongst others.

[51] National Monument, gazetted on 27 February 1998.

[52] National Monument, gazetted on 14 February 1992 and 3 July 1992.

[53] National Monument, gazetted on 14 February 1992 and 3 July 1992.

[54] National Monument, gazetted on 14 February 1992.

圖 2-10　修建後的用途有所改變的國家古跡
註：左：藝術之家（The Arts House），前國會大廈（Parliament House and
　　 Annex Building）；右：亞洲文明博物館（Asian Civilisations Museum），
　　 前皇後坊大廈（Empress Place Building）。
資料來源：新加坡古跡保存局提供。

　　於 1826 至 1827 年之間的藝術之家和建於 1864 至 1865 年之間的亞
洲文明博物館都於活化再利用工程後被施與新的生命，由一個政府部門
辦公的行政空間改變成為文化展覽空間。這種再利用的作法相當成功。
因此，政府決定將建於 1939 年的前高等法院和建於 1929 年的政府大廈
改建成為一所國家美術館。修復工程的建築師已在國際設計比賽後受到
委任。這兩棟歷史建築物預計在 2013 年重新出擊[55]。

---

[55] The National Art Gallery (working title) is projected to be completed in
2013. In 2007, a conservation thesis was undertaken to understand the
artificial stone in Old Supreme Court (Ho WH, 2008). Ho Weng Hin's thesis
research is facilitated by the Preservation of Monuments Board, the Art
Gallery Project Unit and the Singapore Land Authority. Currently, the
project consultants are carrying out more diagnostic tests on both Old
Supreme Court and City Hall before finalizing the restoration method for its
adaptive reuse as the National Art Gallery. Pre-restoration photographic
records, measured drawings, artifacts inventories, historic documentary and
photographic records, as well as structural and preliminary geo-technical
analysis have been completed.

六、邁向物質文化的保護與研究

　　在新加坡，無論是國家古跡或是保留建築，在進行修復工程時均得遵從市區重建局所列的「3R」指導原則——即儘量的保留（maximum Retention）、細膩慎重的修復（sensitive Restoration），以及小心的修繕（careful Repair）。這些指導原則是國際古建修復原則的簡化。雖然有關當局鼓勵在進行修復工程前，對建築進行徹底的研究，但當局頒布的保存或保留指導原則，仍然僅處於建築形式的保留，即對外觀的注重。此作法與 18 世紀末注重外表立面的歐洲建築形式修復類同[56]。因此，新加坡的修復工程也往往停留在修復建築形式與外貌。在很大的程度，對建築物的研究也缺乏歷史文獻、檔案資料，更缺乏對歷史建材與營造技術的瞭解。

　　除了在修復工程前展開攝影紀錄、繪測、文物檔案紀錄、歷史文獻與歷史照片搜集、建築研究、建築現狀紀錄、結構分析及地質分析外，我們已開始對歷史性建築物的物質結構進行較深入的研究。但這個領域主要還是由學者、草根組織與非政府組織率領。新加坡自 1971 年開始正式展開古跡的保護工作以來，雖然已經有三十七年之久，但我們仍然對歷史建築的營造方式與建材缺乏系統的瞭解。

　　從歷史文獻上，我們獲知英國的另一殖民地——印度是新加坡現有

---

[56] Mérimée and Viollet-le-Duc systematically defined the restoration of the unity of style in the mid-nineteenth-century. The movement gained momentum by the pragmatic and positivistic attitude of architects who emphasised the need to make use of historic buildings rather than just preserving them as documents (Jokilehto, 1999: 302-303). The movement essentially evocated the 'adaptive reuse' of built heritage.

的歷史性建築營造技術的主要來源之一，譬如新加坡殖民地時代的公共建築與興都廟主要以印度磚灰工技術。華族自中國帶來閩粵木作技術等，而巫族則擁有相對簡練的木結構甘榜建築。這些來自不同地區的建築手法也孕育了獨特的「海峽殖民地複合式店屋建築」[57]及其「五腳基」。「五腳基」乃是「萊佛士法例」的產物：「凡以磚瓦營造的房屋均得有相同的立面，並有一定深度的走廊（即『五腳基』——五尺寬的走廊），走廊均得相通、有蓋」[58]（Wurtzburg, 1984: 610）。

自 1990 年代中期，一些修復項目已開始提出一些重要的問題。而這些問題正是我們在試圖理解歷史文化建築時所常忽略的。一群大學學者開始在一些地點展開發展前的考古發掘與紀錄工作[59]。1990 年代末，一

[57] The origins and developments of the shophouse are attributed to Stamford Raffles (Jon Lim, 1993).

[58] "All houses constructed of brick or tile should have a uniform type of front, each having a verandah of a certain depth, open at all times as a continuous and covered passage on each side of the street."

[59] After the first systematic archaeological investigation on Fort Canning Hill in 1984 and subsequently in 1987 and 1988, the second investigation at a different site comes 5 years later in 1989 where investigations were carried out in the back-lanes of Duxton Hill Shophouses.
Between November 1988 and March 1989, a pre-development archaeological investigation (limited to surface collection) was carried out on Pulau Saigon prior to the construction of the Central Expressway Tunnel (Low, 1995; Barry, 2000). And, it was not until another 5 years when the first systematic pre-development archaeological investigation was carried out from 1994 to 1995 for the development of the Parliament House Complex. This is followed by pre-development excavation for the redevelopment of Empress Place (Asian Civilisations Museum) in 1998, Istana Kampong Glam in early 2000 (continued sporadically until mid 2003), Colombo Court (New Supreme Court) in 2000 to 2001, Old Parliament House (The Arts House) in 2002, St Andrew's Cathedral (current 'Welcome

些主要的建築修復工程[60]也開始對舊牆灰的成分進行科學鑒定，以複製可取代原有石灰性質的新牆灰[61]。這種做法事實上是迫於無奈，因為本地營造者已間接的喪失了處理石灰性質建材的能力。現有的本地營造者基本上對傳統建築方法與建材毫無頭緒，譬如水磨石、水刷石飾面[62]、鑿光石工等。這是因為新加坡建築業自 1970 年代開始就依賴外籍勞工（Ofori, 1994: 2），而修復工程所需要的工匠都是由國外聘請的，譬如：華族傳統建築由中國古建工匠負責修復，興都廟由印度廟宇建築雕塑工匠負責等等。無法保留與訓練一批對古建營造技術有深度瞭解的工匠是新加坡歷史文化建築界所面臨的一大難題。

　　然而，近期有一項值得一提的活性再利用修復工程，即位於尼路 157號（圖 2-11），改為新加坡國立大學博物館「敦陳禎祿峇峇屋」（Tun TanCheng Lock Baba House）的連棟房。這棟連棟房原是一戶土生華人家

Centre' with subterranean auditorium) in 2003 to 2004 and the Baba House in 2006.

Other excavations sites: Padang – Singapore Cricket Club site in 2003, Fort Tanjong Katong in 2004 to 2005, Palmer Road Foot Tet Soo Khek Temple in 2006 and Fort Serapong in 2006 to 2007.

It is important to note that the bulk of archaeological investigations in Singapore were salvage in nature conducted under limited time constraints (Lim, 2006).

[60] Some noted projects are Sun Yat Sen Villa in 1997 – 2001 and the House of Tan Yeok Nee in 1999. Recent major restoration projects, such as the National Museum of Singapore 2003 – 2006, also underwent historic plaster analysis (pargetting carried out by Indian plasterers).

[61] The modern cement mix must match or have similar thermal expansion coefficient to that of the historic plaster used to minimise cracks caused by thermal stress.

[62] This is an artificial stone that is also known as granolith and granolithic plaster that is popular in Singapore during the interwar period (1918 – 1939).

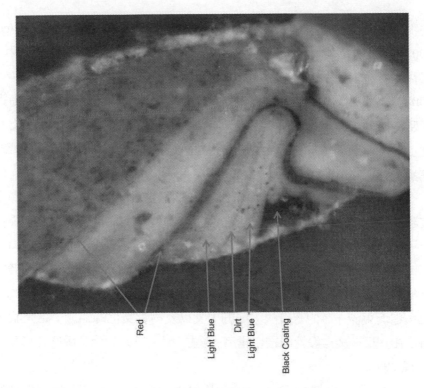

Red Light Blue Dirt Light Blue Black Coating

圖 2-11　尼路 157 號連棟房建築漆的剖面顯微照分析圖
資料來源：Chin, Lawrence (2008) Addendum – Report on the Technical
　　　　　Analysis of Architectural.
　　　　　Paint Schemes at 157 Neil Road, Singapore, Heritage Conservation
　　　　　Centre.

族所擁有。這項目或許是新加坡首項進行了仔細建築、考古以及人文歷
史研究後才展開修復工程的項目。照相及繪測紀錄於 2005 至 2006 年展
開[63]、考古挖掘工作則於 2006 年展開（Lim & Wee, 2007）。2007 年，「敦
陳禎祿峇峇屋」也是首例以文物處理方法的標準，紀錄項目內所有不動

---

[63] This study is undertaken by Associate Professor Chan Yew Lih from the
Department of Architecture, National University of Singapore.

文物（Chua & Chan: 2007）、對建築文物進行圖像研究分析（Lim & Wee, 2007）以及建築漆料的科學鑒定工作（Chin & Tee, 2007）的項目。其中，工作人員也對建築漆料進行成分分析，找出原染料成分（Chin, 2007 & 2008）[64]。1999 年資政第修復工程首次對歷史建築漆展開研究時，僅進行刮漆層的工作而非科學鑒定（Chan, Heng, & Liu, 2003: 69）[65]。在這基礎上，「敦陳禎祿峇峇屋」這專案對建築漆料的研究確實是有了顯著的進步。

　　除了修復工程外，一些草根組織與團體也積極的從物質文物上尋求其建築物的歷史知識。丹戎巴葛公民諮詢委員會及蒙巴登公民諮詢委員會，分別於 1989 年和 2004 至 2005 年資助了該區，即達士敦山（Duxton Hill）店屋後巷，以及丹戎加東英軍炮臺（Fort Tanjong Katong）的考古發掘研究。2005 年，丹戎巴葛客屬望海大伯公廟資助了一次跨領域的研究，進而更深一層的認識該古廟的人文以及物質文化的知識。這是我國首次由民間組織自發性的結合建築、考古、歷史研究的跨領域研究（Ho & et. al, 2006）。

　　2006 至 2007 年，又有另一次規模更大，由非政府組織——聖淘沙發展機構——資助的跨領域研究項目，即位於聖淘沙島上的沙拉蓬英軍炮臺（Fort Serapong）。該研究項目結合了不同領域的專家學者，其中包括考古、建築、工程、軍事史等。除此之外，這也是我國首例有文物修復員參與研究工作的項目（Lim & et. al, 2008）。

---

[64] Energy dispersive X-ray analysis was carried out.

[65] On-site paint scrape and cross-section analysis were also carried out by conservators from the Heritage Conservation Centre at Clifford Pier in early 2008. No analysis was carried out to determine the constituent of pigments (Chin & Tee, 2008).

There are plans to establish a National Monuments' historic paint database by the Monuments Inspectorate, Preservation of Monuments Board.

上述的案例顯示了在新加坡有限的歷史性建築物中，若利用科學研究方式，仍然能獲得許多豐富的知識，日新月異的科技也能協助我們獲取比以往更多的歷史新知識。如何對這些資料進行有系統的紀錄、如何紀錄各個研究領域所需的資料、如何避免重複紀錄等，都是必須關注的課題。紀錄的標準這時就顯得非常重要了。於目前為止，新加坡政府雖有幾種深度不一的建築紀錄方式，譬如古蹟保存局古蹟督察處的定期建築現狀視察紀錄報告、建設局[66]法定的定期建築結構檢查紀錄報告，以及上述學術界和草根組織的研究報告等，但我國仍缺乏一個建築紀錄標準，供歷史文化界人士、規劃師使用[67]。這是我國還需要積極做出努力的。

七、結　語

在過去的三十年，新加坡不斷的面臨土地發展的壓力。歷史性建築物也面臨社會與經濟改變所帶來的種種挑戰。在這其中，許多歷史性建

---

[66] Building Control Act, Section 28.

[67] Getty Conservation Institute has been working on a 5 year initiative in partnership with other organizations and institutions entitled the RecorDIM initiative (Recording, Documentation and Information Management: An International Initiative for Historic Monuments and Sites). This is a good platform in which Singapore's built heritage decision makers should consider to participate or learn from.

Specifically for national standards, one example would be the United Kingdom. She has been developing recording standards formally after the issuance of Planning Policy Guidance since the 1990s, especially the *Planning Policy Guidance: Planning and the Historic Environment (PPG15)*, and *Planning Policy Guidance: Archaeology and Planning (PPG16)*. A manual on recording, entitled "Informing the Future of the Past: Guidelines for Historic Environment Records" is into their second edition.

築物需要更新輔助設施。進行活性再利用也是難免的。但若要在實施再利用時取得成功，就得經過詳細的研究，並施予適當的新用途、修復建築，以避免建築物有過多的改變。

我們必須意識到任何的改變，甚至是修復工作，將可能抹掉歷史性建築物的歷史痕跡，因而減少其歷史、藝術等方面的價值。但從另一個角度，適度的改變，譬如修復工作，或許更能凸顯其建築的價值。因此，在對歷史性建築物施行任何的改變前，都必須仔細的進行研究，有系統的做紀錄。保護歷史性建築物的終極目標即是為國民大眾保留其文化標記，保留這多元族群社會發展史的社會集體記憶。

參考書目

Anandarajan, Krishner (1961?) *Colonial architecture and urban development in Singapore (1819-1853)*, unpublished thesis, University of Malaya, Singapore.

Australia ICOMOS, (1999) *Burra Charter* (Charter for the Conservation of Places of Cultural Significance).

Barry, Jennifer (2000) *Pulau Saigon: A Post-Eighteenth Century Archaeological Assemblage Recovered from a Former Island in the Singapore River*, Stamford: Rheidol Press.

Beamish, Jane (1985), *A history of Singapore architecture: the making of a city*, Singapore: G. Brash.

Boey, Yut Mei (1998) 'Urban Conservation in Singapore, in Belinda Yuen (ed.), *Planning Singapore: From Plan to Implementation*, Singapore Institute of Planners, pp. 133-168.

Buckley, C B (1984) *An Anecdotal History of Old Times in Singapore*, Oxford University Press, Singapore (first published in 1902).

Chan Yew Lih, Heng Chye Kiang & Liu Gretchen (2003) *The House of Tan Yeok Nee: The Conservation of a National Monument*, Singapore: Winpeak Investment: Wingem Investment.

Chin, Lawrence & Tee, Alvin (2007) *Report on the Technical Analysis of Architectural Paint Schemes at 157 Neil Road, Singapore*, Heritage Conservation Centre.

-----, (2008) *Report on the Technical Analysis of Architectural Paint Schemes at Clifford Pier, Singapore*, Heritage Conservation Centre.

Chin, Lawrence (2007) *Second Report on the Technical Analysis of Architectural Paint Schemes at 157 Neil Road, Singapore*, Heritage Conservation Centre.

-----, (2008) *Addendum – Report on the Technical Analysis of Architectural Paint Schemes at 157 Neil Road, Singapore*, Heritage Conservation Centre.

Choo, Alexandra Avieropoulou (1987) *Archaeology: a guide to the collections*, Singapore: National Museum, 1987.

Chua Ai Hua & Chan Francisco (2007) *Conservation Assessment Report for 157 Neil Road Townhouse: A case study of the adaptive reuse of a townhouse into the "Tan Cheng Lock Baba House"*, unpublished manuscript, Singapore.

Crawfurd, John (1967), *Journal of an embassy to the courts of Siam and Cochin China*, Kuala Lumpur, London, New York, Oxford University Press.

Dale, Ole Johan (1999) *Urban planning in Singapore: the transformation of a city*, Shah Alam, Selangor: Oxford University Press.

Department for Communities and Local Government (1990) *Planning Policy Guidance: Archaeology and Planning (PPG16)*, United Kingdom.

Department of the Environment & Department of National Heritage (1994) *Planning Policy Guidance: Planning and the Historic Environment (PPG15)*, United Kingdom.

Dix, G (1990) 'Conservation and change in the city', *Third World Planning Review*, 12(4) 385-406.

Edwards, Norman (1990) The *Singapore house and residential life 1819-1939*, Singapore: Oxford University Press.

Feilden, M. Bernard (1982), *Conservation of Historic Buildings*. London:

Boston, Butterworth Scientific.

Gilman, Paul & Newman Martin (Eds.) (2007) *Informing the Future of the Past: Guidelines for Historic Environment Records*, English Heritage at the National Monuments Record Centre, Kemble, Drive, Swindon, Second Edition.

Hall-Jones, John (1983) *The Thomson Paintings*, Oxford University Press, Singapore.

Hall-Jones, John & Hooi, Christopher (1979) *An Early Surveyor in Singapore*, National Museum, Singapore.

Hallifax, F.J. (1921) 'Municipal Government', in Walter Makepeace; Gilbert E. Brooks; and Roland St. J. Braddell, *One Hundred Years of Singapore*, 2 Vols., London: John Murray, Vol. 1, pp. 316-317.

Hancock, T. H. H. & Gibson-Hill C. A. (1954) *Architecture in Singapore: notes / by T.H.H. Hancock and C. A. Gibson-Hill, on a collection of photographs by C.A. Gibson-Hill, exhibited at Singapore, 26 March to 5 April, 1954 [British Council Hall, Singapore]*, Singapore: Singapore Art Society; Institute of Architects of Malaya.

Ho, Phang Phow & *et.al.* (2006), *The living heritage: stories of Fook Tet Soo Khek Temple*, Singapore: Char Yong (Dabu) Association, 2006.

Ho, Weng Hin (2008) *The former Supreme Court of Singapore & its artificial stone: documentation, analysis & conservation: guidelines for a national monument*, Restauro dei Monumenti, Universita` degli Studi di Genova (Unpublished thesis).

ICOMOS (1964) *The Venice Charter* (International Charter for the Conservation and Restoration of Monuments and Sites).

-----, (1987) *Washington Charter* (Charter for Conservation of Historic Towns and Urban Areas).

-----, (1994) *Nara Document on Authenticity*.

Jokilehto, Jukka (1999) *A History of Architectural Conservation*, Oxford: Butterworth-Heinemann.

Khublall, N. & Yuen, Belinda (1991) *Development control and planning law in Singapore*, Singapore: Longman.

Koninck, Rodolphe de; Drolet, Julie and Girard, Marc (2008) *Singapore: an atlas of perpetual territorial transformation*, Singapore: National University of Singapore Press, 2008.

Lee Tsen-Ta, Jack (2004) 'Treaties, Time Limits and Treasure Trove: The legal protection of cultural objects in Singapore', in *Art, Antiquity and Law*, Vol. IX, Issue 3, pp. 237 – 280.

Lim Chen Sian & *et. al.* (2008) *Report on the Fort Serapong Archaeological Research Project*, unpublished manuscript, Singapore.

Lim Chen Sian & Wee Sheau Theng (2007) *Preliminary Report on the Archaeological Investigations at 157 Neil Road*, unpublished manuscript, Singapore.

Lim Chen Sian (2006) 'Archaeology as a Critical Source in Reconstructing the Colonial Past', in Heng Thiam Soon, Derek (ed.), *New Perspectives and Sources on the History of Singapore: A Multi-disciplinary Approach*, Singapore: National Library Board, pp. 125-134.

Lim, Chong-Yah (1991) *Development and Underdevelopment*, Longman, Singapore.

Lim, Sun Hock Jon (1990) *Colonial architecture and architects of Georgetown (Penang) and Singapore, between 1786 and 1942*, unpublished thesis, National University of Singapore.

-----, (1993) 'The 'Shophouse Rafflesia': An Outline of its Malaysian Pedigree and its Subsequent Diffusion in Asia', in *Journal of Malaysian*

Branch of the Royal Asiatic Society (JMBRAS), Vol 66 Part I.

Lip, Evelyn (1984) *Chinese temple architecture in Singapore*, unpublished thesis, National University of Singapore.

Liu, Gretchen, (1996) *In Granite and Chunam – the National Monuments of Singapore*, Landmark Books.

Low, Mei Gek Cheryl-Ann (1995) *Uncovering Pulau Saigon*, unpublished thesis, National University of Singapore.

Miksic, John N. (1985) *Archaeological research on the "Forbidden Hill" of Singapore: excavations at Fort Canning, 1984.* Singapore: National Museum.

Miksic, John N. & Low, Mei Gek Cheryl-Ann (eds.) (2004) *Early Singapore 1300s-1819: evidence in maps, text and artefacts*, Singapore: Singapore History Museum.

Moor, J. H. (1837) *Notices of the Indian Archipelago and adjacent countries: being a collection of papers relating to Borneo, Celebes, Bali, Java, Sumatra, Nias, the Philippine Islands, Sulus, Siam, Cochin China, Malayan peninsula, etc.* Singapore.

National Trust for Historic Preservation, (1980) *Old and New Architecture.* United States, The Preservation Press.

Ofori, George (1994) *Foreign construction workers in Singapore*, Working paper, International Labour Office, Geneva.

Ooi, G. L. (1995) 'Balancing the needs of urbanization, industrialization and the environment' in Ooi, G L (Ed.) *Environment and the City: Sharing Singapore's Experiences and Future Challenges*, Institute of Policy Studies and Times Academic Press, 1-12.

Pang Keng Fong (1983) *The Malay Royals of Singapore*, unpublished dissertation, Department of Sociology, National University of Singapore.

Powell, Robert (1992) 'Urban renewal and conservation in a rapidly developing country', *Singapore Institute of Architects Journal*, Nov/Dec 37-41.

Preservation of Monuments Act (1985) *The Statutes of the Republic of Singapore*, Revised Edition, Singapore.

Seow, Eu-jin (1973) *Architectural development in Singapore*, unpublished thesis, University of Melbourne.

Tan, Kee Cheong (1980) *Colonial architecture in Singapore, 1819-1940*, unpublished thesis, City of Birmingham Polytechnic, School of Architecture.

Teo Siew-Eng & Savage, Victor R. (1991) 'Singapore Landscape: A Historical Overview of Housing Image', in Chew, C. T. Ernest & Lee, Edwin (eds.), *A History of Singapore*, Singapore: Oxford University Press, pp. 312-338.

Tunbridge, J. E. (1984) 'Whose heritage to conserve? Crosscultural reflections upon political dominance and urban heritage conservation', *Canadian Geographer*, 28 171-180.

Turnbull, C. M. (1992) *A History of Singapore 1819-1988*, Oxford University Press, Second Edition.

Urban Redevelopment Authority, Singapore (1986) *Conserving our remarkable past*.

-----, (1988a) *Historic districts in the Central Area: a manual for Chinatown conservation area*.

-----, (1988b) *Historic districts in the Central area: a manual for Kampong Glam conservation area*.

-----, (1988c) *Historic districts in the Central area: a manual for Little India conservation area*.

-----, (1988d) *Master Plan for the Civic and Cultural District.*

-----, (1989a) *Clarke Quay conservation area: guide plans.*

-----, (1989b) *Clarke Quay: develop your own corner of historic Singapore.*

-----, (1991a) *Conservation.*

-----, (1991b) *Historic area: conservation guidelines for Boat Quay conservation area.*

-----, (1991c) *Historic districts: conservation guidelines for Chinatown conservation area.*

-----, (1991d) *Historic districts: conservation guidelines for Kampong Glam conservation area.*

-----, (1991e) *Historic districts: conservation guidelines for Little India conservation area.*

-----, (1991f) *Secondary settlements: conservation guidelines for Beach Road conservation area.*

-----, (1991g) *Secondary settlements: conservation guidelines for Blair Plain conservation area.*

-----, (1991h) *Secondary settlements: conservation guidelines for Cairnhill conservation area.*

-----, (1991i) *Secondary settlements: conservation guidelines for Emerald Hill conservation area.*

-----, (1991j) *Secondary settlements: conservation guidelines for Geylang conservation area.*

-----, (1991k) *Secondary settlements: conservation guidelines for Jalan Besar conservation area.*

-----, (1991l) *Secondary settlements: conservation guidelines for River Valley conservation area.*

-----, (1992) *Details of Tanjong Pagar conservation projects: total of 12 different pieces of technical drawings.*

-----, (1993a) *Objectives Principles and Standards for preservation and Conservation in Singapore.*

-----, (1993b) *Our heritage is in our hands.*

-----, (1994) *Secondary settlements: conservation guidelines for Joo Chiat conservation area.*

-----, (1995a) *Conservation guidelines for historic districts* v. 1. Boat Quay, Chinatown, kampong Glam, Little India -- v. 2. Blair Plain, Cairnhill, Emerald Hill --v. 3. Beach Road, Geylang, Jalan Besar, Joo Chiat, River Valley -- v. 4. Chatsworth Park, Holland Road, Mountbatten Road, Nassim Road, Ridout Road, White House Park.

-----, (1995b) *Chinatown: historic district.*

-----, (2001) *The concept plan 2001.*

-----, (2006) *Conservation Guidelines.*

Wheatly, Paul (1961), *The Golden Khersonese: studies in the historical geography of the Malay Peninsula before A. D. 1500*, Kuala Lumpur: University of Malaya Press.

Widodo, Johannes (2004) *The boat and the city: Chinese diaspora and the architecture of Southeast Asian coastal cities*, Singapore: Marshall Cavendish Academic.

Wurtzburg, Charles Edward (1984) *Raffles of the Eastern Isles 1891-1952*, Singapore: Oxford University Press.

3 我方的歷史——馬共書寫的敘事研究

鍾怡雯　元智大學中語系副教授

摘　要

　　自從馬共領袖陳平簽署「1989 年和平協議」，馬共繳械走出森林，不再抗爭之後，馬來亞人民反殖民和抗日的出版品，包括中、英和馬來文寫成的著作陸續面世，多半集中在三○年代到八○年代的歷史事件，主要以政黨歷史、歷史事件回憶錄、個人回憶錄為主。本論文論述著重於新近出版的重要口述歷史、自傳和回憶錄所呈現的非官方、多元的民間觀點和聲音，如何跟官方歷史，也就是大寫歷史對話／對抗的可能。歷史固然是事實，但是要在敘述，也就是文本化之後才能被理解；歷史文本化，不可避免的必然用到譬喻語言，因此會產生出多元的觀點，同時也跨越歷史和文學之間的界線。口述歷史、自傳和回憶錄等的「故」事（past event），本身便是「故事」（story）；把馬共書寫視為紀實文學，恰好正可以突顯歷史和文學界線的模糊。本論文的重點不在探查歷史的真相，亦非再現「真實」，而是試圖探索另一種「史實」如何被敘述。

Abstract

Since Chin Peng, leader of the Malayan communist party (MCP) had signed the peace agreement in 1989, civil war was ended in which MCP laid down its arms and walked out from the jungle. Anti-colonial and anti-Japanese publications by Malayans including Chinese, English and Malay writings that concentrated on the historical events happened in between the 30's to 80's with subjects mainly based on the history of parties, memoir of historical events, personal memoir, were successively introduced thereafter. This thesis focused in the discussion about the possibility of unofficial, multi folk-viewpoints and speeches presented in oral history, autobiography and memoir of the current publications, to communicate / confront with official history. History is of course fact, but it has to be narrated or textualized in some ways before human interpretation. Metaphorical languages were inevitably involved in the former process to create multi-viewpoints and crossing the border between history and literature at the same time. Oral history, autobiography, memoir and etc past events were stories by themselves. Treating MCP writings as the literature on the record of actual events will highlight the mistiness between the border of history and literature. The importance of this thesis is neither probing into the facts of history nor reproducing the "truth", but is trying to discuss another way of "historical fact" could be depicted.

一、前　言

　　自從馬共領袖陳平（1924-？）[1]簽署「1989 年和平協議」，馬共繳械走出森林，不再武裝抗爭，馬共成為歷史之後，馬共故事陸續面世。這些著作以中、英或馬來文寫成，多半集中在三〇年代到八〇年代的歷史事件，主要以自傳、口述歷史、歷史事件回憶錄、個人回憶錄等紀實文學為主。除了為馬共「重新定位」，同時也形成跟官方歷史的對話／對抗，大有重寫馬來（西）亞獨立史的意味。馬來（西）亞的官方歷史，始終把馬共視為阻礙國家發展、妨礙獨立的絆腳石，同時形塑馬共為殺人如麻的恐怖分子。

　　在諸多出版品當中，最具歷史意義的是馬共領袖陳平口述的《我方的歷史》[2]，它標誌著馬共的「解禁」，沉默的過去如今得以成為公開的論述。昔日被視為最神秘的馬共頭子和馬共歷史隨著《我方的歷史》出版而掀開神秘的面紗，此書出版之後，他的華人戰友張佐（1920？-1990？）的《我的半世紀——張佐回憶錄》（2005），馬來戰友拉昔·邁丁（1917-？）的《從武裝鬥爭到和平——馬共中央委員拉昔·邁丁回憶錄》（2006）亦跟著付梓，2006 年以後的出版品至今未歇，馬共的另一種歷史浮出檯面。

　　從「我方」視角書寫的歷史，既是屬於家國民族的大歷史，亦是由

---

[1] 本論文的論述對象其出生年可查獲者，一律標明。無法確定者，則一律標上本人推算的出生年，並加上？號。譬如張佐的回憶錄，乃採取歷史事件作為分期和寫作順序，只能從他寫作的年紀大約估算他的年齡。陳平在官方的資料裡均標示他是 1922 年生，他在《我方的歷史》裡透露，那是謊報以便提早加入馬共。方壯璧等出生年亦只能推算。

[2] 英文版出版於 2003 年，中文譯本出版於 2004 年。

眾多「個人」生命史建構而成，這些「故」事都有記錄自身參與馬共的歷史，以及宣示「我方」的使命和立場的共同主題。馬共書寫的湧現意義有二：(1)是他們希望有生之年寫下自身的理想和奮鬥；(2)是重寫馬來（西）亞獨立史的歷史焦慮。這兩者背後，其實隱藏著生命將盡的死亡陰影，因此試圖以「人民歷史」跟「國家歷史」對話，呈現不同的「史實」。

其實，任何歷史都只是一種論述，歷史固然是事實，但是要在敘述，也就是文本化之後才能被理解。在新歷史主義大將海登・懷特（Hayden White）那裡，歷史文本化，不可避免的必然用到譬喻語言。這些特質模糊了歷史和文學之間的界線。因此口述歷史、自傳和回憶錄等「故」事（past event），本身便是「故事」（story）；馬共書寫的紀實文學書寫類型，其實後設的印證了歷史和文學並非涇渭分明。

歷史不應該只是單一史實記載，亦不是僅就過去單一事件的記述或敘述，誠如過去馬來（西）亞官方的霸權歷史。這些馬共書寫，可視為眾多的「個人歷史」，另一種來自「我方」的聲音和觀點，提供跟官方歷史，也就是「大歷史」對話／對抗的可能。海登・懷特的「元歷史」（metahistory）觀點提醒我們，歷史是語詞建構起來的文本，是透過「歷史的詩意想像」和「合理的虛構」而成；把歷史事實和對歷史事實的敘述混為一體，藉由賦予歷史一種想像的詩性結構，把歷史詩學化。歷史再現的過程是「詩性過程」（poetic process），「史學」變成了「詩學」，「歷史詩學」成了可能。雖然如此，馬共書寫其實極易落入民族主義的窠臼：一種以民族主義、民族國家為集體想像的理想訴求；以紀實文學作為書寫策略的模式，尤其突出他們希望以「邊緣」跟主流對抗的願望。然而，歷史如果是一種被詮釋過和編織過的敘述，則口述歷史、散文、傳記、回憶錄等，又何嘗不是？連陳平對自身的歷史也必須做事後的追索和填補，「為了更瞭解那場犧牲了我四、五千名同志的戰爭」，而到

英國去查閱馬來亞緊急狀態的文件。[3]因此本論文希望透過馬共書寫，討論「我方」的歷史如何被敘述，及其書寫策略與目的，論述範圍則包括：以華文、英文和馬來文等不同語種書寫的馬共主題[4]。

二、自傳：跟（大）歷史抗衡的敘事形式

馬共書寫以口述歷史、回憶錄、自傳、傳記以及散文等紀實文類為主要書寫形式，其目的不言而喻：以另一種足以與「歷史」匹敵的書寫類型來重寫馬來（西）亞的獨立史。這樣的觀點主要建立在歷史是事實，可以如實的表現過去的認知和觀念上。他們認為官方的馬來（西）亞獨立史，必須藉由「人民歷史」的發聲，去重新調整視野和角度，因此勢必以「跟歷史相等」，或至少接近的書寫類型來完成。對他們而言，這

---

[3] 陳平口述、伊恩沃德、諾瑪米拉佛洛爾著，方山等譯（2004）。《我方的歷史》。新加坡：Media Masters，頁 3。

[4] 以目前蒐集到的出版品而言，經核對，英文和馬來文的馬共書寫都已翻譯成中文。至於非中文語種書寫的馬共經歷，則作為參考之用。這個現象其實突顯了一個問題：為何非中文書寫幾乎都立即譯成中文？而且經常是由一個筆名叫「阿凡提」的譯者所譯，從譯者序判斷，阿凡提亦是馬共、華人，精通至少華巫兩種語文。一個最直接而合理的推測是，馬共最早以華人族群為主。華人族群是馬共的支持者，在種族情感上，他們或許認為華文讀者會重視這來自邊緣的聲音。這個提問其實亦是充滿種族色彩的，一如我們對馬共的刻板印象。問題之二，為何以中文書寫的馬共主題在比例上反而比較少，英文次之，馬來文反而占多數？答案仍然不免（難免）是種族主義的：馬來人是當權者，馬來文是國語，所以更有發言的正當性，書寫者／發聲者因此較有安全感（？）。即便是華人學者採訪華裔馬共的書寫，仍然以他語書寫而成，總而言之，華人對這個主題似乎仍有禁忌，顯見華社對馬共議題仍心存忌憚，國家意識型態機器塑造「馬共是恐怖分子」的形象奏效。

些「故」事（past event）都是信而可徵的，他們的「故事」（story）都具有歷史的意義和價值，因此口述歷史、回憶錄、自傳、傳記以及散文等書寫形式，都有形式作為內容，而形式就是內容的意義；換而言之，他們選擇的敘述形式，皆可歸入「自傳」的大範疇。[5]

然而，自傳（autobiography）其實就是一個繁複、界定困難的書寫範疇[6]，傳統上的自傳價值在於它所呈現的真相，它是另一種相對真實的書寫模式，因此不難理解為何馬共書寫採用的形式，都指向廣義的自傳，指向自傳可以企及的真相／真實。這些敘述形式往往也可以滿足他們「重寫」和「彌補歷史空白」的作用。不過，法國研究自傳的學者樂俊（Phillippe Lejeune）卻指出：「我們怎麼可以認為自傳文本是由過去的生活所構成？究其實，是文本生產了（作者過去的）生活」[7]。樂俊的見解建立在以子之矛，攻子之盾的基礎上。

自傳（autobiography）的希臘詞源乃是指作者「書寫」（graphia）「自己」（autos）「生平」（bios）[8]，這個詞本身充分顯示作者實身兼讀者

---

[5] 自傳主要依據事實與資料寫成，亦可根據作者個人的回憶為主。舉凡懺悔錄、回憶錄、日記、家族歷史等皆可歸入自傳範疇，詳見 http://en.wikipedia.org/wiki/Autobiography。本文有關自傳的觀點主要參考 Philippe Lejeune, *On Autobiography.*, and Paul John Eakin. *Fictions in Autobiography: Studies in the Art of Self-Invention*. 相關討論亦可參考李有成（2006）。〈自傳與文學系統〉、〈巴特論巴特的文本結構〉，《在理論的年代》。台北：允晨。

[6] 傳統的自傳定義在進入後現代的概念之後，變成了「自傳本身可能根本抗拒任何定義」，因而變成了不斷被修改，等待被定義的概念。這是後現代最可議之處：抗拒定義容易，顛覆不難，惟定義實難。然而，這年頭後現代成了顯學，成了中心，實際上落入以後現代為中心的思考模式，根本違背了後現代去中心的精神。

[7]. Philippe Lejeune, *On Autobiography* Trans. Katherine Leary. Minneapolis: U. of Minnesota, 1989, p.131。

[8] 引自 http://en.wikipedia.org/wiki/Autobiography。

和傳主兩個身分，作者書寫（或講述）自己的過去，同時也在閱讀自己的過去，因此自傳其實膠合了過去和現在的我，現在的我評價過去的我這兩個特質。既然如此，自傳就不可能成為過去的客觀紀錄，而是自身歷史的評論者。樂俊甚至直接了當的表示，自傳寫作根本就是一種目的性明確的寫作模式：

> 寫作時，一個人通常等同於好幾個人，即使只有作者，即使寫的是他自己的生活。那並不是因為「我」分裂成數個的私密對話，而是寫作本來就是由不同階段的姿態組合而成，寫作因此同時連接了作者和文本，以及作者想要達到的需求。[9]

以上的引文說明了其實是自傳衍生生平，而非紀錄生平的概念，此其一；其二，自傳寫作既是一種「意圖」十分明確的寫作類型，這些書寫者／說話者，必然有預定讀者／收話者，正如《我方的歷史》前言所說：「本書既非自誇，亦非道歉。本書邀請讀者理解信仰如何形成，以及衝突又是怎樣開始並僵持著。同時，它也讓讀者透視和平如何得以實現」[10]。這段文字辯稱「我方」（共產黨）的立場，其實是尋求和平，武裝鬥爭是不得不的手段；最重要的是，這本口述歷史訴求「還原歷史真相」。陳平設定的讀者／收話者包含馬來西亞官方、英國殖民者、馬來西亞人，誠如封面醒目的標明這是「一份重要的歷史文獻」，引文亦特別強調「真正的歷史」，必須參考「我方」的歷史，才是完整的，換而言之，它試圖講述另一種被遮蔽的「我國」歷史；至於馬共，則是一個「合法的民族主義團體，尋找結束殖民統治」[11]，立書目的明確而清楚。

馬來西亞的官方歷史，始終把馬共形塑為殺人如麻的恐怖分子。陳平的辯解正面回應了官方對馬共的負面敘述。由此觀之，自傳除了敘事，

---

[9] *On Autobiography*, p.188。
[10] 《我方的歷史》，頁 5。
[11] 《我方的歷史》，頁 460。

同時還具有論述與詮釋的功能，李有成在〈自傳與文學系統〉的見解可資說明：

> 自傳應被視為詮釋的產物；而任何詮釋基本上都是指涉性的，尤其指涉詮釋者的歷史時空。自傳既是詮釋的產物，自然也不例外。換言之，自傳作者所選擇、詮釋的材料對他／她在書寫當時的歷史時空必然具有意義。[12]

這段引文指出「書寫的歷史時空」的重要性；換而言之，每一位書寫者都無法擺脫自身的歷史性，其詮釋觀點也就不可能超越歷史時空，此其一。其二，歷史事件已經轉譯為敘事事件，史實已成史筆，詮釋於焉產生。馬共的自傳書寫自然不可能是單純而客觀的敘事，「自傳文本雖屬歷史敘事，在形式上仍具有論述的功能」[13]。《我方的歷史》敘述和論述合一的寫作模式，顯示敘事的背後隱藏了一個最重要的辯解對象──被誤解的歷史。陳平開宗明義的說：

> 我讀過很多有關緊急狀態的書。很多被視為歷史的資料都是些滔滔雄辯的推測和猜想。一些歷史學家早在同志們真正倒下之前把他們殺死了。宣傳家們宣稱我以無辜平民為射殺目標。不確實。有報導說，我甚至把非馬共黨員驅逐出去；下令處決那些反對我的人。又是毫無根據。我想，我應當呈現我這一面的歷史，來平衡一邊倒的文檔。我遲遲沒有行動，因為我需要培養洞察力。我被隔絕在森林裡，後來到中國去。我必須集中思路，經過篩選，明察秋毫又言之有物。[14]

---

[12] 李有成（2006）。〈自傳與文學系統〉，《在理論的年代》。台北：允晨，頁41。
[13] 〈自傳與文學系統〉，頁42。
[14] 《我方的歷史》，頁461。

這些觀點很顯然懷有說服讀者／聽話者的意圖，然而一般讀者只能就敘述者所及接受敘述，那種個人經驗完全無法介入或者辯駁，因為敘述本身就是價值；其次，時間和歷史早已糾結，留下的只有文字和敘事，馬共書寫充滿跟時間對抗的焦慮：被遺忘的焦慮、被誤解的焦慮，以及歷史詮釋權的焦慮。

為了「重寫歷史」，陳平還特別到英國去查閱馬來亞緊急狀態的資料，顯見「現在」才是最重要的決定性時刻。其實，早在合艾協議簽定之時，便有人遊說陳平出書，然而他覺得時機未到，必逮「文件佐證」，讓歷史檔案證實他的分析和觀點，也因此有了 1998 年的倫敦資料蒐證之旅。此書的撰述則起於 2000 年，歷經三年而成。換而言之，這本書並非偶然起意，而是跟歷史撰述一樣，亦經考證和資料蒐集而成，因此跟歷史一樣信而可徵。從另一個角度來看，我們也可以說，是《我方的歷史》的書寫計畫衍生了陳平的口述歷史。「故」事成為故事的過程中，必須經過縫補、修正，甚至省略，因此《我方的歷史》以陳平的生平和馬共的歷史編年而成，呈現「我方」，而非只是「我」的故事，敘述角度則「我方」詳盡，而「我」則著墨較少，甚至略去個人情感，顯見陳平寫史的強烈意圖。此書由著名且經驗豐富的戰地記者撰寫完成，遂又更具歷史的正當性。《我》書的封面猶不忘提醒讀者，這是「一位在馬來亞森林裡領導反英反殖民的游擊隊領袖的回憶」，以強調「史」（真實）的說服力。[15]

三、形式即內容的書寫策略

口述歷史、回憶錄、傳記等書寫形式本身就宣告了書寫者寄寓的目

---

[15] 當然這樣的說法實可再討論，包括回憶是否可靠、是否選擇性書寫。

標：這些文類是真實、非虛構的，跟歷史同樣真實。澤爾尼克（Stephen Zelnick）曾經就形式本身提出精闢見解：

> 意識形態被構築成一個可允許的敘述（constructed as a permissive narrative），即是說，它是一種控制經驗的方式，用以提供經驗被掌握的感覺。意識形態不是一組推演性的陳述，它最好被理解為一個複雜的，延展於整個敘述中的文本，或者更簡單地說，是一種說故事的方式。[16]

　　以上引文說明「說故事的方式」就是一種有意識的選擇，無論是敘述視角、轉述語、時間鏈或者情節結構，這些敘述條件其實超越了它的表面指涉：它的形式本身就是內容，宣告了敘述主體的權威、敘述的可靠，個人經驗的真實，以及「故」事即故事、歷史即真實的信念。陳平的《我方的歷史》的敘述視角，即在「我方」（共產黨）「我」（陳平自身），以及馬來（西）亞三個視角之間轉換；弔詭的是，當《我方的歷史》出現在「現在」，它卻已經彌封，徹底成為歷史，失去了參與馬來西亞獨立史的能力，無力再改寫現在的任何時刻；甚至對沒有歷史感的讀者而言，它就只是故事，因為真實而精彩，故更具吸引力。

　　拉昔・邁丁是馬共第一個馬來黨員，他在回憶錄《從武裝鬥爭到和平》裡的前言宣稱：「我相信它對補充我國的歷史是有好處的」[17]；馬共中央政治委員阿成（單汝洪）則表示：「一路走來，馬來亞共產黨是馬

---

[16] 原文出自 Stephen Zelnick "Ideology as Narrative" ed. Harry Garvin, *Narrative and Ideology*., London, 1982. p.281. 引文轉引趙毅衡，〈敘述形式的文化意義〉，頁 93。

[17] 阿凡提譯（2006），拉昔・邁丁著。《從武裝鬥爭到和平——馬共中央委員拉昔・邁丁回憶錄》。吉隆坡：21 世紀，前言。

來亞人民在民族、民主和國內革命鬥爭中一盞引航的明燈」[18];《從戰場到茶場》的編者則認為,「回憶錄的真正價值,在於透過當事人的回憶,讓歷史事件的真相,重新浮現在後人眼前,以填補官方或傳統歷史文獻的不足」[19],此書集結眾多前馬共成員回憶錄,其用意由此可見。這些看來是故事的個人史,其實是具有「故」事(history)企圖的家國歷史。第十支隊的創立者和領導人,阿都拉・西・迪(1923-?)則更直接表示:

> 希望這本回憶錄能夠對重寫我國歷史的事業做出更多或少的貢獻。我也希望,它能使還有空白的歷史不留空白,至少也將幫助學生和歷史研究者從另一種或者說正面的觀察角度來思考,我也希望他們能夠對左派陣營內和馬來亞共產黨內的反殖鬥士作出更加合理的詮釋。[20]

阿都拉・西・迪的回憶錄其實比《我方的歷史》更具「重寫歷史」的強烈意圖、更多史料及照片圖檔,書後所附的馬共成員個照,為隊友留名／正名的意味濃厚。阿都拉・西・迪的回憶錄預計有三本,目前已出版上、中兩冊,從時間編年順序來看,「重寫我國歷史」之外,尚有「重新詮釋馬共歷史」的作用。除了反殖鬥爭之外[21],他特別辯駁兩個為官方所誤導的認知:首先,要求獨立的左派人士打入巫統,大力促成馬來西亞的獨立,因此不能忽視馬共對獨立建國的貢獻;其次,證明陳平對領導馬來人解決民族問題和農民運動的貢獻;第二點特別有助於淡化

---

[18] 阿成(單汝洪,2006)。《從「八擴」到抗英戰爭:馬共中央政治委員阿成回憶錄之三》。吉隆坡:21世紀,頁157。

[19] 見證叢書編委會編(2006)。《從戰場到茶場》。香港:香港見證出版社,頁 ix。

[20] 阿凡提譯(2007),阿都拉・西・迪著。《馬共主席阿都拉・西・迪回憶錄》(上)。吉隆坡:21世紀,引文出自序言,無編碼。

[21] 書中舉證英國的殖民暴行,包括摧毀了一個已存在一百年的老新村甘榜勿隆,見回憶錄第二冊,頁252-254。

華人等於共產黨的刻板印象。

　　阿都拉·西·迪回憶錄第一冊始於出生年，而終於 1948。1948 年 6 月英國人宣布馬來亞進入緊急狀態，並大肆逮捕馬共成員，特別是馬來人，因而這個時間的切割具有特殊意義，「可說是全部馬來領導人都已被捕」[22]，連阿都拉·西·迪也入獄。逃獄之後，乃有 1949 年成立的馬來亞民族解放軍第十支隊，第二冊遂以第十支隊的建立作為重點。嚴格來說，阿都拉·西·迪的回憶錄更接近馬共的發展史，質勝於文，特別是尚未出版的第三冊，預定終結於合艾協議，如果陳平的《我方的歷史》是從華人視角出發的華人馬共歷史，那麼阿都拉·西·迪的回憶錄則可視為代表馬來左翼運動發展史。

　　張佐《我的半世紀──張佐回憶錄》完成於 1988 年，卻遲至 2005 年才出版[23]，換而言之，在合艾的〈1989 年和平協議〉之前他就有意識的為自身的生命留下文字，「我只能將自己仍可記憶的點滴史實，以粗拙的文字，簡俗的語言，累積起來，獻給親愛的祖國，獻給我們親愛的黨」[24]，質樸的文字具有奇異的穿透力量，跟《我方的歷史》之條理嚴謹、架構密實，以及陳平為自身和馬共辯護的強勢作風相比，這本書顯得相對簡單而無所求，流露出老實說故事的動人風采。雖則採取編年史的寫法，以反殖起始，而終於祈求和平，其實更接近個人的生命紀事，故事性更強，野史的意義更濃、細節更多，包括如何拿下話望生（Gua Musang），這個唯一被馬共占領過的地區。誠如《我的半世紀》書名所

---

[22] 阿凡提譯（2008），阿都拉·西·迪著。《馬共主席阿都拉·西·迪回憶錄》（中）。吉隆坡：21 世紀，序，頁 VII。

[23] 可想而知，那時合艾和平協議未簽，根本就不可能出版，然而寫作人卻有再不寫，就來不及的恐懼，他被不得不寫的正義感驅動：「為了揭發日本鬼子所幹下的種種強暴罪行；暴露英殖民主義者對我國人民的控制和瘋狂掠奪的行徑」（《我的半世紀──張佐回憶錄》，頁 XVIII）。

[24] 張佐（2005）。《我的半世紀──張佐回憶錄》。自印，頁 XIX-XX。

言，那是「我（張佐個人）的半世紀」，而前言則頗具概括性：

> 為了祖國獨立、民族解放，我在這半個世紀裡，就有四十三個春秋，只是在祖國的深山密林中渡過。在這些歲月裡，我遠離城鎮，告別至親的家人，可總沒有離棄過親蜜的戰友，放下了手中的武器，解除小腿上緊蹦纏著的腳綁。這便是我一生的戎馬生涯。[25]

以上所引文字，實乃馬共書寫通則：以建國反殖為目的，而後在鬥爭過程中以深山密林為家，隱姓埋名。《我的半世紀——張佐回憶錄》的筆觸總是帶著深情，對生活的細節，以及事件的情節著墨甚多[26]，因此顯得更有說服力。這跟《我方的歷史》的滔滔雄辯和詮釋，乃至反駁官方說辭的書寫策略相去甚遠。《我方的歷史》雖則長篇巨製，卻總是「恰到好處」的處理說話者想說的，也「恰到好處」的省略了不該說，或者不能說的，非常專業而準確的設計好了「我方」的歷史。同樣以「我」為第一人稱的「口供」，那種用「無血的殺戮」輕描淡寫戰爭的冷靜筆法，跟張佐「有血有肉」的敘事比較起來，真實與虛構立判。由此可見，論述和敘事的消長，對自傳的「真實性」有頗大的影響，敘事顯然更能接近真實，論述反而干擾閱讀，把真實推遠。

方壯璧（1928？-？）的《方壯璧回憶錄》則是因應《李光耀回憶錄》而生[27]；當然，作為回憶錄，此書也是方壯璧個人的生命史，從生平中擷

---

[25] 張佐（2005）。《我的半世紀——張佐回憶錄》。自印，頁 XIX。
[26] 包括飲食的內容、生活習慣、同志相處的情況等不一而足。情節和對話豐富，特別是對戰爭的刻劃記述甚詳，以近乎小說的細膩筆法，編年史的方式架構而成。「故」事以故事的呈現方式，反而提供了更多的想像空間和細節，對比陳平論述式的書寫策略反而效果沒有如此震撼。
[27] 1998 年《李光耀回憶錄》英文版上冊出版，如今居住在泰南勿洞的馬來亞共產黨「全權代表」方壯璧，在接受《星洲日報》採訪時表示，他本人也正準備撰寫一部回憶錄，「以便向新馬的新生代交代一些歷史

取材料，從出生到入黨，按照時間的順序編年，朝向「最終為了成為反殖鬥士」的主線，以個人歷史對照大歷史，詮釋自身，賦予意義[28]。然而，最重要的目的仍然是批判李光耀對歷史的詮釋，此書一開始便開宗明義指出：「但我作為鬥爭的當事人，如果完全沒有機會說話，那歷史家們又怎樣去發現歷史事實呢？如果歷史家們無從發現真正歷史事實，他們又怎樣能夠對歷史作出真實、公正的判斷呢？」[29]他的回憶錄站在馬共立場發言，而李光耀代表的是「反共」，此書的滔滔雄辯夾著對中文／中華的民族情感，以此對比李光耀並未離開大英帝國的思考，更企圖以「人民立場」對比李的「精英思考」；相對於李光耀，他的發言位置無論在地理上，或政治舞台上都是邊緣的。可想而知，此書出版後的市場回應，跟《李光耀回憶錄》何啻天壤[30]。就作者的立場而言，他要寫出「人下人」（廣大人民）的歷史，以此突顯李光耀的「人上人」經驗，以「反殖」對比李光耀對反殖的「陽奉陰違」。由此可知，自傳跟書寫的歷史時空密不可分，我們甚至可以說，是《李光耀回憶錄》催生了這本書，同時決定了這本書的書寫角度。

事實，及糾正李光耀的《李光耀回憶錄》對歷史的主觀與單方面的詮釋。」〈方壯璧擬寫回憶錄以交代一些歷史事實〉，《星洲日報》，1998/09/25。
[28] 方壯璧曾為朋友的新加坡的反殖民主義鬥爭小說寫序。他把這些故事當成是真實的，「有血有肉的故事。它是歷史的一個見證。它也是歷史」，見《方壯璧回憶錄》，頁 xii。
[29] 方壯璧《方壯璧回憶錄》（八打靈：策略資訊研究中心，2007），頁 xiii。
[30] 《李光耀回憶錄》除了中譯本，尚有馬來文、日文、韓文、阿拉伯文、俄羅斯文、越南文、高棉文、希伯來文、匈牙利文、葡萄牙文等不同語言。

四、結　語

　　馬共書寫的湧現是在 2003 年，《我方的歷史》出版之後。1989 年的合艾協議之後，當這些「故事」已成了「故」事，成為過去，馬來西亞官方認為共產威脅解除，馬共成為可以公開議論的話題。華人第一大報《星洲日報》甚至在 1998 年刊載馬共系列報導，馬共似乎摘下了神秘的面紗，不再成為禁忌[31]；馬共已不具和平威脅，然而馬來西亞政府顯見仍

---

[31] 這些報導後來結集成為劉鑒銓編（2004）。《青山不老──馬共的歷程》，吉隆坡：星洲日報。然而馬來西亞官方對馬共的尺度並非無限，譬如 2008 年 6 月，馬來西亞政府駁回陳平返馬定居的要求，此舉很明確的否定了馬共抗日反殖的貢獻，說明馬共不可能在官方歷史獲得「平反」。2005 年 3 月 4 日，陳平欲申請返回大馬故土安享餘年，他發表十點聲明，表露「生於斯、死於斯」的心願，要求大馬政府履行 1989 年 12 月 2 日的合艾協定，讓他與其他前馬共成員返馬及定居。2005 年 5 月 25 日，檳城第一高庭首度開庭審理陳平申請回國案，逾四百名馬國退休軍人和退休警員於當天聚集法庭外，反對馬共總書記陳平回國。他們高舉大字報，譴責陳平是「賣國賊」、「反叛者」及「罪犯」等。馬國前警員協會主席拿督曼梭在接受傳媒訪問時表示，國父東姑阿都拉曼曾說過，馬國人民不能與共產黨人在一起生活，「希望人民謹記馬共的歷史事件，因為馬共事件不但犧牲了許多軍人和警員，不少無辜百姓也身受其害，陳平必須對此負責。」2006 年 12 月，馬來西亞森美蘭州政府還下令拆除華人墓園中的抗日紀念碑，原因是「抗日的主力共產黨是國家的大敵」。堅持拆除的馬國新聞部長引用來自陳平的說法，說抗日的主力就是馬共，他說：「我知道誰支持共產黨……身為新聞部長，我也是歷史的一部分。」這個案件最後的裁示是，陳平必須在十四天內出示出生證明及公民權證件，證明他是馬來西亞公民，才能繼續他起訴馬來西亞政府的訴訟。最終陳平無法提供文件，遂駁回其回國申請。詳見《大紀元》週刊第七十九期，前引資料見 http://www.epochtimes.com/b5/8/8/26/n2241580.htm。整個處理過程傳達

然把他們視為歷史的罪人。這些馬共耆老多半年事已高，再不發聲，他們的一生終將被官方歷史吞噬，或蓋棺論定，成為暴力或恐怖分子的代名詞。以紀實文類寫成的馬共歷史是人民歷史，本身就預設了讀者和史家的未來詮釋，這似乎是馬共跟官方歷史相抗衡，以及自我定位的唯一方式。雖然這樣的書寫，終將不免帶著悲壯和悲觀的色彩。

的訊息十分清楚：馬共的歷史罪名，不可能摘除。他們繳械之後，依然不得返國，如今安置在泰南的四個和平村種植和開墾，形同被政府遺棄。馬來西亞政府對馬共仍心存恐懼的第二具體事件是，禁演馬來導演阿米爾莫哈末（Amir Mohammad）的紀錄片《最後的馬共》（*The Last Communist of Malaysia,* Red Films, Sdn. Bhd., 2006）。

參考書目

一、中文部分

「阿米爾莫哈末（Amir Mohammad）紀錄片」（2006），《最後的馬共》（*The Last Communist of Malaysia,* Red Films Sdn. Bhd., 2006）。

友誼叢書編（2003）。《砂印邊界風云》。砂拉越：友誼。

方山等譯（2004），陳平口述，伊恩沃德、諾瑪米拉佛洛爾著。《我方的歷史》。新加坡：Media Masters。

方壯璧（2007）。《方壯璧回憶錄》。八打靈：策略資訊研究中心。

江政寬譯（2000），凱斯·詹京斯著。《後現代歷史學》。台北：麥田。

吳志超（2006）。《日本的侵略戰爭：一個老報人的回憶錄》。吉隆坡：隆雪中華大會堂。

吳志超（2006）。《日本的侵略戰爭與我》。吉隆坡：隆雪中華大會堂。

李光耀（1998）。《李光耀回憶錄》。台北：世界書局。

李有成（2006）。《在理論的年代》。台北：允晨。

見證叢書編委會編（2006）。《從戰場到茶場》。香港：香港見證出版社。

阿　成（單汝洪，2006）。《我肩負的使命：馬共中央政治委員阿成回憶錄之四》。吉隆坡：21世紀。

阿　成（單汝洪，2006）。《從「八擴」到抗英戰爭：馬共中央政治委員阿成回憶錄之三》。吉隆坡：21世紀。

阿卜杜拉·西迪、拉昔·邁丁、阿布·沙瑪訪談錄（2007）。《伊斯蘭·馬來人·共產黨》。八打靈：策略資訊研究中心。

阿凡提譯（2006），拉昔·邁丁著。《從武裝鬥爭到和平——馬共中央委員拉昔·邁丁回憶錄》。吉隆坡：21世紀。

阿凡提譯（2007），阿都拉‧西‧迪著。《馬共主席阿都拉‧西‧迪回憶錄》（上）。吉隆坡：21世紀。

阿凡提譯（2008），阿都拉‧西‧迪著。《馬共主席阿都拉‧西‧迪回憶錄》（中）。吉隆坡：21世紀。

施忠連譯（1993），雅各布‧布克哈特著。《歷史的反思》。台北：桂冠。

記者報導（1998）。〈方壯璧擬寫回憶錄以交代一些歷史事實〉，《星洲日報》。1998年9月25日報導。

張　佐（2005）。《我的半世紀──張佐回憶錄》。自印。

張　進（2004）。《新歷史主義與歷史詩學》。北京：新華書店。

張京媛主編（1997）。《新歷史主義與文學批評》。北京：北京大學。

陳　凱（1998）。《為獨立而戰》。香港：南島。

陳　劍編（2006）。《與陳平對話──馬來亞共產黨新解》。吉隆坡：馬來西亞華社研究中心。

陳明福譯（1994），柯林烏著。《歷史的理念》。台北：桂冠。

黃信芳（2007）。《歷史的補白：黃信芳回憶錄》。吉隆坡：朝花企業。

新馬僑友會編（1992）。《馬來亞人民抗日軍》。香港：香港見證出版社。

萬家安（2005）。《與歷史對話：左翼運動史論集》。雪蘭莪：當代本土史料研究室。

賈士蘅譯（1997），凱斯‧詹京斯著。《歷史的再思考》。台北：麥田。

趙毅衡（1995）。〈敘述形式的文化意義〉，《必要的孤獨──文學的形式文化學研究》。香港：天地圖書，頁93-103。

劉世安譯（1999），海登‧懷特著。《史元》。台北：麥田。

劉世安譯（2001），麥克‧史丹福著。《歷史研究導論》。台北：麥田。

劉鑒銓編（2004）。《青山不老──馬共的歷程》。吉隆坡：星洲日報。

蔡求真（2000）。《四十年森林游擊戰爭生活回憶錄》。勿洞：第一友

誼村。

黎紹珍等譯（2004），邱依虹著。《生命如河流——新、馬、泰十六位女性的生命故事》。吉隆坡：策略資訊研究中心。

謝麗玲譯（2006），Mohamed Salleh Lamry 著。《馬來左翼運動史》。吉隆坡：策略資訊研究中心。

二、外文部分

Eakin, Paul John. *Fictions in Autobiography: Studies in the Art of Self-Invention*. Princeton: U. of Princeton, 1985.

Lejeune, Philippe. *On Autobiography*. Trans. Katherine Leary. Minneapolis: U. of Minnesota, 1989.

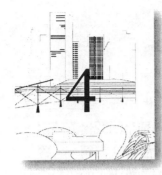

4 馬六甲儒家的馬來（西）亞化——從陳禎祿的國族主義到沈慕羽的社群主義

■馬六甲儒家：從海峽殖民地到馬來（西）亞

■陳禎祿：儒家的馬來（西）亞「國族主義」化

■沈慕羽：儒家的馬來西亞華人社會「社群主義」化

鄭文泉　馬來西亞拉曼大學中文系助理教授

摘　要

　　20 世紀既是馬六甲不斷被七州府化、馬來亞化和馬來西亞化的過程，也是馬六甲人物把儒家七州府化、馬來亞化和馬來西亞化的時期。首先，在馬來亞邁向獨立的過程，來自馬六甲的土生華人首領、「獨立功臣」陳禎祿以其「同時成為好的馬來亞公民和好的華人」的決心參與國是，本於儒者「修身、齊家、治國、平天下」之心呼籲國內民族擺脫各自的「部族主義」（communalism），以為建立「四海之內皆兄弟」的「彼此能在平等權利和法律的基礎下，和平、祥和地生活在一起」的「國族主義」（nationalism）之國家；但在馬來亞獨立並於 1963 年擴大為馬來西亞之後，華文學校與教育反而以其不符國家教育政策而有被改制、消亡的可能，由此乃有另一馬六甲首領沈慕羽挺身而出，本於儒者「愛護本族文化，是良知良能」之心，行「挽救民族教育的危亡」之事，至此儒家又撤守、退縮為「部族主義」〔其實為「社群主義」（communitarianism）〕的踐履形態。言下之意，馬六甲人物對儒家的馬來西亞化作用不但深遠，且還有跨族群的「國族主義」與單一族群的「社群主義」二種形式之不同。

Abstract

The Malayanization of Malacca in the 20th century is also the Malayanization of Confucianism as contributed by Tan Cheng Lock (1883-1960) and Sim Mow Yu (1913-2009) respectively. In the first half of 20th century, 'the sage of Malacca' Tan Cheng Lock's Malayanziation of Confucianism was carried along with his independent movement, in which he called for the elimination of communalism for a new nationalist state of Malaya in concordance with the Confucian spirit of 'Tianxia'. The Confucianism in the second half of the last century, however, shrinked back to its earlier 'communalism' (but in positive 'communitarianism' form) practise on 'the (Malaccan) modern Confucius' as seen in the Sim Mow Yu-led Chinese mother tongue education movement against the country's policy of national language education. The nature of the Malayanization of Malaccan Confucianism in the century, in a nutshell, is both in nationalist and communitarian orientations.

一、馬六甲儒家：從海峽殖民地到馬來（西）亞[1]

　　進入 20 世紀以後的馬六甲的大趨勢，就是從原來作為海峽殖民地之一州被整合入更大的「馬來亞」或「馬來西亞」之社會—政治體之中。仔細說來，為了反對英殖民政府強制華文學校註冊的《學校註冊法令》，馬六甲與其他海峽殖民地二州（檳城、新加坡，時稱「叻嶼甲三州府」）連同馬來半島的「馬來聯邦」四州府（霹靂、雪蘭莪、彭亨、森美蘭）於 1920-1921 年間組成統一反對陣線，足示「七州府」意義的華人社會已成形（鄭良樹，1999：19-173）；這個社會又進一步分別於 1934-1936 年和 1963 年由於當時的歷史原因擴大為「馬來亞」及「馬來西亞」的社會—政治體。這也是說，20 世紀的馬六甲是一個從「三州府的馬六甲」不斷演化、進展為「七州府的馬六甲」、「馬來亞的馬六甲」乃至「馬來西亞的馬六甲」的歷史與過程。

　　在某個意義上，馬六甲在被整合入更大的社會—政治體之中，尤其行政中心是在他州的情況之下，也就是它越來越被邊緣化的時代過程。這點從 17 世紀以來即是馬六甲華人社會權力中心的青雲亭之在 20 世紀初日趨沒落、淪為與當地一般寺廟無異的歷史現象即可看出（石滄金，2005：312），即它的政治功能已為馬六甲子民陳禎祿（Tan Cheng Lock，1883-1960）所創立的馬來（西）亞華人公會（Malaysian Chinese

---

[1] 本文為作者「麻六甲儒學史」的 20 世紀階段之英屬時期（1824-1957）與馬來西亞獨立時期（1957 年迄今）的寫作篇章，其整體計畫構想見鄭文泉，2007。至於「馬來西亞儒學史」的寫作成果，其初步形式見鄭文泉，2008；「東南亞儒學史」的部分，見鄭文泉，2009。

Association，簡稱「馬華公會」或「MCA」）所取代，其社會─文化功能亦為馬六甲另一子民沈慕羽（Sim Mow Yu, 1913-2009）之馬來（西）亞華校教師會總會（The United Chinese School Teachers' Association of Malaysia，簡稱「教總」或「UCSTAM」）所發揮，即可想見。言下之意，原屬馬六甲各相關組織與機構對這個不斷被七州府化、馬來亞化、馬來西亞化的時代趨勢回應不免乏力，以至被歷史洪流拋在後頭，不為無故。

然而，當我們看到自 1945 年日治時期結束以來引領或主導馬來（西）亞華人社會的政、教機構之首領，均出自如陳禎祿、沈慕羽之人物時，這種「邊緣化」的論斷或有重估的必要。實際上，當馬六甲不斷被七州府化、馬來亞化及馬來西亞化時，也就意味馬六甲人的活動舞臺已逐步擴大為七州府、馬來亞乃至馬來西亞，而不必也無須再局限於區區的一個小州了。當然，更重要的是，20 世紀給了馬六甲這樣一個時代機遇，而馬六甲人確也把握住機會，使自己不再只是一個地方性人物，而是國家級首領。

問題在於，在多元民族與文化的國度，陳禎祿、沈慕羽之類人物在七州府化、馬來亞化及馬來西亞化自己的同時，其實也是把自己的文明帶到一個國家的高度與其他文明相會的時刻。但這點尚鮮為人知，也未獲得妥適處理與理解，如陳禎祿之家屬（Scott-Ross, 1990）或其黨團（馬華公會，1999）及一般學人（王琛發編，2007）之文獻所見，沈慕羽之情況亦然（李亞遨編，2006）。本文以下之用意即在填補這一方面的不足，從社會思想史的角度析證，在隨著馬六甲的七州府化、馬來亞化及馬來西亞化趨勢，其子民陳禎祿和沈慕羽其實也把儒家七州府化、馬來亞化與馬來西亞化了。

二、陳禎祿：儒家的馬來（西）亞「國族主義」化

在今天，陳禎祿作為馬來西亞（代表來自華人社會）的「獨立功臣」，可謂是學校教材的經典說法。陳禎祿爭取獨立的運動，可說是遠在日治時期，他避難印度時於 1943 年起草《馬來亞前途備忘錄》（Memorandum on the Future of Malaya）即已有的篤定想法（Tan, 1947: 10-42），並於日治時期結束（馬來亞光復）後於 1946 年重返家園付諸實踐，故有是年被跨族群、跨陣線的「泛馬聯合行動委員會」（Pan-Malayan Council of Joint Action，簡寫 PMCJA）推舉為首領以為反對英殖民政府的「馬來亞聯邦」單一制計畫、1949 年馬來亞華人公會成立並被選為會長以為救濟馬來亞共產黨叛變下的華人問題、1952 年與代表馬來人政治的全國巫來由統一機構（United Malay National Organization，簡稱「巫統」或「UMNO」）組成政治聯盟並贏得市政局選舉、1955 年更與代表印度人勢力的馬來亞印度人國民大會（Malayan Indian Congress，簡稱「國大黨」或「MIC」）合作擴大聯盟政黨的族群基礎而贏得首屆全國大選，並籌組迄至今日仍然統治馬來西亞的聯盟政府。從這個角度來說，陳禎祿之被其後來政府尊稱為「獨立功臣」自可想見，也了無疑義。

然而，陳禎祿的這些獨立運動與建國計畫是否有其「儒家」的文明淵源與意義可言？關於這點，如果我們瞭解陳禎祿特別自 1922 年（時年39 歲）擔任公職（受委海峽殖民地立法議會、行政議會議員）以來親睹海峽殖民地政府種種（對華人）不公的種族政策而激起他的民族自尊，並分別於不同時期堅持「同時成為一個好的華人和好的大英子民」（此1934 年英屬時期語）、「使他們可以成為好的大英子民、好的馬來亞公

民和好的華人」（此 1943 年日治時期語）和「使他們可以同時成為好的馬來亞公民和好的華人」（此 1952 年爭取獨立時期語），[2]可見他是越來越自覺地以「好的華人」身分參與其事，並且極力爭取能使華人成為「好的華人」之政府或國家的產生與出現。這也是說，陳禎祿的獨立運動與建國計畫均有其「華人」（在這裏是「儒家」）的文明含義可言，並非是我們事後牽強附會之舉，而是當事人當時的主觀意願與客觀事實，並未可否。

　　誠然，對當時的明眼人和後來的能鑒者來說，陳禎祿是在儒家的意義上完成其作為「好的華人」之事的。遠在獨立之前，作為土生華人出身的陳禎祿與當時新客華人首領，被後來馬來西亞華文教育界譽之為「族魂」的林連玉（1901-1985）共事時，後者就有「我看到陳爵士的家，完全是華人古老式的布置……他滿架的書雖然全是英文的，其實卻是《四書》、《五經》，及《老子》、《莊子》的翻譯本。我更加深信，這位外表看來是英國紳士的陳爵士，骨子裏原來是道地的華人……」之語（林連玉，1988：75），而今日漢學名家鄭良樹亦直指其內涵為「以華人自居，無論從思想、從言行來說，他是傳統的華族知識分子，一位儒家的實踐者」（2008：129）。言下之意，陳禎祿所謂的「好的華人」，嚴格來說是「好的儒家」之意（鄭文泉，2008a），這點尤須讀者加以鑒別之者。

　　從陳禎祿所撰《從華人的觀點論馬來亞問題》及其它講詞等內容看來（均為英文），我們確有確鑿的證據可以證明他是在儒家的意義上來理解自己的「華人」背景與特性。從儒家義理的「心」、「禮」、「天」結構來說，陳禎祿之於獨立運動與建國計畫的儒家淵源與依據是：(1)心；

---

[2] 這三段原文分別是："become good Chinese as well as good British subjects"、"made them good British subjects, good Malayans and good Chinese"和"can they become good Chinese as well as good Malayans"見 Tan, 1947。

(2)禮；(3)天。分述如下。

(一)心

　　作為一位生長於被他的同時代人，如新客華人首領陳嘉庚（1874-1961）憂慮其有「輾轉而淪為土人」的家庭與環境之土生華人陳禎祿，儘管後來以其方式（如英譯本《四書》、《五經》）接觸與涵化儒家的智識，但顯然未深至於心性的層面。從其一生的行跡與思想來看，陳禎祿顯然深受且篤守《論語》──「四海之內皆兄弟也」，即愛人如己之弟兄的信念，以及《大學》──「修身、齊家、治國、平天下」的「擴而充之」之推廣原則（Tan, 1947: 39），此與前述陳嘉庚於 1937-1945 年間在新、馬以其「惻隱」、「羞惡」等「四端之心」行抗日救亡之事的契悟，顯然有淺深之別（陳嘉庚，1998；鄭文泉，2008b），殊不可否。縱使「四海之內皆兄弟也」（此子夏語）及《大學》並非孔子所親言，但將陳禎祿如上的「心」歸之於孔子式的儒家思想與傳統（而與陳嘉庚的孟子互異），亦未嘗不可。

(二)禮

　　陳禎祿上述孔子式的「心」思，實為他聯合其他族群共同爭取獨立以為建國的思想前提，即所謂「馬來亞第一，華人第二」（Malayan first, Chinese second）的憲政原則與方向（Tan, 1947: 22-23）。簡單說來，「馬來亞第一，華人第二」既是一個爭取馬來亞獨立，又是催生「馬來亞民族」產生的雙重目標之說法：

　　1.馬來亞各族群的問題不僅是如何從英殖民政府手中爭取獨立，而且是獨立後彼此如何組成一個「馬來亞民族」（Malayan Nation）的

建國之事，即「我們必須使彼此能在平等權利和法律的基礎下和平、祥和地生活在一起，並且學習如何把自己統合進一個單一政治體之中」所說（Tan, 1947: 133）。

2.為此，陳禎祿以為不同族裔須有「四海之內皆兄弟」，即視他人如己之弟兄的心理，以為建立一平等（然後才能）自由的「國族」（nation）之邦，而非將一己族裔（community）之利益強加於他人之上，故有「如果要使國族主義（nationalism）成為我們之間的一股統合力量，那麼它須要部族主義（communalism）在政治生活的清除才行」之說（Tan, 1947: 134）。

3.為此，各族裔（包括華人）均需有「修身、齊家、治國、平天下」之不斷超越一己家、族利益以為「四海一家」的胸襟與現實，此即其「讓我們忘記被稱為『華人』或『印度人』的我們，而是把自己看成是馬來亞人」、「所有馬來亞的族群必須學會不論其族裔背景均把自己視為馬來亞人」等等之說（Tan, 1947: 136, 26）。言下之意，陳禎祿這種要求各族裔以「國族」而非「部族」之心與他人相處，並組成一平等、自由的國度，用古代儒家「五禮」的話語來說，可說是「賓禮」之事，亦不可否。

(三)天

陳禎祿上述賓禮所欲建立、落實的道德—精神世界，或儒家所說的「天」，為一基於儒者「四海之內皆兄弟也」之心以成就「四海一家」的堂奧與方向，可說是甚顯明之事。以他自己的政治話語來說，這個「四海一家」指的是「我們堅持在馬來亞內建立一個所有居民都是平權和自由的民主化國家體制」，也就是從空間廣度上來說在「一個包括新加坡在內的馬來亞聯邦」內，表現其「將所有把馬來亞視為其父祖之邦的居民均享有平等公民權利的待遇」之精神高度（Tan, 1947: 139），而他為

此之出任各族裔、各陣線之「泛馬聯合行動委員會」的主席，籌組馬華公會並進而與其他族裔政黨共組聯盟政黨、政府，均可見其踐履「四海一家」之願景之堅定。這種言行在今天看來或許甚稀鬆平常，但如果我們瞭解陳禎祿當時所面對的是無意「脫離中國籍做馬來亞公民」的華人社會，如 1947 年被《南僑日報》有效調查的 24,012 人數之中僅有 756 人（或 3.1%）願意如此做（崔貴強，2007：184-185），那麼我們便可想見他超越時人的前瞻性了；

綜上所述，作為一個從英語文教育中成長的陳禎祿，他對英式之價值與文明顯然知之甚深、體之甚契，但如果我們因此忽視了他「成為好的大英子民、好的馬來亞公民和好的華人」的決心與願望，而偏漏了如上「心」、「禮」、「天」的儒家內涵與背景，對他也不可說是一種客觀認識與理解。

陳禎祿從一個馬六甲子民（並在海峽殖民地另一端新加坡的就學）到最後成為馬來（西）亞各族群認可的「獨立功臣」，反映的是馬六甲在 20 世紀的七州府化、馬來亞化及馬來西亞化（此陳禎祿於 1960 年逝世時尚未成形）過程中的絕佳典例。從陳禎祿的例子可以看到，做一個「好的大英子民」、「好的馬來亞公民」或「好的華人」是相通的，即都是儒家「四海之內皆兄弟」的不斷「修身、齊家、治國、平天下」的外推結果，或他所說的從「部族主義」到「國族主義」的實踐化過程。言下之意，在 20 世紀馬六甲的七州府化、馬來亞化及馬來西亞化的過程中，決心同時「成為好的大英子民、好的馬來亞公民和好的華人」的陳禎祿已經把儒家的理想從單一族群的「部族主義」發展成多族群的「國族主義」之局面與現實，這點是值得讀者加以留意的。

三、沈慕羽：儒家的馬來西亞華人社會「社群主義」化

　　說陳禎祿的如上踐履是一種「絕佳典例」，是因為在他之後再也沒有出現過同樣形象鮮明的「以華人自居，無論從思想、從言行來說，他是傳統的華族知識分子、一位儒家的實踐者」的繼任者了。至於他具有儒家內涵的「國族主義」之踐履，在當時也只能取得相對平等的憲政設計與實施，即馬來亞（後來的馬來西亞）將是一個以馬來語為國語、馬來人（後來擴大為「土著」族群）具有特別地位（special position of the Malays）、馬來裔蘇丹為各級政府之元首及伊斯蘭教為國教等規定的同時，也立法表明不可借此「禁止或提控任何人在公家機關以外使用其他語文的權利」、「不可減少第 136 條款的許可權」（指所有人在聯邦內之服務不論其族裔背景均應獲得平等對待）、「聯邦元首須依內閣或任一部長之建議而執行其權力」（而此內閣由民選之領袖籌組）及「其他宗教亦可在聯邦內以和睦、祥和之方式奉行」等等的「但書」，[3]從而使各族群之利益與權利取得一平衡之處理。換句話說，陳禎祿當年的「國族主義」之憲政框架與理想或還沿襲至今，但他背後的儒家理念已沒有多少繼任者能善紹其裘了。

　　這也是說，從馬六甲的角度來看，陳禎祿之後的儒家踐履不是表現在他的「國族主義」之方向上，而是當年所指的「部族主義」——但是今日具有正面意義的「社群主義」之形式。這是由於獨立以來的馬來（西）亞憲政體系與價值無一不凸顯它是「馬來人的馬來（西）亞」國家，而

---

[3] 這些分別是馬來西亞聯邦憲法的第 152、153、40、3 等條款，見 *Federal Constitution*, 2008。

非李光耀（如）被迫退出馬來（西）亞的「馬來西亞人的馬來西亞」之訴求與理想，特別是馬來語為國語的規定一旦為教育媒介之後，獨立前的非馬來語媒介學校（此有英、華、印三大語系統）將被強制改制為國語、國民之學校，由此引發了種種反改制的社會努力與運動。這也是說，陳禎祿之後來自馬六甲的全國性儒家之踐履，就來自這個反學校改制的運動陣營與人物，故而有「社群主義」之儒家轉向與內涵可說。

上述人物所指的，就是於 1966-1994 年間擔任教總主席一職的馬六甲人物沈慕羽。關於教總或華校教師公會這個組織的目標，沈慕羽曾在 1980 年於各州教師會的場合上分別指出，如馬六甲「戰前的華校教師會成立於抗戰時期，以挽救民族危亡為主要目標。戰後華校教師會主要的目標是挽救民族教育的危亡」（1998：163）、檳城「四十年前中華民族受日本侵害，海外華人激於義憤，籌賑救國，教師會的組織就是要配合民族救亡之運動。如今我們教師會的目的則在於維護華教。責任同樣艱巨，意義同樣深重，可說是華教的救亡運動。教總成立於 1951 年，目的就是團結同道力量，喚醒同胞，挽救華教」（1998a：160）等等，而「挽救民族教育的危亡」、「華教的救亡」指的是「政府教育政策的最終目標，是以巫文為全國學校的主要教學媒介，《拉薩報告書》是個開端，《達立報告書》是承繼人，《阿茲報告書》完成之，這是消滅華校的三部曲」（1998b：22）。言下之意，沈慕羽在領導教總期間的主要用心，即在拒絕華校因被迫改制（也就是消亡）的危機而奮起為「挽救民族教育的危亡」之事。

與其同鄉、先輩陳禎祿相較，沈慕羽（曾追隨陳十年並創立馬華公會青年團）儘管出生於本土，但與新客華人一樣有機會接受正規的華語文教育，故其儒家背景與認知亦較易為人所察知（鄭文泉，2008c）。從

已出版的《沈慕羽資料彙編》七大冊文獻看來，[4]沈慕羽的儒家淵源與依據與上述陳禎祿「心」、「禮」、「天」的儒家構造與特性是迥然有別的：

(一)心

沈慕羽的「華教的救亡運動」是直接訴諸孟子情感式的「良知良能」，而不是陳禎祿的「四海之內皆兄弟也」的原則式之《論語》。仔細說來，他的「不忍眼看著本族的語文教育日趨衰微」、「不平則鳴」、「為正義而犧牲，為華族而吃虧，我都心甘情願」等（1998c：197；1998d：12；1998e：174），均是本於「人是有自尊心的，每個人都愛護自己的文化，是良知良能」、「愛護本族文化，是良知良能，不能看作是沙文主義或種族主義，如我是沙文主義，則馬來人及印度人色彩更濃，豈能例外」等心理與自信（1998f：31；1998g：168）。從這個「良知良能」的角度，他和此前所提陳嘉庚的本乎「四端之心」而有種種「毀家興學」與「抗日援華」之舉同為孟子式的儒家思想，當無疑義；

(二)禮

沈慕羽上文所說的「文化」，主要是指華文學校與教育，即表現為「華教的救亡運動」之舉。關於這點，他的「救亡」既包括個人親身從事教師、教育行業，也指「為了爭取華文的地位，我被開除黨籍；為了華人的大團結，吃兩年官司；前年為了華小高職的事，而被坐牢」等等

---

[4] 此套書為教總所出版，分別為：《沈慕羽翰墨集》（1995）、《石在火不滅》（1996）、《沈慕羽事蹟繫年 1913-1994》（1997）、《沈慕羽言論集（上下二冊）》（1998）、《沈慕羽翰墨集二》（2002）、《沈慕羽翰墨集三》（2006）及《晚節飄香續集》（2006）。

之事（1998e：174），可說是數十年如一日，迄今耄耋之年（1913年生，今已95歲）猶未稍歇，以建立起：(1)「各民族教育均以母語母文為媒介，各民族的學校均應被承認為國民教育」；並訴求(2)「各民族教育一律平等待遇，均獲得正常發展的機會」；以為(3)「尊重各民族的傳統習慣及文化的特質」的含蓋「母語」教育、政治「平等」和文化「認同」三個層面的「完整華文教育體系」。沈慕羽所從事的既然是華教的「救亡」運動，那麼從古代「五禮」的話語來說，就是與陳禎祿的「賓禮」不同而屬於「凶禮」之事了。

(三)天

　　沈慕羽對自己所從事的「華教的救亡運動」與儒家的「天下」理想之差別與關係，顯然是有很清醒的認知與分疏，即「我呼籲大家接受孔子的道理，學習孔子的精神，以天下為己任，服務華社，解救華人的困境」一語所示（1998h：281）。這也是說，儒家雖欲「以天下為己任」，但現實華人在馬來西亞的處境卻不容他不得不以自家族群的文化之救亡計，如其自述「我雖然吃盡了苦頭，但是我並沒有低頭，也沒有認錯，我的意志是一貫的，我的立場及原則是堅持到底的，除非我們華裔公民能夠與人平坐平起，不被人看衰，否則我是不會停止我們的鬥爭的……諸位同學，我們華人的命運太苦了，應該設法解救它。這個解救的責任，你有份，我有份，每一個華人都有份。所謂天下興亡，匹夫有責。假如華人沒得救，你我大家都受苦，永遠沒有幸福」（1998e：174）。換句話說，對沈慕羽來說，按眼前馬來西亞華人社會的處境，「以天下為己任」不是「不為」而是「不能」，因為欲「以天下為己任」者自身就面對需為自身之存亡作優先考量計。

　　綜上所述，作為華人社會面臨「華教的救亡運動」時期的重要首領

之一，沈慕羽的儒家思想從「天下」撤守至華社、華教，而有如上從陳禎祿的「國族主義」退縮為「社群主義」（而非負面的「部族主義」）的趨向與轉變，至此亦可謂是甚明白、可喻之事了。

　　顯然，說上述「救亡運動」是「社群主義」而非「部族主義」（儘管彼此都具有共同的單一族群特性），不只是因為它的「救亡」性質，而是這個運動本身具有儒家與他人共存共榮的色彩，如沈慕羽一再強調的「牡丹雖好，也要綠葉扶持，才能顯示出其高貴；國花雖美，同樣需要綠葉襯托……我們不敢高攀國花之地位，只求其成為綠葉罷了。」（1998d：14；1998i：113；1998g：169）。這也是說，與陳禎祿做一個「好的華人」和做一個「好的馬來亞公民」是相通的「國族主義」例子相較，陳禎祿之後的儒家並沒有走向它的「部族主義」的反面，而是「牡丹雖好，也要綠葉扶持」的「只求其成為綠葉」的「社群主義」，表示20世紀下半葉的馬來西亞趨勢與儒者「四海之內皆兄弟」的抱負並不相符，致使後者無法再依「修身、齊家、治國、平天下」之序往外推，做一個「好的華人」與做一個「好的馬來亞公民」至此亦不再相通、相順了。言下之意，沈慕羽的「華教的救亡運動」反映的是上世紀馬六甲子民及其文明在逐步七州府化、馬來亞化及馬來西亞化的擴大社會—政治體中的困境與難題之「社群主義」寫照。

參考書目

一、中文部分

王琛發編（2007）。《為萬世開太平：陳禎祿思想國際研討會論文集》。
　　吉隆坡：馬華公會中央黨校。

石滄金（2005）。《馬來西亞華人社團研究》。北京：中國華僑出版社。

李亞遨遍（2006）。《晚節飄香續編》（沈慕羽資料彙編七）。吉隆坡：
　　馬來西亞華校教師會總會。

沈慕羽（1998）。〈華校教師有義務參加教師會〉，《沈慕羽言論集》
　　（上）。吉隆坡：馬來西亞華校教師會總會，第 162-163 頁。

＿＿＿＿（1998a）。〈檳教師會的貢獻〉，《沈慕羽言論集》（上）。吉
　　隆坡：馬來西亞華校教師會總會），第 160-161 頁。

＿＿＿＿（1998b）。〈教總第 18 屆會員大會〉，《沈慕羽言論集》（上）。
　　吉隆坡：馬來西亞華校教師會總會，第 21-23 頁。

＿＿＿＿（1998c）。〈華教危機重重〉，《沈慕羽言論集》（上）。吉隆
　　坡：馬來西亞華校教師會總會，第 197-198 頁。

＿＿＿＿（1998d）。〈教總第 16 屆會員大會〉，《沈慕羽言論集》（上）。
　　吉隆坡：馬來西亞華校教師會總會，第 12-15 頁。

＿＿＿＿（1998e）。〈全馬華校校友總會必須成立〉（二），《沈慕羽言
　　論集》（上）。吉隆坡：馬來西亞華校教師會總會，第 174-175 頁。

＿＿＿＿（1998f）。〈教總第 20 屆會員大會〉，《沈慕羽言論集》（上）。
　　吉隆坡：馬來西亞華校教師會總會，第 30-33 頁。

＿＿＿＿（1998g）。〈校友會的功用與使命〉（一），《沈慕羽言論集》
　　（上）。吉隆坡：馬來西亞華校教師會總會，第 168-169 頁。

＿＿＿＿（1998h）。〈紀念孔誕 2540〉，《沈慕羽言論集》上冊。第 280-281

頁。

＿＿＿＿（1998i）。〈華教尚未平等，同道仍須努力〉，《沈慕羽言論集》
上冊。第 112-114 頁。

林連玉（1988）。《風雨十八年》。吉隆坡：林連玉基金會。

馬華公會（1999）。〈馬來亞獨立功臣敦陳禎祿的政治思想〉，《為國
為民：馬華公會五十周年黨慶紀念特刊》。吉隆坡：馬華公會。

崔貴強（2007）。《新馬華人國家認同的轉向 1945-1959》（修訂卷）。
新加坡：青年書局。

陳嘉庚（1998）。《南僑回憶錄》。長沙：嶽麓書社。

鄭文泉（2007）。〈馬六甲儒學史：從李為經到沈慕羽 1600-2007〉，「古
往今來：馬來西亞華人歷史之路」講座會講義。馬六甲：興安會館，
10 月 13 日。

＿＿＿＿（2008）。「20 世紀馬來西亞儒家」十二講，陳氏書院人文圖書館
人文課程。吉隆坡：陳氏書院、雪隆理華同學會，8 月 21 日至 11
月 6 日。

＿＿＿＿（2008a）。〈1946-1956：陳禎祿與儒家的馬來亞化〉，「20 世
紀馬來西亞家」第七講。陳氏書院人文圖書館人文課程。吉隆坡：陳
氏書院、雪隆理華同學會，10 月 2 日。

＿＿＿＿（2008b）。〈1937-1945：陳嘉庚與抗日救亡時期的儒家〉，「20
世紀馬來西亞儒家」第六講。陳氏書院人文圖書館人文課程。吉隆
坡：陳氏書院、雪隆理華同學會，9 月 25 日。

＿＿＿＿（2008c）。〈1974-1994：沈慕羽與 20 世紀大家儒家的定型〉，「20
世紀馬來西亞儒家」第九講。陳氏書院人文圖書館人文課程。吉隆
坡：陳氏書院、雪隆理華同學會，10 月 16 日。

＿＿＿＿（2009）（出版中）。《崛起中的東南亞儒學：與當代東亞、北美
鼎足而三的新興區域儒學論》。吉隆坡：南大教育與研究基金會。

鄭良樹（1999）。《馬來西亞華文教育發展史》。吉隆坡：馬來西亞華

校教師會總會。

_____（2008）。〈學者型的政治家：陳禎祿〉，《馬來西亞華社文史續論》。士古來：南方學院出版社，第 103-133 頁。

二、外文部分

Federal Constitution. (2008). Petaling Jaya: International Law Book Services.

Scott-Ross, Alice (1990). *Tun Dato Sir Cheng Lock Tan: A Personal Profile.* Singapore: A. Scott-Ross.

Tan Cheng Lock (1947). *Malayan Problems: From a Chinese Point of View.* Singapore: Tannsco.

5 金子美鈴童謠中的文化風土——以鯨魚供養為中心

吳翠華　元智大學應用外語系副教授

摘　要

　　女童謠詩人金子美鈴（金子みすゞ，1903-1930），本名金子瑛（金子テル），明治 36 年（1903）出生於山口縣仙崎。金子美鈴二十歲時開始創作童謠，所創作童謠詩共有五百一十二首。

　　金子美鈴擅長以一種他人無法模仿、超越溫柔的筆法描繪其故鄉仙崎的自然與風土文化，因其作品充滿了慈悲、佛心與童心，不但感動了許多的人，也引起世人對其故鄉仙崎的草木、風俗、文化的興趣。

　　金子美鈴生長的仙崎，是介於瀨戶內海與太平洋間的漁港，也是日本少數捕鯨的地方。因曾經以捕鯨為生，為表示對鯨魚的感謝，以及消除殺生的罪業，而有鯨魚法會、鯨魚塚等鯨魚供養活動。金子美鈴的「捕鯨」及「鯨法會」，即描述了日本古式捕鯨的情形及日本獨特的鯨魚供養文化。

　　本文擬由「捕鯨」及「鯨法會」二首童謠出發，對仙崎的捕鯨文化作一探討，並藉由對捕鯨文化及鯨魚供養探討，來詮釋這二首童謠的內在文化性。

Abstract

Poetess Misuzu Kaneko, (1903-1930) born Teru Kaneko, in Senzaki, Yamaguchi, in the 36th year of the Meiji period (1903). Misuzu Kaneko started writing poems at the age of twenty, leaving behind 512 pieces of work.

Kaneko was a master at using a beyond gently touch of pen to describe Senzaki – her hometown's natures and cultures which could not be imitated. Because of the compassion, religious and childlike innocence touch in her work, she has moveed many hearts, as well as raised much interest towards the natures, customs and culture of her hometown – Senzaki.

Kaneko was born and raised in Senzaki, a harbor between the Seto Island Sea and the Pacific Ocean, and one of the few sites for whaling in Japan. In order to show gratitude to whales who once supported the villagers' living, and to repay the sins for taking lives, memorial ceremonies, whale cemeteries and similar offering rituals were established. Kaneko's two work pieces – "Whaling" and "Whale Memorial Ceremony" described the nature of the ancient Japanese whaling method and the unique ritual culture of Japan.

This paper will discuss the whaling culture of Senzaki based on "Whaling" and "Whale Memorial Ceremony", and will attend to interpret the cultural nature of these two poems by discussion on whaling culture and offering rituals.

一、緒　論

　　日本女童謠詩人金子美鈴（1903-1930），出生於山口縣大津。二十歲時開始創作童謠，以處女作〈魚〉登上日本大正時期的詩壇。不但是日本第一位女童謠詩人，也是唯一一位作品被收錄在《日本童謠集》[1]中的女童謠詩人。

　　金子美鈴擅長以獨特的新鮮視點，描繪自然界的小生命、日常生活事物，及其故鄉仙崎的風土。她的童謠詩蘊含著一種「無法形容的溫柔情感」[2]，感動很多人受到很多讀者的喜愛，成為當時童謠詩壇上閃亮的一顆新星。昭和 5 年（1930）二十六歲時，金子美鈴以自殺結束生命，這顆文壇上的彗星自此消失，成為「傳說中的女童謠詩人」。

　　這顆消失的彗星，在六十年後經由兒童文學作家矢崎節夫十六年的追尋，終於在昭和 57 年（1982）6 月找到了她的故鄉，解明了她的身世，同時也找到了她的手稿。自此，金子美鈴的故鄉仙崎，因為讀者的探訪，小漁村開始熱鬧了起來，已漸漸衰退的仙崎特有風土文化，也因金子美鈴童謠詩的描述而甦醒，再度受到注目。

　　矢崎節夫在〈美鈴的故鄉〉（〈みすずさんのふるさと〉）一文中說到，金子美鈴的故鄉——山口縣大津郡仙崎（現今的長門市仙崎），雖然是面對日本海的小漁村，但這仙崎、青海島卻有能向世界誇耀的三種東西：(1)金子美鈴；(2)鯨魚塚；(3)兒童念佛會（矢崎節夫，2005，頁214-216）。的確，金子美鈴的童謠重新被發現後，因其中「捕鯨」及「鯨

---

[1] 大正 15 年（1926）由童謠詩會所編，集結北原白秋、野口雨晴、西條八十等大正時期具代表性的重要童謠詩人作品的童謠選集。

[2] 西條八十在《童話》中對於金子美鈴的作品所作的評論。

法會」二首童謠，描述了仙崎有關捕鯨的文化，不但使鯨魚塚的所在地向岸寺成為金子迷必訪之處，也帶起了世人對日本鯨魚供養此一特殊文化的注意。

日本的鯨魚供養其實不僅限於仙崎地區，江戶時期（1603-1867）以後古式捕鯨盛行的地區幾乎都有某種形式的鯨魚供養，有為鯨魚立碑，有為鯨魚建塔，也有為其立墓者。然而根據研究調查，為母鯨胎內未能出生的小鯨魚立墓供養，仙崎的向岸寺是日本也是世界唯一的例子[3]。此一日本固有而獨特的文化，不僅在文化上、儀式上有其特殊性，同時也蘊含了日本融合佛教及民間信仰的人身供養及殺生罪業思想，值得作深入的瞭解及介紹。

有關日本捕鯨文化及鯨魚供養，在國內目前尚未有相關研究論文。而在日本方面，鯨魚塚的調查及研究，進藤直作從 1968 年開始即陸續發表有關瀨戶內海的鯨魚塚的著作、論文，其中〈鯨塚の研究〉（1970），對日本全國的鯨魚塚作了詳細的調查、研究[4]。進藤以瀨戶內海沿岸地方、流向瀨戶內海的引水道地區、東日本各地特選的幾個縣市鄉村、隣海地區等為對象，進行了文獻及實地考查，對日本鯨魚塚的分布、時代及地理特色作說明，提出了鯨魚九州東洄游路線說。此外，該文也對鯨魚的往生錄、鯨骨、繪馬、鱷口、燈籠、牌位、梵鐘等進行了調查。

進藤主要是以瀨戶內海的鯨魚塚為調查重點，但對於鯨魚塚建立的背景並沒有詳細的說明。因此，吉原友吉〈鯨の墓〉（1997）便以進藤的調查、研究為基礎，將調查對象擴大到全國，補充了進藤的不足。

---

[3] 根據吉原友吉〈鯨の墓〉的調查，他認為鯨魚塚是日本所獨有，在世界其他捕鯨國家中看不到這種文化，但中村生雄在〈鯨の死／鯨の供養〉一文中（頁 62），則認為鯨魚供養的確是日本所固有的文化，在西洋的近代捕鯨國家也確實找不到例子，但在愛奴或北美等實行傳統捕鯨漁業的地區，是否沒有類似的例子則很難斷定，應再更審慎的考察。

[4] 參照文末參考書目。

而有關鯨魚供養，近年雖然因為金子美鈴而成為熱門話題，但大多是介紹性的文章。中村生雄〈鯨の死／鯨の供養〉（2002），以進藤及吉原的調查為基礎，對於日本漁民如何看待他們的漁獵物——鯨魚，以及鯨魚在日本漁民中是什麼樣的存在，他們是如何的處理這種殺生業等問題，作了分析與研究，是目前對鯨魚供養較為深入的研究。

　　本論文，擬以上述三篇論文為參考對象，由金子美鈴的「鯨法會」及「捕鯨」來探討日本的捕鯨文化及鯨魚供養，希望經由對此一日本獨特文化的瞭解，對金子美鈴作品能有更深入的解讀，也能更能感受其作品的內涵。

二、金子美鈴童謠中的仙崎文化風土

　　金子美鈴的故鄉仙崎，面積約 152.4 萬平方公里，位於山口縣西北方，原屬大津郡，現在改為長門市；東有仙崎灣，西有深川灣，呈三角形向北突出於日本海，是山口縣內僅次於下關（原名馬關）的漁港，也是日本海沿岸屈指可數的漁港。從江戶時代（1600-1867）中期，便是北前船[5]的靠港站，商業交易熱絡。北邊隔約 1 公里，有現在被指定為北長門海岸國家公園的青海島。仙崎現在人口約二萬三千人，現今有淨土真宗的寺院六座、淨土宗寺院五座、日蓮宗的寺院一座，是一個佛教信仰

---

[5] 北前船乃江戶時代到明治時代，由北陸之北的日本海沿岸諸港，經關門海峽將物資與人員運送到瀨戶內海的大阪船隻的總稱。北前船 7 月起逆著馬海流北上，11 月左右抵達大阪，3 月再從大阪出發，順著馬海流而行，5 月到北海道。在現代航運盛行之前，此一循海流而行的航路，成為日本國內商旅的重要通路之一。參考日本維京百科。

濃厚的地方[6]。金子美鈴就在 1903 年，誕生於這有濃濃佛教氣息的漁港。

金子美鈴三歲喪父，生活頓時陷入困境，母親迫不得已將幼子正祐送給美鈴的姨丈上山松藏當養子。美鈴十六歲時，阿姨去世，母親改嫁給姨丈上山。十七歲從大津女子高等學校畢業後，便到繼父經營的上山文英堂書店下關分店「商品館」工作，店員只有她一人。在這段期間，金子美鈴遍讀書店中的雜誌，當她讀到西條八十的詩作時極受感動，於是嘗試寫作童謠並投稿。大正 12 年（1923），金子美鈴二十歲，她的兩首童謠詩作〈魚〉（〈お魚〉）及〈萬寶槌〉（〈打出の小槌〉）得到西條八十的賞識，被選刊在《童謠》9 月號上。受到鼓舞的金子美鈴陸續在《童話》、《婦人俱樂部》、《金星》等發表作品，成為日本第一位女童謠詩人[7]。

創作如日中天的金子美鈴，在感情、婚姻方面卻極為坎坷。她在不知情的情況下，與親弟弟正祐相戀，在知道實情後，便接受繼父的安排，二十三歲時與上山文英堂的印刷工人結婚，於隔年生下一女。金子美鈴婚後被女性關係複雜的丈夫傳染到性病，苦不堪言，為了女兒她決定與丈夫離婚。在丈夫堅持帶走女兒的前一晚服藥自殺，以死換得女兒一生的幸福，結束二十六年如彗星般短暫但閃耀的一生。

金子美鈴的作品後來甚至被收錄在日本國小、國中教科書中，廣為日本人所熟知，也感動了很多人，然而其生平卻不為人知，而被稱為「傳說中的童謠詩人」。經過日本現代兒童文學家矢崎節夫十六年的搜尋，

---

[6] 淨土真宗的寺院有仙崎市內的西覺寺、淨岸寺、遍照寺、清月寺，青海島上的清福寺、真光寺；淨土宗的寺院有仙崎市內的極樂寺、円究寺，青海島上有西円寺、向岸寺及尼庵法船庵；日蓮宗有普門寺。

[7] 誠如詩人矢崎節夫所言，在日本童謠的黎明期，「被稱為童謠界三大童謠詩人的北原白秋、西條八十、野口雨晴所代表的是一個父歌（Father Goose）的時代」，金子美鈴的出現開啟了日本的母歌（Mother Goose）創作。矢崎節夫，〈アサヒグラフ〉，1996 年 6 月 7 日。

終於在她死後五十三年的昭和 58 年（1983），找到了金子美鈴的出生地及其創作的五百一十二篇詩作，仙崎的文化風土也隨著她的詩作的重現，讓人看到它與其他地區不同的文化風貌。

雖然金子美鈴的一生相當坎坷，最後更以自殺結束生命，但在她的詩中卻充滿了對自然的深刻觀察、對生命的平等尊重，溫馨、慈悲而有趣。透過對仙崎一草一木以及文化風土的歌詠，表現出金子美鈴特有的宇宙觀與生命觀。

金子美鈴對仙崎自然風土的描寫，最具代表性的可說是仙崎八景：花津浦、王子山、防波隄（波の橋立）、大泊港、弁天島、小松原、極樂寺、祇園社（即八坂神社），前六者是自然風景，後兩者則是寺院與神社。她的詩作不但描寫自然景緻，更帶著豐富的情感與想像，如〈王子山〉：

〈王子山〉	〈王子山〉
公園になるので植えられた、 桜はみんな枯れたけど、	為了作公園而種的櫻花， 都枯掉了，
伐られた雑木の切株にゃ、 みんな芽が出た、芽が伸びた。	但是被砍掉的雜樹的切枝， 都長芽了，芽長長了。
木の間に光る銀の海、 わたしの町はそのなかに、 竜宮みたいに浮んでる。	閃耀在樹間的銀色大海， 我住的村鎮就在那裡面， 好像龍官一樣浮著。
銀の瓦と石垣と、 夢のようにも、霞んでる	銀色的瓦和石壁， 也像在夢一樣，朦朦朧朧的。
王子山から町見れば、 わたしは町がすきになる。	從王子山看村鎮， 我好喜歡我的城市。

干鰯のにおいもここへは来ない、 わかい芽立ちの香がするばかり。 　　　　《金子みすゞ全集Ⅰ》	魚乾的味道吹不到這裡來， 只有嫩芽的味道。

　　詩中說到刻意栽植的櫻花已然枯萎，但被砍掉的樹枝卻從旁邊開始發芽，從樹間看到閃耀的大海，也看到了浮在大海的龍宮，提醒世人不要忽視我們生活周遭值得珍惜的事物，換一個全新的角度，一切都會完全改觀。從青海島的王子山往下俯視，仙崎確實就好像是浮在海上一般，她將自己的家鄉想像成龍宮，成為夢中嚮往的地方，整個漁港的意象也因金子美鈴的魔法棒而鮮活了起來，其他七景的描繪也都同樣在金子美鈴的筆下活了起來。

　　仙崎是個漁港，捕魚當然是日常生活常見的景象。特別是沙丁魚的季節，從北陸追趕沙丁魚而來的漁船都會在這裡靠岸收網。每晚 11 點左右到隔天清晨，海岸邊停滿漁船，1 公里左右的海岸線燈火通明，漁港中不分男女老幼全部動員，一邊齊聲呼喊一邊收網，非常的熱鬧。美鈴的〈大漁獲〉便是描述這樣的景象：

〈大漁〉	〈大漁獲〉
朝焼け小焼けだ 大漁だ 大羽鰯の 大漁だ。 浜は祭りのようだけど 海のなかでは 何万の 鰯のとむらい するだろう。 《金子みすゞ全集Ⅰ》	朝霞，彩霞， 大漁獲 沙丁魚的 大漁獲 海濱像大拜拜一樣， 但在海裏， 幾萬的 沙丁魚的喪禮 正在舉行吧。

豐收的沙丁魚季，整個海灘像大拜拜一樣的熱鬧，但是人們歡慶的豐收，卻是沙丁魚的劫難，金子美鈴的詩充滿了對萬物有情的慈悲之心，也深刻地描繪出漁人討生活與佛教不殺生業間的某種衝突。仙崎濃厚的佛教氣氛與仙崎的漁人風土，兩者之間孰為因孰為果，可能很難說得清楚，但是兩者之間必然有密切的關係。仙崎曾經也盛行捕鯨，後來有鯨魚法會、鯨墓、鯨魚供養等，更能反映漁人現實與理想有所衝突的矛盾心理，有關於此將在下文處理。

在仙崎，佛教的淨土信仰相當興盛，而且早在1779年就有世界最早的「週日學校」[8]。安永8年（1779），淨土宗西円寺住持法岸上人，為了從小教導孩子瞭解生為人的喜悅，擁有生命的感恩，而成立了「兒童念佛會」，每月五日將兒童聚集到寺院，發給他們供佛的點心，為他們講述佛法故事或童話故事，並帶著小孩一起念佛，從小培養孩子的慈悲心，引導他們用多種角度來看待萬物。金子美鈴的時代「兒童念佛會」盛行，美鈴一家都是虔誠的淨土真宗信徒，根據她的兒時玩伴回憶，她們週日都一起參加淨岸寺的念佛會，聽有關阿彌陀佛的故事，回家後也會模仿故事的內容玩辦家家酒[9]的遊戲，〈佛龕〉一詩便表現出佛教信仰在仙崎人日常生活中無形的影響：

---

[8] 參見《幻の童謠詩人「金子みすゞの世界」展》，朝日新聞社，1999，頁17。「週日學校」日文原文為「日曜學校」，通指宗教團體在固定的時間（有些後來固定為週日），為小孩子上課。在基督宗教的場合一般譯為「主日學校」，但在佛教的場合並不適合，因此在此譯為「週日學校」。

[9] 木原豐美（2001.11.2）。遊び、祈った「浜のお寺」。さみしい詩人みすゞの世紀，第二部。檢索自：
http://www2.odn.ne.jp/takakura/misuzu14.html。檢索日期：2008年12月5日。

〈お仏壇〉

　　お背戸でもいだ橙も、
　　町のみやげの花菓子も、
　　仏様のをあげなけりゃ、
　　私たちにはとれないの。

　だけど、やさしい仏さま、
　じきにみんなに下さるの。
　だから私はていねいに、
　両手かさねていただくの。
　家にゃお庭はないけれど、
　お仏壇にはいつだって、
　きれいな花が咲いてるの。
　それでうち中あかるいの。

　　そしてやさしい仏さま、
　　それも私にくださるの。
　　だけどこぼれた花びらを、
　　踏んだりしてはいけないの。

　　朝と晩とにおばあさま、
　　いつもお燈明あげるのよ。

　なかはすっかり黄金だから、
　御殿のように、かがやくの。

　　朝と晩とに忘れずに、
　　私もお礼をあげるのよ。
　　そしてそのとき思うのよ、
　　いちんち忘れていたことを。

　　忘れていても、仏さま、
　　いつもみていてくださるの。
　　だから、私はそういうの、

〈佛龕〉

　　　屋後摘的橘子，
　　街上土產店的花式糕點，
　　　都要獻給佛菩薩，
　　　我們都不能拿。

　　但是，慈悲的佛菩薩，
　　馬上就會送給我們。
　　所以我們很恭敬的
　　　合掌受領。
　　雖然我家沒有庭院，
　　但是佛龕上隨時
　　都開著美麗的花。
　　所以我家很明亮。

　　然後，慈悲的佛菩薩，
　　也把花賜給我。
　　但是凋謝的花瓣
　　　不可以踩。

　　在早上和晚上，外婆
　　　都會點燈。

　　因為裡面全是黃金
　所以像宮殿一樣閃耀。

　　我也早晚都不忘記
　　　禮拜。
　　那時候我就想到
　一個個被我忘掉的事。

　　即使忘記了，佛菩薩也
　　一直都守護著我。
　　　所以，我說：

金子美鈴童謠中的文化風土　121

「ありがと、ありがと、仏さま。」	「謝謝！謝謝！佛菩薩。」
黄金の御殿のようだけど、 これはちいさな御門なの。 いつも私がいい子なら、 いつか通ってゆけるのよ。	雖然是像黃金的宮殿， 但是是很小的門。 如果我一直都是乖孩子的話， 總有一天我也能過去。
《金子みすず全集Ⅱ》	

　　對於淨土真宗的信徒而言，所有的東西都是佛陀賜予，所有的獲得都必須感謝佛陀。所以淨土真宗的信徒，花、果、糕點都會先供佛，撤供後再供人食用。然而，他們對神佛的感謝，不只是有形的物品賜予，更多是來自對佛陀不論在人生時或往生時的護祐。從「佛龕」可以看出金子美鈴從小自家庭生活中，自然受到佛法的熏習，時時感恩。

　　從金子美鈴的小學時代，金子家的二樓即是《歎異抄》[10]的讀書會會場，據矢崎節夫的調查，金子美鈴經常帶著茶在一旁聽法[11]。〈報恩講〉，即描述美鈴與祖母、母親一起出席法會的情形：

〈報恩講〉	〈報恩講〉
「お番」の晩は雪のころ、 雪はなくても暗のころ。	「守夜」的晚上是下雪的時候， 即使沒有下雪也是黑夜的時候。
くらい夜みちをお寺へつけば、 とても大きな蝋燭と、 とても大きなお火鉢で、 明るい、明るい、あたたかい。	走著夜路到達寺院， 非常大的蠟燭和 非常大的火盆， 很亮、很亮、很溫暖。

---

[10] 淨土真宗開山祖師親鸞的弟子唯圓所記下的親鸞語錄，闡揚「他力本願」的思想，是真宗重要的著作。
[11] 上山大峻、外松太惠子（2003），頁16。

大人はしっとりお話で、 子供は騒いじゃ叱られる。 だけど、明るくにぎやかで、 友だちゃみんなよっていて、 なにかしないじゃいられない。 更けてお家かえっても、 なにかうれしい、ねられない。 「お番」の晩は夜なかでも、 からころ足駄の音がする。 《金子みすず全集Ⅱ》	大人靜靜在說話， 小孩子吵鬧會被罵。 但是，因為又亮又熱鬧， 朋友聚在一起， 一定要做點什麼。 即使深夜回到家， 還是很高興，睡不著。 「守夜」的晚上，即使半夜， 也有木屐嘎嗒嘎嗒的聲音。

　　淨土真宗最重要的法會，是在宗祖親鸞聖人忌日時修習的「御正忌報恩講」。即在親鸞聖人（1173-1262）忌日 1 月 16 日的前一天，稱作「大逮夜」或「守夜」（お番）的晚上，在淨土真宗的寺院所舉行的追思活動。「守夜」的時候，寺院會在暖爐升起炭火，並且準備許多菜餚，每年只有這個時候小孩子可以和父母在寺院玩到很晚，對小孩子而言是個很快樂的活動。〈報恩講〉所描述的即是金子美鈴參加「守夜」的經驗。

　　金子美鈴生長的仙崎是一個有著特殊海洋文化的漁港，雖然以魚類為生，不得不殺生，但也因此讓他們更知道感恩、懺悔，對萬物更有同理心，更能感受到神佛的慈悲。在這種環境下成長的金子美鈴，天生的文采，加上她自然受到熏習而擁有的慈悲心、同理心，使她的作品在純真的童心中透顯出淡淡的佛心。

　　就如同西條八十所評價，金子美鈴的童謠發散著一種無法形容的溫柔情感。金子美鈴童謠中所蘊含的溫柔與慈悲的情感是自然散透出來，

而不是文字的雕琢所能呈現的，這種境界不是因為文學素養，而是來自
生長環境的熏習。

三、日本的古式捕鯨

位於仙崎北部，與仙崎一橋相連的青海島通浦，自古為長州捕鯨[12]的
中心地，雖然腹地狹小，但因擁有絕佳的北浦漁場，有豐富的洄游魚類
及鯨魚，繁榮一時。如諺語「一頭鯨魚七港繁榮」（鯨一頭で七浦が賑
わう）所言，在日本鯨魚除了魚肉之外，鯨魚油、魚鬚、魚皮，甚至連
鯨魚粉都被磨為粉末完全利用，對捕鯨地區的漁民而言是一項很重要的
經濟資源。

青海島通浦在延寶元年（1673）得到長州藩的許可，開始以網捕的
方式捕捉在沿海洄游的鯨魚，至明治 41 年（1909）因鯨魚不再洄游於近
海為止，共持續了二百三十五年的鯨魚網捕歷史。金子美鈴的〈捕鯨〉
（〈鯨捕り〉），所描述的便是這一段長州捕鯨的歷史及景象：

〈鯨捕り〉	〈捕鯨〉
海の鳴る夜は その夜は、 栗を焼き焼き 聴きました。	海嘯的夜晚 那個夜晚， 炒著炒著栗子 聽到了。
むかし、むかしの鯨捕り、	從前，從前的捕鯨

---

[12] 日本古式捕鯨有四大基地：和歌縣太地的「紀州捕鯨」、高知縣室戶
的「土佐捕鯨」、佐賀縣呼子及長崎縣生月的「西海捕鯨」、山口縣通
浦及仙崎的「長州・北浦捕鯨」，其中「長州・北浦捕鯨」可說是規模
最小。

ここのこの海、紫津が浦。

海は荒海、時季は冬、
　風に狂うは雪の花、
　雪と飛び交う銛の縄。

　岩も礫もむらさきの、
　常は水さえむらさきの、
　岸さえ朱に染むという。

　厚いどてらの重ね着で、
　舟の舳に見て立って、
　鯨弱ればたちまちに、
　ぽっと脱ぎ捨て素っ裸、
　さかまく波におどり込む、
すかし、むかしの漁師たち——
　きいてる胸も
　おどります。

　いまは鯨はもう寄らぬ、
　浦は貧乏になりました。

　海は鳴ります。
　冬の夜を、
　おはなしすむと、
　気がつくと——

《金子みすゞ全集Ⅲ》

就在這裡的這個海，紫津浦。

海是波濤洶湧，季節是冬天，
　狂風吹起的是雪花，
　與雪交互亂飛的魚叉繩。

據說大石頭、小石頭都是紫色的，
　經常連水都是紫色的，
　甚至連海岸也染成紅色。

　套上厚厚的棉袍，
　站在船頭看，
　只要鯨魚沒力氣，便馬上
　脫掉外衣赤身
　跳入洶湧的波濤中，
　從前，從前的漁夫們——
　聽到之後心裡也
　很興奮。

　現在，鯨魚已經不游過來，
　海灣變窮了。

　海起嘯了。
　冬天的夜晚，
　話說完的時候。
　注意到的時候——

在海面波濤洶湧，凜冽寒風吹襲的冬季夜晚，捕鯨的漁夫人人繃緊神經與鯨魚搏鬥，直到鯨魚精疲力竭，魚叉手迅速跳進海裡將魚叉刺進鯨的那一刻，漁人們歡欣鼓舞駕船回航。金子美鈴的這首〈捕鯨〉不但生動的描繪出過去經常發生在通浦的激烈的人鯨大戰，經由從前海面、

海岸岩石經常是紫色、紅色，現今已無鯨魚洄游的描寫，也道出了仙崎、通浦隨著捕鯨事業興衰而起落。

　　圖 5-1 是長州仙崎灣鯨魚主要進入路線，灣口的通浦及灣奧的瀨戶崎（即今仙崎），從寬文 12 年（1673）開始了鏢刺式[13]的捕鯨。所謂的鏢刺式捕鯨，是將誤入灣內海灣的鯨魚，用草繩製成的網堵住去路，前後十艘左右的漁船將鯨魚圍住，漁民從漁船上擲出數十枝魚叉或鏢劍，等到鯨魚體力消耗完之後，最後再擲出繫著麻繩的大魚叉結束鯨魚生命的捕鯨方式。

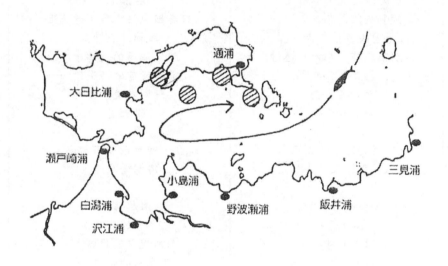

圖5-1　長州仙崎灣各海灣及鯨魚主要進入路線

資料來源：山下涉登（2004），頁254。

---

[13] 鏢刺式捕鯨據傳是在慶長 11 年（1606）由紀州太地和田忠兵衛最早開始。

延寶 3 年（1675）長州地區開始引進紀州太地所改良的網捕式[14]捕鯨法。網捕式捕鯨法，是先在視野清楚的山上設置瞭望亭，並派專人監看鯨魚的動向稱作「山見」。山見一發現鯨魚便馬上放狼煙或升旗，告知鯨魚的種類及方位。山下收到通報的捕鯨團——鯨組，十艘左右稱作「勢子船」[15]的捕鯨船便會同時出發，散開到鯨魚的左、右及背面，以稱作「狩棒」的木棍敲打船緣，以狩棒的聲音將鯨魚趕向設在海岸的竹柵。

　　另外還會有四至六艘稱作「雙海船」的網船，分成左右二邊在木柵的地方灑下長約 1,036 公尺的網子，等到鯨魚被網子纏住準備破網的時候，二至三組的雙海船再灑網，一層一層將鯨魚圍住。

　　當鯨魚察覺到網子而開始後退的時候，數十位稱作「羽差」（或稱羽指、羽刺）的捕鯨技巧純熟的漁夫，便向鯨魚射出稱作「羽矢銛」的小魚叉驚嚇鯨魚，讓鯨魚游進網內。在鯨魚經過一陣奮力掙扎，力氣變弱後，再射出綁著網子稱作「萬銛」的大魚叉，再將綁在萬銛的網子繫在船上，用力搖動船隻，消耗鯨魚的體力。等到鯨魚相當疲乏的時候，再從「持雙船」射出如矛狀的「劍」。等到鯨魚不動了的時候，羽差班的首領便一個人腰繫半短刀跳入海裡，再爬到鯨魚身上，將刀子刺穿鯨魚的噴水孔，再用繩子穿進鼻孔，以免沉入海裏。結束之後，羽差把繩索交給兩旁的「持雙船」固定，由持雙船將鯨魚拖回海邊解體。

　　仙崎地區的鯨組原是屬於以村落為主體，為勞資共有的形式，或由村內有錢人出資，漁民提供勞動的形式（山下涉登，2004，頁 223）。明治 32 年（1899），仙崎地區成立了「日本遠洋漁業株式會社」，率先引

---

[14] 延寶 5 年（1677）由紀伊太地的和田角右衛門所發明，是日本獨有的捕鯨法；另有一說，是九州地區所想出來的方法。

[15] 負責將鯨魚趕到魚網及投擲魚叉的快船，是古式捕鯨中角色最重要的船。根據《鯨記》記載，一天最快可航行 400 公里。

進以魚砲捕鯨的挪威式捕鯨法[16]，一時極為成功。日俄戰爭（1904-1905）之後，捕鯨會社陸續成立，大量亂捕的結果，使得沿岸不再有鯨魚洄游，捕鯨事業終告結束。

　　金子美鈴的時代已經不再捕鯨，〈捕鯨〉這首童謠寫的應該是她小時候聽自大人所說的捕鯨情形。童謠中不但生動描繪出漁夫的英勇，同時也記下了仙崎的捕鯨文化及那一段將被遺忘的歷史。

四、長門的鯨魚供養

　　金子美鈴另有一首與鯨魚相關的童謠〈鯨法會〉：

〈鯨法会〉	〈鯨魚法會〉
鯨法会は春のくれ、 海に飛魚採れるころ。	鯨法法會是在晚春， 海中可以捕到飛魚的時候。
浜のお寺で鳴る鐘が、 ゆれて水面をわたるとき、 村の漁師が羽織着て、 浜のお寺へいそぐとき、	海邊寺院的鐘聲， 飄搖渡過水面的時候； 村裡的漁夫披著外掛， 趕到海邊的寺院的時候
沖で鯨の子がひとり、 その鳴る鐘をききながら、	海岸的小鯨魚自己一個， 一邊聽著鐘聲，
死んだ父さま、母さまを、 こいし、こいしと泣いてます。	好想好想死去的父親、死去的母親 一邊哭泣。

---

[16] 挪威式捕鯨由阿武郡福川村出身の岡十郎引進，是以大砲發射綁著長繩的魚叉捕鯨的方法。

海のおもてを、鐘の音は、 海のどこまで、ひびくやら。 　　　《金子みすず全集Ⅲ》	海面，鐘聲， 能傳到多遠的海裏去呢。

　　仙崎地區每年 4 月會在向岸寺，7 月在觀音堂為鯨魚以及海裏所有生物舉行法會，也稱為鯨魚回向。金子美鈴的父親是通浦出身，這首童謠應是美鈴幼時乘船到通浦，看到漁民們聚集在法會中的情形的回憶。在2003 年造訪仙崎時，金子美鈴記念館的主任草場先生曾告訴筆者，仙崎地方的居民主要是以捕魚為生，為了生計他們不得不殺生，但同時也為那些生靈感到極為不忍和同情。所以當地的居民幾乎每天都會到寺院參拜，一方面祈求出海打魚的家人可以平安無事，一方面也為被捕殺的生靈祈求冥福。無法親到寺院的人，每天寺院梵鐘響起時，他們也會面向寺院行禮，這是一種以海中生物為生的漁村所特有的海洋文化。金子美鈴的這首〈鯨魚法會〉，以她擅長站在物的視點，以與物的同理心，表達了小鯨魚的心情，同時也傳達了捕鯨地區的特有文化。

　　前面已提過，仙崎以前主要採取的是網捕式捕鯨，這種捕鯨方式規模很大，所以鯨組的組織也很大。以安正 4 年（1957）的鯨組為例，羽差便有二十二人、漁夫三百二十六人、其他四十六人，共約四百人（平沢豐，1976，頁 26）。除了參與捕鯨的漁夫之外，還有很多在陸地幫忙解體、醃魚肉、製鯨魚油、處理魚骨等加工工作，以及修理、製造漁船、漁具的人手。日本人對於捕獲的鯨魚從皮到骨完全的充分利用，一頭鯨魚可以維持很多人的生計，是漁民重要的經濟資源，所以漁民對於鯨魚充滿了感謝。

　　另一方面，傳統的網捕式捕鯨也極為殘忍，會讓鯨魚極為痛苦，據說在羽差將短刀刺進鯨魚的噴水孔時，除了海面一片血紅之外，鯨魚痛苦的哀鳴，就如數百頭牛齊嚎，宛如地獄，讓捕鯨的漁民也不禁掩耳，

合掌念佛為鯨魚祈求冥福。位於青海島屬於淨土宗的向岸寺[17]，其第五世心蓮社讚譽上人，為通浦船主池永家的次男，出身於漁家最能瞭解漁民的心情，也最清楚鯨魚、魚類對人類的貢獻，為表示對鯨魚感謝及哀悼，讚譽上人便於延寶 7 年（1679）建立觀音堂，發願為被捕殺的鯨魚念佛回向。之後，讚譽上人花了十三年的時間向通浦的鯨組講述供養懷孕母鯨體內的胎兒的重要，並在元祿 5 年（1692）在其隱居所清月庵建立了鯨魚塚，同時也立了鯨魚牌位及鯨魚往生錄，建議村民為鯨魚舉辦回向法會。以捕魚為生的村民，對於鯨魚及魚類同樣有著感謝及感到罪孽深重的心情，於是於同年開始舉行鯨魚回向。

在當時的宗教界回向只能對人，絕不能對其他的生物，讚譽上人的鯨魚回向可說是開了日本動物回向之先例。享保 19 年（1734）讚譽上人圓寂之後，鯨魚回向成為漁村每年的例行宗教活動。當時，鯨組的人每年在春漁結束之後，會連續五天穿著和式禮服到向岸寺參拜，現在已改為一天，每年仍然繼續在向岸寺舉行。

除了鯨魚法會之外，對於捕獲的母鯨中的胎兒，長門地區的漁民則是如同對人的供養一般，將其厚葬並且建墓立碑，同時為每一隻鯨魚的胎兒取戒名，並立牌位供奉在讚譽上人的隱居所清月庵的觀音寺，念經供養。此外，他們還為母鯨及鯨胎作了「鯨鯢群類過去帳」即鯨魚往生錄，往生錄中記錄了母鯨及鯨胎的戒名、種類、捕獲的時間及場所、捕獲的鯨組，是瞭解當時捕鯨情形的重要資料。

清月庵旁的鯨魚塚墓中埋著鯨魚的胎兒約七十五頭[18]，墓碑的正面刻著：

---

[17] 建於應永年間（1394-1427），原為禪宗寺院，稱為西福禪寺，天文 7 年（1538）開山忠譽上人重建，改為淨土宗，並改稱為向岸寺。
[18] 具體的數量向岸寺中並沒有記載，有七十二至七十八的各種說法，一般取折衷七十五頭。

　　　　　　　業盡有情　　雖放不生

南無阿弥陀仏

　　　　　　　故宿人天　　同証仏果

側面刻有：

　　　元祿五年任申（一六九二）年五月

　　　　　　　　　　設楽　孫兵衛

　　　　　　　　　願主　　池永藤右衛門

　　　　　　　　　　　　　早川源右衛門

　　　「業盡有情」四句，源自長野諏訪大社的咒文「諏訪勘文」。日本古代狩獵是山區居民主要的糧食來源，隨著佛教的傳來，戒殺生思想也逐漸深入到生活，狩獵及食獸肉也廣泛的被認為是殘忍、罪惡，到中世時期各地不斷地發出「狩獵禁止令」。為解決山民狩獵殺生的罪惡感，諏訪大社發出咒文「盡有情，雖放不生，故宿人天，同証仏果」，意思是說：業已了的眾生，雖然把牠們放了，也無法活下去，如能成為諏訪明神的神饌，便可以此供神的功德跳脫畜生道而成佛。也就是山民只要將獵獲的動物先拿來供神之後，被宰殺的動物便可因供佛的功德而成佛，山民獵殺這些動物的殺生之業也得以去除，諏訪明神以此為山民解除了慈悲與殺生的矛盾。獵物因諏訪明神的神德而得以成佛的信仰，之後流傳於全國以狩獵為生的地區。

　　　鯨塚墓碑的題字與和諏訪咒文的精神相近，但在意義上含有些許的不同，根據照譽得定法師的解說，其意為：「作為鯨魚的生命已與母鯨共同結束，即使把你們放回大海，你們也無法獨自存活，不如在人間與人類同享念佛回向的功德，悟得諸行無常，早日成佛。」（「通地區發展促進協議會」網頁）

　　　在捕獲到鯨魚懷有小鯨魚時，日本各地有不同的處理方式。壱岐（屬長崎縣）地方會將胎內的鯨魚以全新的草蓆包裹後放進箱內埋葬，當作財神──「惠比壽神」祭拜；九州地區會將小鯨魚包裹在捕鯨活動中擔

任最重要的工作，即給鯨魚致命一擊的魚叉手「羽差」的短外褂中；土佐（今高知縣）地方是包在「羽差」的汗衫中厚葬（山下涉登，2004，頁203），而土佐地方還會供上淨米和清水祭拜，派人值班看守七天，以防被人不小心挖起。這種埋葬鯨魚胎兒的習慣，一直保留到大正時期。之後，隨著肥料價格的升高，而逐漸變為將身體作為肥料只埋葬頭尾，之後又變成只埋葬尾巴，最後整隻都加工成肥料。

壱岐、土佐地區雖然有埋葬鯨胎的習慣，但卻不見為鯨胎立塚的例子。據柴達彥（1986，頁131-132）的調查，在宮城縣鮎川前東洋捕鯨的鯨魚解剖所內，曾經立有胎鯨塚，但昭和時期已被處理掉。因此，青海島向岸寺的鯨魚塚，可說是世界僅存的一例。

五、結　語

文化可以加深文學作品的內容，蘊含豐富文化風土的文學作品可以活化地區的文化。傳說中的女童謠詩人金子美鈴，她的人生及其創作生命雖然如同彗星般的短暫，但她五年內創作出五百一十二篇生動的童謠詩，不但為她留下永恆的光彩，也帶起了世人對其故鄉仙崎的文化探索。

金子美鈴自小生長在漁村仙崎，十七歲以前未曾離開過長門，因此她的詩中有很多記錄了仙崎的自然及風土文化。同時，仙崎是一個以捕魚為生的漁村，永祿至明治的三百年間，曾經是一個重要的捕鯨地區。仙崎地區因以捕魚為生，居民對於海洋的生物充滿了感謝，一方面為了生存不得不殺生，又使他們感到罪惡，佛教的供養解決了殺生與慈悲的矛盾，安撫了他們感到罪惡的心靈。金子美鈴天性善良、慈悲，自小在這樣的環境長大，涵養了她對萬物的同理心，這種同理心充分表現在她的童謠詩中，使她的作品讓人感受到一種無法形容的溫柔與慈悲，感動了很多人。

因為金子美鈴詩中生動的描繪了故鄉仙崎的自然與風土文化，而使

原已變得沉靜的漁村仙崎活絡了起了，不但成為熱門的觀光景點，也使仙崎的捕鯨文化再度受到重視，得到更好的保存。長門地區的網捕式捕鯨實行了將近三百年，這期間除了給長門地區帶來豐富的財源之外，也為他們留下很多的民俗文化。向岸寺的鯨魚塚在昭和 10 年（1936）12月被指定為國家古跡，鯨魚牌位及鯨魚往生錄也成為縣的指定文化財。

此外，以前漁夫在捕到鯨魚時會唱所謂的「鯨唄」，那是以鳴太鼓伴奏，一邊合掌摩擦雙掌，一邊歌唱表達對捕獲到的鯨魚的深深感謝和憐憫。不同的鯨魚有不同的鯨唄，背乾鯨有背乾鯨的鯨唄、長鬚鯨有長鬚鯨的鯨唄。以前在工作和宴會時所唱的鯨唄，現在被當作祝賀歌而在結婚及船下水、上樑等喜事時歌唱，當地甚至有鯨唄沒有唱完不能唱其他的歌曲的習慣[19]。同時，為了表達漁民對海、對鯨的感謝，仙崎地方也成立了鯨唄保存會，並設立資料館。

為記念鯨魚塚建立三百週年，平成 4 年（1992）山口縣漁業協會舉辦了鯨魚祭之後每年 7 月 21 日定期舉行。他們製作了長 13.5 公尺的鯨魚模型，男子扮成捕鯨的勇士，重現江戶時代的捕鯨方法，成為日本獨一無二的特殊祭典。

人說：「風土孕育文學，文學表現風土」，金子美鈴將兒時從長輩處聽到有關於仙崎昔日捕鯨情形的回憶，以及當地自今仍舉行的鯨魚法會，透過抒情的筆法，寫成了「捕鯨」及「鯨法會」，一方面表達對於鯨魚的哀悼，一方面表達漁民們對於殺生的懺悔心情，不但表現了金子美鈴對於「物」的關懷、慈悲，也表現她對於鄉土的深厚情感。「捕鯨」及「鯨法會」二首詩不但記錄了一項仙崎特有的文化風土，又因作者生長的故鄉及其家庭的虔誠佛教信仰，使得單純的風土文化更為有情，讓其作品呈現一種獨特性、文化性及故事性，也加深了金子美鈴作品內涵

---

[19] 《幻の童謠詩人「金子みすゞの世界」展》，朝日新聞社，1999，頁38。

的豐富性。

　　除了「捕鯨」及「鯨法會」捕鯨之外，金子美鈴的作品中還有很多記述著仙崎地區的祭典、遊戲等文化風土的作品，本文以捕鯨及現存的鯨魚供養為主要研究對象，一方面是因為鯨魚供養的特殊性，一方面希望藉由對金子美鈴詩中所蘊含的風土文化的介紹，對金子美鈴作品作深入解讀、詮釋，並對日本漁村文化有更深一層的認識。

參考書目

大村秀雄（1969）。《鯨を追って》。日本：岩波書店。

上山大峻、外松太惠子（2003）。《いのちのうた I 》。日本：JULA。

山下渉登（2004）。《ものと人間の文化史 120 － I ・捕鯨 I 》。日本：
　　法政大學出版局。

木原豊美（2001.11.2）。遊び、祈った「浜のお寺」。さみしい詩人　み
　　すゞの世紀，第二部。檢索自：

　　http://www2.odn.ne.jp/takakura/misuzu14.html（2008.12.5）

中村生雄（2002）。《死の文化誌》。日本：昭和堂。

平沢豊（1976）。《日本の漁業──その歴史と可能性》。日本：日本
　　放送出版協會。

矢崎節夫（1996.6.7）。アサヒグラフ。朝日新聞。

矢崎節夫編（2001）。《金子みすゞ全集》。日本：JULA，第 42 版。

矢崎節夫（2006）。《かねこみすずさんのふるさと。金子みすゞ・こ
　　ごばのまど　あなたはあなたでいいの》。東京：ポプラ社。

吉原吉友（1997）。《鯨の墓》。載於　谷川健一（主編），《日本民
　　俗資料集成第十八巻──鯨とイルカの民俗》，頁 409-478。日本：
　　三一書房。

進藤直作（1968）。《瀬戸内海の鯨の研究》。日本：神戸醫師協同組
　　合。

進藤直作（1970）。《瀬戸内海周辺の鯨塚の研究（付）東日本の鯨塚
　　考》。日本：神戸生田醫師會。

進藤直作（不詳）。《瀬戸内海のクジラの話》。日本：日本醫師會。

柴達彦（1986）。《鯨と日本人》。日本：洋泉社。

朝日新聞社編（1999）。《幻の童謡詩人「金子みすゞの世界」展》。
　　日本：朝日新聞社。

6 「全球城市」發展的文化途徑——以北京為例

鈕則謙　元智大學通識教學部、靜宜大學、實踐大學兼任助理教授

摘　要

　　隨著環渤海灣的發展及奧運的舉辦，北京在近年大興土木，積極進行城市建設，著名地點如水立方、鳥巢、梅蘭芳大劇院、地鐵建設等不一而足，皆為世界著名建築，顯示出北京積極與世界接軌的企圖與成就，也展現其成為「全球城市」的雄心。與此同時，既有的歷史文化古跡，再次受到世人關注，使得北京的發展既有古老的韻味，又有新興建築的時尚。不過，在這一輪發展的背後，積極帶動的房地產市場與物價，卻使得原有的北京人不得不向郊區遷移，外地投資商與觀光客絡繹不絕到訪，而老北京人卻必須遠離北京居住，套句在京（Sharon Zukin）當初的提問，這樣建設的城市，是「誰的文化？誰的城市？」

　　在此提問基礎上，除前言外，本文擬分成幾個段落進行分析探討：

1. 首先先進行理論的爬梳，指出學界在論述全球化的時候，如何重新看待城市，而有「全球城市」觀念的盛行，但是這種想法卻著重在經濟與政治面向，較少著墨於文化面的討論。
2. 指出本文分析的重點在於運用城市文化的理論觀點，觀察北京市，先從北京的城市規劃擴展談起，然後再描述北京市的空間擴展所導致的人口遷移，再談到城市的產業如何與空間置換進行互動。
3. 從城市文化的角度來審視北京市的城市規劃，指出為何配合奧運，城市進行了大規模的改造；於此同時，城市本身的文化意義也在發生改變，使得原有的北京市在增添全球性之餘，也開始對這城市發生的變化進行反思。
4. 最後則是提出結論，指出在積極建構全球性的同時，一個城市要如何能讓市民感受到這是屬於自己的城市，可能是發展全球性背後常常被犧牲的代價。

Abstract

Because of the development of city and the host of the Olympic Games, Beijing City has built many symbolic buildings, like Water Cube, Bird's Nest, Beijing National Stadium and so on. These achievements have not only attracted the focus of the whole world, but also attained the target of connecting with the other cities of the world. Of course, they also symbolize the ambition of China. On the contrary, to attain these aims means that some residents in Beijing must move out of the city, the cost of the living in the city will rise, and the tourists will visit the city all day long. After seeing these phonemameona , we can not but raise a question, "whose culture , whose city?", like Sharon Zukin had asked.

On the basis, this article will discuss four questions except the preface:

1. I will discuss some theories of the Global Cities and point out that these are focusing too much on politics and economy but too little culture.
2. Discuss the development of Beijing, including its plan of city space, population, and its industries.
3. Reflect the development of the city. After its host of the Olympic Games, it has caused the gap between the rich and the poor wider, and the standard of living has risen, and is it still the city that the residents were used to?
4. Point out the price a city must pay when it wants to get the aim of global, is there any alternative to choose except sacrifice its old tradition and its residents?

一、前　言

　　在全球化時代，對於城市的分析，多數學者從「全球城市」的觀念著手。然而，這些理論往往過於強調經濟與政治面向，而較為忽略「文化面向」。本章試圖以北京市為例，說明發展中國家城市在積極進入全球城市體系中，可以藉由城市規劃、舉辦全球活動展覽等來爭取曝光機會。城市重新進行規劃與建設，固然可以爭取到國際知名度，但城市在建設之餘所造成的城市內部變化，也必須予以關注。

　　基於此，除前言外，本章先進行城市分析理論爬梳，然後簡單介紹北京市的發展，並特別強調北京為奧運所做的一些建設，然後反思北京在這些規劃與建設之餘的影響，特別是文化方面的意義，最後則是結語。

二、全球城市的理論脈絡分析

　　「城市」在全球化的分析脈絡中，已經成為一項受到重視的主題，分析的重點係從全球城市的觀點切入，對於所謂的「全球城市」（global city）看法，學界有如下一些共識：

(一)「全球城市」是全球性或區域性經濟中心

　　「全球城市」出現，主要是藉由「全球化」的影響而來，在形成過程中，特別著重在全球經濟體系中的作用；因此，作為全球經濟網的節點，全球城市必然具備有跨國公司總部林立、國際資本流通（即國際金

融中心林立，如銀行、保險公司、證券公司等），以及生產、消費重鎮的特質，持這種看法的學者，首推霍爾（Peter Hall）在 1966 年出版的《世界城市》（*The World City*）一書，當中特別針對紐約、倫敦、巴黎、東京、莫斯科等城市，如何成為該區域中的主要城市進行檢視，同時指出這些城市尚扮演主要的政治力中心、國家與國際政府的所在地、貿易與金融的流通處、教育及研究與藝術文化的聚集地，至此，對於區域的中心概念便已形成。到了莎珊（Saskia Sassen）時，更強調「全球城市」為連結世界與民族國家的城市，並認為「全球城市」本身必須是全球經濟的一部分，以有助於連接其他「全球城市」，且須具備下列幾項功能（Saskia Sassen, 1991, 2001）：

1. 全球城市必須是全球性經濟組織中心。
2. 在全球城市中，財政、金融及其他的專業服務行業，得取代傳統製造業，成為該城市經濟領導部門。
3. 全球城市處於領導生產與創新的位置。
4. 全球城市是產品與創新的市場所在。

上述學者對於全球城市的強調，主要是從經濟功能面著眼，換言之，是將焦點鎖定於該城市如何影響全球經濟發展，並發揮節點的功能。

(二)全球城市是重要的國際政治與文化中心

除了上述經濟功能面之外，「全球城市」也必然具有政治作用，是國際組織聚集之地與國際會議舉行的地點。另外，全球城市也具有相當的文化水準，是提供資訊聚集的文化薈萃之地。如傅約翰（John Friedmann）較為具體的關於全球時代中的城市概念描述，首先出現在〈世界城市形成：研究與行動的議程〉（World City Formation: An Agenda for Research and Action）一文中，他提出了「世界城市」（world city）這個

概念，認為世界城市座落於世界經濟與國家疆界的連接點：對外，具有全球經濟與國家經濟之間的聯繫功能（J. Friedmann, 1986）；對內，則是跨國公司的總部所在地，同時具有金融服務、交通便利、眾多人口規模等特徵；同時，並運用了「層級」的概念對此進行描述。當然，此舉也引發了「西方中心主義」的質疑，認為傅約翰將太多重點放在排序方面，以致忽略了許多城市實質性的內涵，或生活品質方面的特色（J. L. Abu-lughod: 1995; R. C. Hill & Kim: 2000; P. Marcotullio: 2001）。並使得傅約翰自己承認了運用上的不得已之處（J. Friedmann: 1995）。

　　除了對於經濟與政治方面的強調，也有從銀行的影響力進行分析的觀點，如科亨（R. B. Cohen, 1981），或從城市之間的網絡關係進行分析，如柯司特（Manuel Castells, 1996）提出了「流動空間」（space of flow）概念，其他有：英國拉夫堡大學（Loughborough University）地理系教授泰勒 （Peter J. Taylor）、比佛斯達克（Jon Beaverstock）以及渥克（D. R. F. Walker）等學者為主的「全球化與世界城市」研究中心（Globalization and World Cities, GaWC）；與里莫（Peter J. Rimmer）、金布來克（Michael Timberlake）等藉由船運、航空貨物、航空乘客人數、電訊設備等來測量城市之間的聯繫程度（Rimmer, 1999; Smith & Timberlake, 2000; Anthony M. Orum & Xiangming Chen, 2003）等。

　　筆者在這裡要提出的是，對於城市的分析，由於是從強調全球化的脈絡下進行審視，因此全球城市的標準，特別是經濟、政治方面的標準，似乎成了衡量城市的唯一標準。但若從另一個角度來觀看城市，亦即以城市文化的角度來看，則可能有不同的意義出現，如齊穆爾（George Simmel）對於大都會當中人們心態的描述，指出了貨幣滲透所具有的影響力，並寫出〈大都會與心靈生活〉一文；再到班雅明（Water Benjamin）《拱廊街計畫》中，對於于斯曼（Geoges Haussmann）在路易拿破崙時期，進行法國巴黎都市規劃時的設計，並針對當時出現的拱廊街進行描述，採取一個漫遊者（flaneur）的立場去慢慢觀看城市；到列斐伏爾（Henri

Lefebvre, 1976），指出空間的三重意含，強調空間並非只是作為一個介質，單純地有助於其他的資源進行生產，而是空間本身也能夠進行生產（汪民安，2006），指出空間脫離時間而具有的自主性；再到近期的佐金（Sharon Zhkin）在《城市文化》（*The Cultures of Cities*）一書中，提出一個顛倒馬克思上下層建築的觀察，認為以往一個城市的經濟會影響到城市文化的發展，非得先有經濟上的富裕，人們才會開始品味文化生活的想法已經開始受到了動搖，在她的分析中，城市的文化會反過來影響城市的經濟，舉凡以迪士尼樂園（Disneyland）著稱的洛杉磯、東京、香港，莫不以迪士尼為觀光旅遊的號召，每年為此而去的朝聖者便數以百萬計，更是文化影響到經濟的例證。

　　上述的這些理論鋪陳，是從文化的角度，提出觀看城市的不同方法，本章即試圖立足於此，將此一理論視角應用至中國大陸的北京市。隨著環渤海灣的發展及奧運的舉辦，北京市在近年大興土木，積極進行城市建設，著名建築如水立方、鳥巢、梅蘭芳大劇院、地鐵建設等不一而足，皆為世界著名建築，與此同時，既有的歷史文化古跡，再次受到世人關注，使得北京的發展既有古老的韻味，又有新興建築的時尚。不過，在這一輪發展的背後，積極帶動的房地產市場與物價，卻使得原有的北京人不得不向郊區遷移，外地投資商與觀光客絡繹不絕到訪，而老北京人卻必須遠離北京居住，套句佐京（Sharon Zukin）當初的提問，這樣建設的城市，是「誰的文化？誰的城市？」

三、北京市的城市空間擴展歷程

　　北京市的市區，如**圖 6-1** 所示，共有十八個行政區，其中東城、西城、崇文、宣武四個區，面積 92 平方公里，大小約相當於北京城牆，被稱為「內城區」，亦即一般所慣稱的「舊城區」，或是「首都功能核心

區」；向外擴展則為海淀、豐台、朝陽、石景山四個區，面積為 1,276
平方公里，稱為「外城區」，或「中心城市功能拓展區」，這八個區，
共同被稱為「城區」，為北京人口聚集最多之處。在北京城市發展的過
程中，該區的海淀區由於聚集了北大、清華等名校，以及許多中國國家
級的科研單位，成了北京最具有創意潛能的地區，被喻為中國「矽谷」
（大陸俗稱「硅谷」）的中關村，便位於此一地區。另外，當中的朝陽
區由北京市政府規劃，讓重要金融機構在此聚集，被喻為「金融一條街」，
成為北京與上海爭取金融中心的重鎮。再向外，則屬於被稱為「新城」
的「近郊區」，包含了大興、順義、通縣、門頭溝、昌平等區縣，最後
則是「遠郊區」的房山、平谷、懷柔、密雲和延慶等五個區縣，也被稱
為「生態涵養區」。

圖6-1　北京市行政區圖

資料來源：黃榮清（2008）。〈是「郊區化」還是「城市化」——關於北京
　　　　　城市發展階段的討論〉，《人口研究》，第32卷，第1期，頁34-43。

在北京歷次的城市規劃中，城區不斷向西北與東部擴展，至 1992 年
的城市規劃已有 1,040km^2。最新的城市發展規劃，鎖定在 2004 至 2020
年的發展目標上，設定「兩軸—兩帶—多核心」的城市空間發展結構[1]，
主要是為緩解北京市因為城市不斷擴大，人口向市中心集中，造成中心
人口密度過高的情況。在城市空間發展上，則呈現以環狀，或「攤大餅」
的發展方式，由中心向外擴展，以促進人口流動，為了加速此一目的，
北京市政府積極進行城市交通建設，如在 1980 年代末期完成的二環路、
1990 年代初期完成的三環路、1990 年代中期向北邊發展的四環路，以及
向東、西、南三方向發展的五環、六環等，並強化地鐵的運輸功能（丁
日成，2006）。

四、北京城市空間布局與人口流動

根據北京最近一次的人口抽樣調查（2005），人口數約 1,538 萬（黃
榮清，2007），在人口分布上，從 1955 年開始，四個區分別呈現出人口
流動的趨勢。在內城區方面，人口逐漸外移，向外城區移動，呈現出減
少的趨勢；而在外城區方面，則是呈現人口不斷增加的趨勢，成為四個
區當中人口成長最快的地區；而在新區以及生態涵養區，則呈現人口外
移的趨勢，主要是往外城區移動；對於這種移動方式，學界對此仍有爭
議，有些學者認為這種移動的方式，顯現出在中國大陸的城市發展中，
已經開始走向西方城市發展模式的「郊區化」，亦即人口由都市向郊區
遷移（周一星，1996；胡兆量、福琴，1994），但是黃榮清則提出了相

---

[1] 兩軸，即以北京為中心，向東西與南北兩方向擴展，兩帶即東部（從
密雲到永樂）與西部（從延慶到房山）的發展帶；多核心，則指在北京
中心城之外所發展的新城，亦即分布在近郊區的城市，並期望藉此新城
的發展，吸引人口的聚集，以緩解市中心人口過於擁擠的情形。

反的見解，認為北京在內城區、新區及生態涵養區的人口皆有向外移動的趨勢，而外城區則成為人口流動的目的地，此舉顯示了在北京市，人口「流動」與「集中」的現象同時發生，再者由於在北京市民的認知中，外城四區並非郊區。以筆者的親身體驗為例，由內城區前往位於四環海淀區的清華大學，經轉換地鐵，半小時內即可到達，且其繁榮程度與內城區不相上下，並無一般對於郊區的感覺，這樣的人口流動現象，只是呈現出都市發展過程中的一個階段，故仍處於「都市化」階段。

五、城市的產業發展與定位

任何城市所能容納的人口數，都有一個限定，以配合城市規劃，然而根據北京城市總體規劃的人口規模而言，在 1991 至 2010 年的估計數，應該是 1,250 萬人，可是正如上段分析所言，2005 年時估計的人口數已經為 1,538 萬，突破了既定的規劃人口數，而「北京城市總體規劃」（2004-2020）預估在 2020 年北京實際居住人口約為 1,800 萬人左右的數字，也可能在 2012 年時突破預估人數，這些人口變化將使得所有的城市規劃，產生具體的變化（胡兆量，2007），如城市定位與產業發展上的變化。

以 2006 年北京產業發展狀況的統計數據分析，可以看出其產業的分布狀況：一級產業約 98 億元，約占總產值的 1.2%；二級產業約 2,191 億元，約占 27.8%；三級產業約為 5,580 億元，約占 70.9%；以上的數據顯示出，北京市在產值貢獻的比例上，已經接近已發展國家的產業比例，三級產業占到 70%以上。但是，針對北京的產業構成比例則可進一步得知，在三級產業的產值中，科研成果占有很重要的比例，北京為全中國跨國公司地區總部進駐最密集的區域，松下、西門子、索尼等公司皆有進駐，外資研發中心也高達一百八十九家（陳曉永，2007），就這些研

發中心來分析，有 70%以上致力於發展 IT 產業，顯示北京以中關村為中心的吸納效應已然呈現，而基於此，北京更以電子通訊製造業為其主導產業，手機、計算機軟件更為其貿易的出口大宗。這種情形與上海有所差異，儘管上海為外資投資的主要城市，但是上海的發展，主要是基於既有產品技術的二次創新，也就是根據外商的既有產品來加以改良；換句話說，北京是以產品研發創新為主，而此基於創意的科研發展，讓北京更具有城市競爭力。

除了科研產業的發展外，北京的產業中，房地產業也是一項主要貢獻。以 2006 年的數據來看，約有 1,719 億元的產值（《2007 北京統計年鑑》，2007），儘管房地產的開發投資顯示出北京市的發展，但扭曲的房地產價格，卻成為人們批評的目標。如前所述，北京市的人口主要來自於外來的流動人口，已經突破既有的城市規劃設定，北京既有的空間認知上，是居住區越接近內城區，越代表其身分地位象徵，因此反映在人口的流動上，便是向外城區的集中，致外資不斷進入炒作，使得該區房價不斷上升，以海淀區清華大學近區為例，已經高達每平方米 22,000元人民幣，折合台幣約為每坪 33 萬元，這樣的房價，即使是在台灣的首善之區台北，亦非普通中產階級可以支付，在中國現有的環境下，其不合理之處相當明顯，一如胡兆量（2007）所指出的，北京在 2006 年的房地產投資額便占全國的 8.9%，且近幾年每年房地產施工面積皆超過 1 億平方米，竣工面積也高達 3,000 萬平方米，可見房地產交易之熱絡；此外，若與上海相比，儘管其 GDP 只有上海的四分之三、只有廣東的十分之三，但是其房地產投資卻比上海高出三分之一，與廣東則幾乎相等，這在某種程度上其實呼應了莫洛奇（Harvey Molotch）早年所提出的「都市成長機器理論」，認為城市的發展依靠著政府機關與私人機構聯手，以土地作為發展的動力，這在中國大陸發展城市的過程中，也是很多城市籌措建設資金的方法（鈕則謙，2007）。

在分析了房地產之後，土地市場的交易，也反應出其中的部分癥結，

北京的土地市場從 1992 年開始便已經出現，從 1992 到 1993 年，北京市的土地市場逐漸加溫，而在 1993-1996 年，北京的土地交易呈現出明顯下降的態勢，這種情形從 1997 年開始反轉，主要的原因是因為 1991 年「中華人民共和國城鎮國有土地使用權出讓和轉讓暫行條例」頒布的結果，而 1993 年的交易下降，則反應了中央宏觀調控的成效（丁日成，2006），而這種交易熱絡的成果，在申奧成功之後，有了更進一步的發展。

六、城市發展與城市文化

除了既有的城市規劃外，由於在 2001 年的申奧成功，為北京的城市發展，又加入了新的動力，並使得「奧運經濟」成為影響城市發展的重大因素。奧運的舉辦向來只是以象徵而非經濟考量為主，但自從 1984 年的洛杉磯奧運會開始，相繼的首爾、巴塞隆納等，都藉由奧運會的舉辦，為城市經濟發展提供新的機運，就一般奧運會所帶來的影響而言，至少包含企業贊助、電視轉播權的出售、門票收入、周邊紀念商品的出售等四個項目（王洪梅，2008），這些可以藉由北京奧運聖火的傳遞、奧運主題曲的選拔、「北京歡迎您」五個福娃的周邊商品、中國各大城市、機場等專賣店的設置看出，北京的確藉由奧運，不僅進行形象工程的建設，更在實質的經濟收入上獲益頗豐。

為此，北京市特別在既有的城市規劃中，加入了奧運此一考量因素，除了整治原有的建築古跡外，更興建了上述的奧運場館，試圖藉此提昇北京的全球形象，並進一步的行銷城市。其中，在城市經濟發展與空間布局上，奧運的舉辦，帶來了下列方面的影響：

(一)城市空間布局的影響

本次奧運最為人們所關注的，除了聖火的傳遞外，重要的奧運主體會館，如國家體育場、國家游泳中心，即一般所俗稱的「鳥巢」、「水立方」等硬體建設，成為國際建築師展現設計奇才的標誌。然而在城市空間布局的脈絡而言，這些奧運的主要會館，皆位於四環的區位，除了上述主體設施外，尚有十五個商業開發區塊，約占 33 公頃（王珍、許倩，2005）。這些建築所帶來的聚集效應，成為吸納人口聚集的磁鐵，並加速人口向北京市區外環遷移。

然而，正如前述人口遷移的方式所表示，由於中心區的重新規劃，使得既有的老北京市民，只能不斷向北遷移，著名的通天苑，就是這一遷移的代表，原有的北京市民因為城市規劃而只能拿到搬遷費遷移，但卻無力回遷，而在通天苑之處，甚至連計程車都有自己的獨特性存在，儼然跟現有的北京國際形象區隔。

(二)城市想像的落實

對於北京市此一舊朝古都，外來觀光客多半是前往紫禁城、天壇、長城八達嶺、前門大街、王府井大街等著名古跡景點進行觀賞，因此在城市規劃方面，這些舊有地點也多半在奧運前進行整修，並重建歷史的想像，如紫禁城的維修與部分乾隆時期房舍的開放，或是前門大街的維修，加入了民國初年的所謂「噹噹車」，供觀光客搭乘，以回味民國初年老北京的生活方式，更有不斷翻修的老舍茶館，上演著時興的戲碼，如四川變臉、皮影戲等等的劇碼，這些都是依照著對於北京的歷史想像而重建，然而，重建之後的這些設施，除了在工程上的進步外，卻讓人有一種「仿」古的感受。

(三)產業發展升級

正如前述所提，北京市在都市發展的過程中，呈現「攤大餅」的空間擴展模式，並在城市進行都市更新的過程中，藉由級差地租的方式，使得產業重新進行空間排序，在市區中著重發展三級產業，如朝陽區的金融街與海淀區的中關村等，至於二級產業部分，則向新區移動。而北京在籌辦奧運過程中，啟動「奧運升級工程」，除藉由中關村的科技優勢研發外，更選取一百五十多個產業進行生產，而這些產業多為分布在新區的工業園區，如此一來，則藉由奧運的舉辦強化了北京新區經濟技術開發區的發展，達到藉由奧運促進產業的作用。

在產業方面，北京著名的「七九八」已經成為國際知名的藝術中心，許多既有廠房經過改建，成為著名的畫廊、創作中心，或是遊客休憩中心，共同的一個特色是，維持著原有的外觀不變，但進入廠房中，所見更多是後現代等藝術作品的創作。

(四)城市觀光效益

奧運主體會場的獨特建築，成為觀光產業的主要吸引力，奠基於此，北京更開始進行形象工程的建設，除興建城市規劃館、逐步更新地鐵站外，並開始進行古跡維修，如前門大街的大柵欄、故宮、天壇等具有古跡特色的景區，同時也對部分負面形象的建設進行改善，如觀光客購物的秀水市場、虹橋市場等（儘管仍是仿冒品充斥）。

(五)城市共同發展

對於任何城市向全球城市發展而言，單一的城市必須藉由所在區域

以進一步提升其作用，北京所在之處，恰好位於「環渤海經濟圈」的核心地帶，形成京津塘都市圈，成為中國進一步發展的重要區域。而北京藉由奧運的舉辦，不僅重新進行城市空間布局，也藉由運動項目的分散舉辦，達到共同促進城市發展的聯動效果，如帆船比賽在青島舉辦、足球比賽在上海舉辦、馬術比賽在香港舉辦等，使得中國各城市都可以因奧運的舉辦而共同發展。

七、城市發展的省思

許多研究城市的學者，都在城市面對全球化競爭，努力達成「全球城市」的過程中，指出一個共通問題，即一個根據全球化而努力規劃重建的城市，到底是「誰的城市」，所根據的想像重建，到底是根據誰的想像？（Zhkin, 1995；黃宗儀，2004）

本文針對北京市的發展進行簡述，以城市空間擴展為主軸，並針對人口組成與流動、都市產業發展與定位、奧運經濟等幾個方面進行論述，試圖論證北京市在發展過程中不斷強化競爭力，並邁向全球化的趨勢，然而，在城市發展的過程中，仍舊帶有不少的問題，茲分述如下：

(一)城市規劃的理論與實踐

在北京最新一期的規劃中，即「北京城市總體規劃」（2004-2020），設定了「兩軸—兩帶—多中心」的發展目標，顯現北京當局希望藉由交通建設的發展，帶動過於擁擠的北京市區人口向郊區移動，更藉由奧運

的舉辦,達到此一目標,但是,正如陳小紅教授所質疑的[2],「新城」是否能夠達到吸納人口的目標,仍有商榷的空間。因為除了英國的案例有達到部分的預期目標外,其餘世界各國欲藉由新城以達到疏散市中心人口的目標並未實現,因為興建的交通路線儘管可以有利於市區人口向郊區移動,但同樣地,也可能加速郊區人口向市區移動,且北京所具有的「首都」印象,皆有可能促使人口向市區移動。

(二)產業發展上的瓶頸

不同於上海還在 50%左右的比例徘徊,北京市在產業的構成中,三級產業已經占有 70%的產值貢獻,成為中國首先與已發展國家城市相當的城市。而當中的構成,主要基於金融、高科技以及房地產業,但也正如前文指出,北京的房價已然過高,除了首都印象的作用外,外資的炒作、奧運的帶動,都成為助長的因素,而在前面城市規劃方面所提到的「交通運輸」,在無法達成人口向郊區疏散之餘,也有進一步提升郊區房價的可能,促使中低階層必須向更遠的五環、六環遷移,北京北邊的天通苑[3],即為房價炒作的具體後遺症。

(三)奧運的相關影響

即使奧運為北京帶來空間重新布局、城市形象更新與經濟收益,但是,奧運所帶來的生態破壞,遷移人口如何安置,這些人口如何在離開農田之後得以重新就業,使得這些「新有閒階級」(王珍,2005),得

---

[2] 此為陳小紅教授 2008 年在北京進行蹲點研究時,針對北京空間規劃所提出的質疑。

[3] 北京北邊的「天通苑」,多為北京當地的居民,但是因為城市開發建設,無法遷回到原居住地,故只能聚集在此,呈現人口聚集之處。

以進行轉業，也成為可能發生的負面影響。

　　此外，「後奧運經濟」也成為學者關注的焦點，因為奧運本身即為一個循環週期，其維持約十至十二年的經濟繁榮後，即有可能進入「低谷效應」（王洪梅，2008），也就是說奧運能為北京帶來經濟商機，但在奧運之後，既有的體育設施中心與相關建設，是否能夠支撐北京的繁榮經濟與過高的房價，成為北京經濟「泡沫」是否破裂的觀察點，即使在奧運風采的舉辦後，可藉由奧運選手所發揮的經濟效應，讓物品呈現拍賣價值，並重新開放比賽場地進行參觀，短期之內也許還能利用奧運的效應，但是如今面臨的全球經濟緊縮，奧運的效果能有多少，仍是未定之數。

八、結語：城市的意義

　　羅崗在《想像城市的方式》一書中，曾經就觀察城市的方式指出，有「看得見的城市」與「看不見的城市」，前者特別指出在城市發展的過程當中，街道、公共廣場等原先具有公共性的地方，因為都市規劃與房地產的炒作，使得這些公共設施愈來愈呈現出封閉性，具有私人保全維護的私人空間取代了原有的公共空間，而在後者當中，則借用了杜漢（Alian Touraine）提出的「馬拉松」概念，形容社會的發展過程中，已越來越多的人脫隊了，他們不會有機會從社會的底層翻身，因為他們已經早被拋到隊伍外面去了（羅崗，2006）。這點其實與柯司特（M. Castells，1990）之前所提到的「雙元都市」（dual city）也有某種程度上的吻合，用此觀點來審視北京市，也有某種戚戚焉的感受。

　　站在城市文化的觀點來審視北京市，首先，根據莫洛奇（Molotch Harvey）的「都市成長機器」理論，認為城市的發展，有賴於土地的炒作，並藉由政府與非政府機關的合作，來進行城市發展。套用在北京則

可以看出，北京市在新一輪的都市規劃過程中——「北京城市總體規劃」（2004-2020），致力於城市的發展，不讓上海專美於前；在空間規劃上，不僅達成了都市人口置換的目的，使得人口產生流動，吸引外來人口進駐，更讓空間產生替換，設立以三產為主的城市產業結構（如中關村、朝陽區的金融一條街等），除此之外，更藉由奧運之利，建設高度建築創意的比賽場館，同時也進行城市修建，使得原有的古跡得以重新面世，這些都可以被看作政府與非政府機構之間合作的典範。

然而，回到最初的提問，北京是否能夠成為另一個「全球城市」？從全球城市的發展脈絡談起，然後提到北京市在發展過程中，為城市的區域發展模式、功能與奧運所帶來的城市發展，做了一個簡單的回顧。若是單以政治經濟學的角度來看，奧運的確為北京市爭取到國際知名度，以及大量的遊客造訪，觀光產業得以創收，更具有全球城市的影響力，但是空間置換的結果，卻是原有北京人口的北移，貧富差距的「雙元性」（duality）展露在居住空間與消費能力上，甚至知名的七九八，其藝術品的價值也非一般民眾所能夠消費得起。

因此北京的發展，似乎也顯示出了很多發展中國家城市發展的困境，亦即在發展上積極與全球接軌，然而在城市內部的發展上，卻呈現出貧富文化差距的局面，然而尷尬的是，在國際的認知上，雖然藉由奧運舉辦，顯示出了北京的全球性，但是在奧運過後，從跨國公司總部、生產者服務業總部的設置來看，北京仍算不上是個全球城市，甚至是與全球聯繫的關聯性上是否超越上海，仍是個具爭議的話題，奧運後經濟發展又碰上了金融海嘯，前景更是不被看好，在這樣的情形下，也許北京的發展，先顧及內部的貧富差距縮緩，再強調全球的聯繫，也才能夠反應出實質內涵的成熟與真正的重要性。

參考書目

一、中文部分

丁日成（2006）。〈土地政策改革時期的空間城市空間發展〉、〈北京的實證分析〉,《城市發展研究》,第 13 卷,第 2 期,頁 42-51。

王洪梅（2008）。〈淺論奧運經濟與北京城市發展〉,《青島職業技術學院學報》,第 21 卷,第 1 期,頁 47-49。

王珍、許倩（2005）。〈奧運經濟與北京城市發展〉,《北京市經濟管理幹部學院學報》,第 20 卷,第 3 期,頁 21-23。

《北京統計年鑑》,http://www.bjstats.gov.cn/tjnj/2007-tjnj/index.htm。

汪民安（2006）。〈空間生產的政治經濟學〉,收錄於汪民安著,《身體、空間與後現代性》。江蘇:江蘇人民出版社,頁 99-111。

胡兆量（2007）。〈北京城市功能綜合化的深層原因〉,《城市問題》,第 10 期,頁 2-6。

黃榮清（2007）。〈北京的區域功能和城市布局〉,《首都經濟貿易大學學報》,第 4 期,頁 49-54。

_____（2008）。〈是「郊區化」還是「城市化」──關於北京城市發展階段的討論〉,《人口研究》,第 32 卷,第 1 期,頁 34-42。

黃宗儀（2004）。〈都市空間的生產:全球化的上海〉,《台灣社會研究季刊》,第 53 期,頁 61-83。

陳曉永（2007）。〈京津冀都市圈與長三角區域增長路徑的比較分析〉,《商業研究》,第 368 期,頁 92-96。

鈕則謙（2007）。〈政府治理下的城市規劃與實踐:以上海市為例〉,收錄於劉阿榮主編,《都市治理與地方永續發展》。台北:揚智出版社,頁 207-239。

羅崗（2006）。《想像城市的方式》。江蘇：江蘇人民出版社。

二、外文部分

Benjamin W., 1999, *The Arcades Project*, Cambridge, MA and London: Belknap Press.

Castells Manuel, 1996, *The Rise of the Network Society*, Cambridge: Blackwell Ltd.

Cohen R. B., 1981, "The new international division of labor, multinational corporations and urban hierarchy", In M. Dear & A Scott (eds). *Urbanization and Urban Planning in Capitalist Society*. London: Methuen.

Hall Peter, 1966, *The World City*, Weidenfeld and Nicolson, London .

Sassen Saskia, 2001, *The Global City*, Princeton: Princeton University.

Taylor P. J., 2004, *World City Network—A Global Urban Analysis*, London: Routledge.

Beaverstock J. V., R. G. Smith, P. J. Taylor, D. R. F. Walker and H. Lorimer, 2000, "Globalization and World Cities: Some Measurement Methodologies", *Applied Geography*, Vol.20 , No.1, pp.43-63.

Douglass Mike, 2000, "Mega-urban Regions and World City Formation: Globalisation, the Economic Crisis and Urban Policy Issues in Pacific Asia", *Urban Studies*, Vol.37, No.12, pp.2315-2335.

Friedmann John, 2001, "World Cities Revisited: A Comment", *Urban Studies*, Vol.38, No.13, pp.2535-2536.

Godfrey B. J. & Zhou, Y., 1999, "Ranking World Cities: Multinational Corporations and the Global Urban Hierarchy", *Urban Geography*, Vol20, No.3, pp. 268-281.

Hill Richard Child & June Woo Kim, 2000, "Global Cities and

Developmental States: New York, Tokyo and Seoul", *Urban Studies*, Vol.37, No.12, pp. 2167-2195.

Jennifer Robinson, 2002, "Global and World Cities: A View from off the map", *International Journal of Urban and Regional Research*, Vol.26, No.3 , 531-554.

Marcotullio P J., 2001，"Asian urban sustainability in the era of globalization", *Habitat International*, Vol25, No.4, pp.577-598.

Molotch Harvey, 1976, "The City as a Growth Machine. Toward a Political Economy of Place", *America Journal of Sociolgiy*, No.82(2), pp.309-332.

Sassen Saskia, 1994, "The urban complex in a world economy", *International Social Science Journal*, No.139, pp.43-62.

Taylor P. J., 1997, "Hierarchical tendencies amongst world cities: A global research proposal", *Cites*, Vol.14, No.6, pp.323-332.

Zhkin Sharon, 1995, *The Cultures of Cities*, Malden, Mass.: Blackwell.

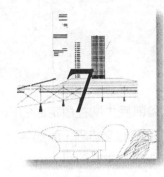

「空間／權力」的滲透——以日治時期大南社魯凱族部落為例

■緒　論
■研究方法
■大南社的權力空間
■結　論

謝政道[1]　國立屏東科技大學通識教育中心教授
許光廷　　國立屏東科技大學通識教育中心講師

[1] 本文乃筆者執行 1995 年國科會「大南社」專書寫作計畫的部分內容。

摘　要

　　本文主要是以日治時期位於臺東縣卑南鄉之魯凱族大南社所定居的比利良（Ilila）為研究對象，研究方法以田野調查為核心之步驟，以部落遺址的實地探勘、文獻研究和部落耆老的深度訪談等方式來探討大南社在比利良時期的歷史變遷。

Abstract

The subject of this research is to study Japanese colonial period Beinan township, Taitung county Rukai of the Ta-Nan group Bi-Li-Liang (Ilila) for the study. Research manner take field investigation step of as the core, carried out to explore the field of tribal sites, literature research and interviews with tribal elders, such as the depth to explore the Ta-Nan group Bi-Li-Liang (Ilila) good time in the history of vicissitude.

一、緒　論

(一)研究動機

　　「大南社」，該族自稱為「達魯瑪克」，現今被學界歸屬於魯凱族東魯凱群，目前部落隸屬臺東縣卑南鄉東興村（另外兩個魯凱族分支為屏東縣霧台鄉西魯凱群及高雄縣茂林鄉下三社群）。根據日籍學者淺井惠倫在 1936 年一篇關於雅美族語言研究的論文（A Study of the Yami Language; Asia）中把魯凱族（Rukai）分為 Rukai Proper、Taromak、Toruluka-Kogadvanu 與 Mantaulan 四個地方社群。1939 年日籍學者鹿野忠雄則以地理的分布以及群體自我意識為分類基礎，把魯凱族分為三個地方社群：(1)下三社群；(2)西魯凱群；(3)東魯凱群。目前，下三社群位處高雄縣茂林鄉、西魯凱群位處屏東縣霧台鄉、東魯凱群則位處台東縣卑南鄉大南村[2]。本章以日治時期之東魯凱群大南社所處之比利良時期為研究重點（詳表 7-1）。

　　過往的研究是以人類學為主體性的單向度研究來思考，本章研究之動機為了解日治時期殖民政府對原住民部落控制情形，並對於當時的社會結構進行權力的滲透，藉此觀看長久以來漢人社會結構為主體的異質性。

(二)研究目的

　　本章的研究旨在透過田野調查，企圖瞭解當時日本殖民政府是透過

---

[2] 石磊（1956）。《台灣土著血族型親屬制度：魯凱排灣卑南三族群的比較研究》。台北：中央研究院民族所，頁 7。

表7-1　魯凱族大南社部落遷移概況說明表

年代	聚落地名稱	備註
1580年左右	「キナドオロ」（kinadoolo）	在卡巴利瓦（kabaliua）西方約8公里的地方。
	嘎自嘎剌（katsikela）	
	達茅魯會紮（tamalullutsa）	
1680年左右（清康熙19年）	マドルドル（madoludolu）	在アヲウラ山（標高1,944公尺）的東面山腹でサムデル溪上流。
1700年左右（清康熙39年）	チクル（tikulu）	在呂家溪上流左岸。
1800年左右（清嘉慶5年）	卡巴利瓦（kabaliua）	在比利良（ilila）西方約4公里的地方。
1894年（清光緒20年）	卡巴利瓦（kabaliua）	當時隸屬臺灣省臺東直隸州埤南撫墾局。
1920年（日大正9年）	比利良（ilila）	當時隸屬臺東廳臺東支廳蕃地。
1944年（日昭和19年）	比利良（ilila）	當時隸屬臺東廳臺東郡不置街庄之蕃地。
1945年12月8日（民國34年）	東園（olalinga）	當時隸屬臺東縣卑南鄉大南村。
1971年10月1日（民國60年）	東園（olalinga）	當時隸屬臺東縣卑南鄉東興村。

資料來源：移川子之藏（1935）。《高砂族系統所屬の研究》（第一冊）。臺北：臺北帝國大學土俗人類學研究室，頁237-41；臺灣總督府警務局理蕃課編（1938）。《高砂族調查書：第五編》。臺北：臺灣總督府警務局，頁361-362；千千岩助太郎（1960）。《臺灣高砂族の住家》。東京：丸善株式會社，頁61-62；夏黎明等撰（1999）。《臺灣地名辭書：臺東縣》。台中市：臺灣省文獻會，卷三，頁222；臺灣省文獻委員會（1996）。《臺東縣鄉土史料》。南投市：臺灣省文獻委員會，頁389-398。

何種手段，逐漸將國家權力系統滲進大南社傳統的社會權力空間。

二、研究方法

本次的研究方法以過往相關文獻、戶政檔案紀錄、田野調查，以及訪談的資料與事後的會議等第一手資料，作為研究方法的基礎資料，本節次分為理論研究和實質研究兩個部分說明。

(一)理論研究

本次研究在理論上，主要以解釋人類學和「權力／空間」理念為主要架構，以吉爾茲（Clifford Geertz）的「深厚的描述」（thick description）和「地方性知識」（local knowledge）的方法論，作為本次針對「日治時期大南社的權力空間」之理論研究基礎。吉爾茲（1973）在《文化的解釋》（*The Interpretation of Cultures*）一書中，對「深厚的描述」解釋為是「理解他人的理解」，甚至從而建構出地方民眾他們自身認知的世界觀，並且去瞭解由他們的世界觀所理解到的這個世界。

在 1983 年出版的《地方性知識》（*Local Knowledge*）一書中，吉爾茲開宗明義的指出：法律與民族誌都是屬於「地方」的藝術，因為兩者都是藉「地方知識」而有所作為，換言之，兩者的知識與瞭解都有時空的意涵。[3]吉爾茲並在該書的序言最後寫到：

---

[3] Clifford Geertz (1983), *Local Knowledge: Further Essays in Interpretive Anthropology*, New York: Basic Books, p.167. 轉引自潘英海（1992）。〈文化的詮釋者——葛茲〉，載於《見證與詮釋：當代人類學家》。台北：正中書局，頁 404。

向他人看我們一樣審視自身，能給我們十分的啓發。而將他人看成是與我們共享某一特質的人，能純屬為了尊嚴。然而，思想的宏大卻能使我們把自身列於他人之中來反省其身……探究處於眾多個案中的一個個別案例，洞識不同世界的一個世界所取得的成果，就可發現這些成果雖小卻來之不易。倘若沒有這樣的志向，客觀性就會成為虛妄的藉口，寬容就會成為虛設的偽裝。[4]

以大南社當地的觀點出發，嘗試還原當地人的一個地方文化的意義體系，由此「在地的意義體系」來看待日治時期大南社的權力空間，對應在殖民政府的國家體制下的權力／空間的意義。這是吉爾茲（Clifford Geertz）所論述跨文化的研究，這也是人類學深入文化的一種有效的方法。

本研究文獻回顧，除了以日治時期文獻、戶政資料為主，並以傅柯（Michel Foucault）所提出的空間理論作為理念的出發點，來研究大南社所建構出來的權力／空間的基本秩序。傅柯曾提出，空間是任何公共生活形式的基礎，也是任何權力運作的基礎。[5]權力無所不在，並不是因為它包含一切，而是它來自一切。權力無所不在，不是說它包容萬物，而是說它來自各方。[6]從傅柯的著作中，可透過空間來說明權力理論，他認為二者關係密不可分，而且空間是觀察權力關係運作的最佳場所，空間是權力展現的場域。所以，透過社會空間的系統來可以清楚瞭解權力關係彼此間的影響。

---

[4] Clifford Geertz (1983), *Local Knowledge: Further Essays in Interpretive Anthropology*, New York: Basic Books, p.16. 轉引自王銘銘（2000）。《社會人類學》。台北：五南書局，頁 171。

[5] 陳志梧譯，Paul Rabinow 著。〈空間、知識、權力——與米歇·傅寇對談〉載於夏鑄九、王志宏編譯（1994），《空間的文化形式與社會理論讀本》。台北：明文書局出版，頁 423。

[6] 尚衡譯（1998），Michel Foucault 著。《性意識史第一卷：導論》。台北：桂冠圖書，頁 80。

傅柯的權力概念不是集中在國家或國家機器，而是無所不在的權力關係，每個人都處於其中的某個位置，只是有優劣勢之分。傅柯也慣用戰略和戰術的用語來談權力爭鬥，如運動、攻擊、反擊等。因此，權力是空間地展布開來的，有如毛細管一般遍布，其運作是宛如空間中的戰爭，在此傅柯以空間譬喻了權力。此外，傅柯亦提及使用空間、策略的隱喻來解讀論述，讓我們可以更精確的掌握到論述在權力關係的基礎之中、之上的那些轉變點（Foucault, 1980b）。[7]

其次，在實質空間的層面，空間乃權力與知識等論述轉化成為實際權力關係之處。空間在現代的權力技術中，扮演了關鍵部分，權力透過空間構築與使用而運作，權力的歷史亦即空間的歷史，從地緣政治的偉大策略到住居處所的小戰術皆是（Foucault, 1980a）。[8]

傅柯認為邊沁（Jeremy Bentham）的圓形監獄（panoption）[9]的理論就是達成紀律社會的規範建築，形成一套空間的配置工具，權力就在這空間中進行運作。日本透過空間的組織型態來瞭解土地與人口之間的關係，進而開始掌控台灣各地，權力也在這地域社會的空間組織中開始操控大南社部落當地魯凱族原住民。[10]

(二)實質研究

透過廣泛蒐集文獻和田野資料，進一步檢討與驗證台灣原住民聚落

---

[7] 轉引自王志弘（1998）。《流動、空間與社會：1991-1997 論文選》。台北：田園城市，頁 9。

[8] 同註 7。

[9] panopticism（全景敞視主義）是傅柯（Michel Foucault）創造的一個詞，旨意在說明監獄當時的空間，是為了監視所用。

[10] 轉引許光廷（2002）。《地方「權力／空間」的秩序——以大林鎮焚化爐抗爭事件為例》。嘉義：南華大學環境與藝術研究所碩士論文（未出版），頁 54。

空間文化的變遷、移動和互動關係等問題。文獻資料的歸納整理，以深層研究傳統原住民聚落的空間形貌之差異。文獻研究中搜集有關大南社聚落空間研究相關領域的論述的解讀，以確實瞭解本研究區的文化歷史背景及其歷史脈絡。歷史性的相關史料蒐集，則有日治時期對當地人口戶籍資料紀錄等歷史資料。

　　以地圖資料的蒐集，本文蒐集包含清朝時期的康熙、乾隆輿圖集，日治時期所調製的《臺灣堡圖》（1／20,000），和本區境內的相片基本圖（1／5,000）、地籍圖（1／1,200）地理資料的建立。最後，透過田野調查（Fieldwork）訪問當地原住民耆老，藉由耆老的口述回憶，紀錄昔日的建設概況和人文方面史料，以期達到深入瞭解該聚落的情形（詳**表7-2**）。

表7-2　大南社部落耆老的基本資料

訪談者	性別	出生日期	備註
蘇信夫	男	1924.11.24	2005/01/25蘇信夫訪談紀錄 2005/04/16蘇信夫訪談紀錄
曾靜江	男	1926.08.20	身體狀況不佳，無法接受訪談
黃林洋美	女	1927.06.12	身體狀況不佳，無法接受訪談
呂周玉女	女	1927.09.21	身體狀況不佳，無法接受訪談
陳梅蔭	女	1933.10.01	身體狀況不佳，無法接受訪談
蘇胡秀金	女	1934.03.01	身體狀況不佳，無法接受訪談
杜阿金	男	1935.01.19	身體狀況不佳，無法接受訪談
周阿金	女	1935.02.02	身體狀況不佳，無法接受訪談
田火本	男	1936.05.17	2005/01/26田火本訪談紀錄
王福壽	男	1941.03.31	2005/01/25王福壽訪談紀錄 2005/04/16王福壽訪談紀錄

　　田野調查為人類學的研究領域中基本的研究方法，透過研究者對小型社會單位的透視，體會和理解當地人的生活世界，避免本身文化價值

觀和主觀規範的制約，較為開放地吸納「本文化」之外的現象和事物。[11]研究者必須對研究地點和對象作長期且持續性的田野工作，透過人際關係的互動和社會脈絡的具體瞭解，才能掌握其現象及事物背後的本質意義，也才能夠根據主體之行為和主觀意義作出深厚的描述（Thick Description）。[12]這種研究方法是要和當地民眾直接面對面的，是方法論的具體化。

　　本文進行當地原住民耆老訪談，透過當地村里長、頭目介紹和戶政資料索引，羅列出具有代表性耆老共有十位，但實際進行訪談時候，發現高達七位受訪者耆老，均因為年紀達七十餘歲，慢性病引起身體狀況不佳，無法長時間進行接受訪談。而且，這七位耆老口述資料過於簡短或語意不詳，現場口譯無法翻譯，所以受訪者在本文表 7-2 中僅有三位為成功的受訪者。本章田野訪談之方法，訪問方式是採取原住民耆老個人訪談，以相同問題交叉詢問受訪者，在這三位原住民耆老的回答中，發現並無差異。因此，在這三位原住民耆老訪談得知，日治時期日本人在當地的控制情形。

三、大南社的權力空間

　　傅柯（Michel Foucault）曾提出空間是任何公共生活形式的基礎。也是任何權力運作的基礎。[13]在社會空間的交流，權力透過社會關係網絡的形式出現，權力／空間之間是彼此交錯影響。他認為透過空間，更可瞭

---

11 王銘銘（2000）。《社會人類學》。台北：五南書局，頁 112。
12 Clifford Geertz (1973), *The Interpretation of Cultures*, Basic Books, pp. 3-32.
13 陳志梧譯，Paul Rabinow 著，〈空間、知識、權力——與米歇・傅寇對談〉，載自夏鑄九、王志宏編譯（1994），《空間的文化形式與社會理論讀本》。台北：明文書局出版，頁 423。

解權力與知識的關係，空間除是權力和知識的落實外，確實轉化為實際權力關係之處。有關空間理論，是以傅柯的著作《規訓與懲罰：監獄的誕生》中所提出的「全景敞視主義」，關切權力的運作如何經由空間隔離、全景敞視建築（圓形監獄）等權力規訓技術來達成紀律的目的。

從傅柯的著作中，可透過空間來說明權力理論，他認為二者關係密不可分，而且空間是觀察權力關係運作的最佳場所，空間是權力展現的場域，所以透過空間可以清楚瞭解權力關係的運作。日本透過空間的組織型態來瞭解土地與人口之間關係，進而開始掌控台灣各地，權力也在這地域社會的空間組織中開始操控全台當地民眾。以下茲就比利良時期的大南社，依時序將當時的權力空間轉移過程整理說明如次。

1925 年（大正 14 年）10 月 2 日，臺東支廳大南交易所，隨著遷社而移往呂家溪見張所[14]（哨所）。10 月 15 日，大南警察官吏駐在所的警力配置為：巡查部長一名、甲種巡查七名、乙種巡查二名（臺灣本島人）、警手六名，合計十六名[15]。11 月，臺東支廳大南社位居高地，指導作業不便，數年前即勸其「集體移居」呂家溪見張所（哨所）附近，從事水田定耕農作（由原本的山田燒墾進入水田稻作）。有五十戶開始移往，合併三社成一社，而於 1928 年（昭和 3 年）3 月 30 日全部（總計有一百二十八戶，五百五十五人）完成移住[16]。

1926 年（昭和元年），臺東廳為陸續由卡巴利瓦搬遷到比利良的大南社興建以下公共設施[17]：

---

[14] 臺灣總督府警務局編（1995）。《理蕃誌稿：第四卷》。臺北：南天，頁 927。原著於 1938 年。

[15] 臺東廳，臺東廳訓令第 17 號，《臺東廳報》，第 468 號，大正 13 年 10 月 15 日。

[16] 臺灣總督府警務局編（1995）。《理蕃誌稿：第四卷》。臺北：南天，頁 851。原著於 1938 年。

[17] 臺灣總督府警務局編（1995）。《理蕃誌稿：第四卷》。臺北：南天，頁 1071-1072。原著於 1938 年。

1. 建造水圳：為使遷到比利良的大南社民能順利開墾呂家溪見張所附近二十餘甲的土地，乃將呂家社的灌溉用水圳延長四町長。
2. 建造住屋：對於率先遷移下來的五十戶大南社民，提供其建屋材料。
3. 建造自來水設施：特別為遷到比利良的大南社民埋設一吋寬的自來水鐵管。

1926 年（大正 15 年；昭和元年）7 月 1 日，大南社原住民二人到呂家社，飲酒大醉而與呂家社原住民起爭執後被毆；5 日，傷重死亡。為此，大南社原住民數十人企圖報復，手攜兇器潛伏呂家社，將正在農田工作之呂家社原住民七人殺害（六男一女）。臺東廳蕃務課及臺東支廳獲報後，即派竹內警部等十九人趕赴現場，除極力安撫外，並盡全力搜捕大南社行兇原住民。因雙方情緒激昂，殺氣騰騰。所以，臺東廳在 7 月 12 日命臺東各支廳派遣警察支援，由警部補一名、巡查部長三名、巡查二十五名、警手六名組隊，配置機關槍一挺，前往穩定局勢，並逮捕大南社行兇的十八名原住民，且留置於臺東支廳。7 月 13 日，臺東廳傳喚大南社頭目及實力人物等前往臺東支廳，宣布其違法，且命令交出所有藏匿槍枝，截至 7 月 23 日止共收繳七十二把。7 月 24 日，傳喚兩社頭目等三十一人前往臺東廳，舉行和解儀式。由大南社交出黃牛兩頭，並由大南社參與行兇的原住民向呂家社被害家屬致送慰問金 220 圓。此外，大南社行兇的原住民之中，一人被處拘役二十日，十九人被處拘役一個月，另二人因年紀太小，僅被處以申誡。至於呂家社毆打大南社原住民致死之三人各被處二十五日拘役，全案交由臺東支廳執行[18]。11 月 3 日，大南蕃童教育所全部的十六名學童前往臺東小學參加聯合運動會，並參觀

---

[18] 臺灣總督府警務局（1938）。《理蕃誌稿：第 4 卷》。臺北市：印刷工場，頁 1021；臺東廳庶務課編（昭和 10 年，1936）。《臺東廳管內概況及事務概要》（五）。臺東廳：中村活版社，頁 52-53。

臺東街[19]。

　　1927 年（昭和 2 年），自臺東廳大南至高雄州隘寮之間，開鑿一條山路，全長日制 34 里 360 尺，並於 1929 年（昭和 4 年）完成。此外，根據臺東廳庶務課的資料，該年大南教育所的學生就學情形如表 7-3：

表7-3　1927年（昭和2年）大南教育所學生就學情形

支廳別	教育所名	卒業生數	中途退學	死亡	入學	年末現在在數籍
臺東支廳	大南教育所	4	0	0	18	甲種

資料來源：臺東廳庶務課編（昭和3年）。《臺東廳管內概況及事務概要》（一）。臺北：印刷工廠，頁155。

　　1928 年（昭和 3 年）3 月 30 日，位於卡巴利瓦（kabaliua）的大南社（總計有一百二十八戶，五百五十五人）全數移住到比利良（ilila），此乃日本殖民政府於 1925 年（大正 14 年）起，開始實施的「山地原住民集團移住政策」，成功的落實在大南社[20]。此外，根據臺東廳庶務課的資料，該年大南教育所的學生就學情形如表 7-4：

表7-4　1928年（昭和3年）大南教育所學生就學情形

支廳別	教育所別	卒業生	中途退學	死亡	入學	年末現在在數籍
臺東支廳	大南教育所	0	0	0	0	27

資料來源：臺東庶務課編（昭和4年）。《臺東廳管內概況及事務概要》（二）。臺北市：印刷工場，頁155。

---

[19] 臺灣總督府警務局（1938）。《理蕃誌稿：第 4 卷》。臺北市：印刷工場，頁 1095。

[20] 施添福等編修（2001）。《臺東縣史：大事篇》（上冊）。臺東市：臺東縣政府，頁 410-411。

1929 年（昭和 4 年），古家良保[21]自臺東公學校高等科畢業後，再保送臺南師範學校就讀，為當時大南社學歷最高者[22]。同年，根據臺東廳庶務課的資料顯示，大南社在比利良所進行的水田耕作收穫如表 7-5：

表7-5 大南社水田耕作情形

支廳別	指導姓名	昭和1年		昭和2年		昭和3年		摘要
		面積	收穫高	面積	收穫高	面積	收穫高	
臺東支廳	大南	--	--	3甲646	15石900	6甲820	62石700	一、二期作物

資料來源：臺東廳庶務課編（昭和4年）。《臺東廳管內概況及事務概要》（二）。臺北市：印刷工場，頁159。

1930 年（昭和 5 年）4 月 1 日，臺東廳「蕃地」原無顯著流行病，主要風土病為瘧疾，占患者大半，接近平地者尤多。移住、授產諸種設施為此病流行的主因。本年度開始在臺東支廳大南社、大武支廳葛瑪社（トアバル）、里瓏支廳海端社（ハイトトワン）定期驗血和服藥，為期一年[23]。

1931 年（昭和 6 年），霧社事件之後，12 月 28 日，總督府制定新

---

[21] 古家良保生於 1905 年（明治 38 年）9 月 5 日，臺東廳蕃地大南大社阿塑什后社 21 蕃地，並畢業於大南蕃童教育所。因成績優越，被保送至臺東公學校高等科。其父タキラキラオ為部落大頭目（大南社最大貴族 Lavarius 家）。1939 年（昭和 14 年）8 月，古家良保調任卡拉達蘭（介達）駐在所，仍兼教育所教師。1941 年 4 月 28 日死於任內。根據筆者在對蘇信夫（2005/04/16）的訪談紀錄中，蘇信夫告知古家良保的名字是 Hureyasan。

[22] 趙川明（2001）。《臺東縣史人物篇：古家良保（1905-1941）》。臺東市：臺東縣政府，頁 212。

[23] 施添福（2001）。《臺東縣史大事篇：上冊》。臺東市：臺東縣政府，頁 470。

的「理蕃政策大綱」[24]，總共八條，揭示「理蕃」之目的在：教化蕃人，以圖安定其生活，並使之同浴於一視同仁之聖德[25]。新的理蕃政策強調撫育教化工作，包括移風易俗、醫療衛生改善、交通改善及經濟生活改善等事項，如定耕的輔導獎勵、集團移住等。在日方的經營方針之下，相關措施說明如下：

■治安與教育

日方對待南部的蕃人，是在蕃社內設置「撫蕃官吏駐在所」，由警察從事撫育，希望以和平的面貌，逐漸擴大日警所能控制的領域。但駐在所的設置地點要選擇在蕃社中勢力最大的頭目所在地，如此日警在平時就可以注意蕃人的動向，暗中偵查蕃社的內情，以達成撫番的任務[26]。日方一般都是在征服該社並待情勢穩定之後，就設立警察官吏駐在所、蕃童教育所及衛生所，公共職務均由警察出任，一個社內大約配備日警四到五人左右，且身兼數職，既是警察也是教師。因此，「駐在所」不但是警備機構，還兼做日本的文教中心。實際上，派出所與教育所、醫療衛生所、交易所、懲罰的裁判所結為一體，警察一職身兼政治、經濟、文化、保健、司法等多種權力的功能。社區事項多由日本警察來指揮分配，當然就使得原來擁有支配權的頭目勢力相對衰退，進而使得傳統的社會結構產生鬆動[27]。

---

[24] 鈴木作太郎（1932）。《臺灣的蕃族研究》。臺北：南天書局，1988，頁 495。

[25] 施添福（2001）。《臺東縣史大事篇：上冊》。臺東市：臺東縣政府，頁 484。

[26] 藤井志津枝（1997）。《日治時期臺灣總督府理蕃政策》。臺北市：文英堂，頁 209-213。

[27] 藤井志津枝（1997）。《日治時期臺灣總督府理蕃政策》。臺北市：文英堂，頁 271。

■交通

在佐久間總督的理蕃五年計畫中，極注重在臺灣深山內部開闢四通八達的交通路線。道路的開闢，在北蕃地是利用武裝的隘勇警備線，逐步推展；在南蕃地的目標則是建立蕃社和蕃社之間的山徑小路網，並由撫蕃官吏派出所負責推行。是以，在 1927 年（昭和 2 年），日人開闢警備知本越嶺道路（又稱鬼湖越嶺道），自三地門（水門）經馬兒、達來橫貫霧台鄉至臺東知本[28]。

■社會

因為日方一開始就將山區的原住民定位為野蠻的生蕃，而必須要教育這些未開化的民族，因此許多本地民族的社會習慣，對日本人來說是必須改革的。首先就是禁止「出草」或「馘首」之習俗。1929 年（昭和 4 年），日警下令男性禁止留傳統髮型（長髮或辮子），用強迫手段理光頭；1930 年，日警又飭令嚴禁屍體屋內葬，民眾開始實施屋外葬；1931 年，日方飭令廢除族人女性手掌背刺紋之習俗；1933 年再下令禁止「墨牙」之習俗[29]。其他各社也都是在日警進入統治後，陸續推行改易風俗之政令。

■經濟

1928 年（昭和 3 年），日人制定森林計畫事業規程，將山林地分為「要存置林野」以及「蕃人所要地」，此舉將廣大的山林地收為官有。土地所有權官有的結果，對原有的貴族頭目影響最大。日本統治末期，禁止頭目向平民收取貢賦，因為土地已收為官有；另一方面鼓吹社民不

---

[28] 何維豪（1996）。《霧台鄉大事記》。頁 17。

[29] 何維豪（1996）。《霧台鄉大事記》。頁 17-18。

要繳納，認為頭目不應坐享其成，雖然一般平民私底下仍按時繳納，不過頭目的地位已經開始動搖。再則是貨幣體系的進入，使得原有的生產、消費、交換體系，從以物易物、換工等方式逐漸轉變為透過貨幣為中介，從而使得私有財的觀念大為增強，結果就是原有社會共享觀念與重視榮譽的觀念，都會因為私有財的觀念而削弱。

■集團移住

所謂「集團移住」就是將整個蕃社的全體居民遷移到更方便的地方。早在 1895 年的第一任民政局長水野尊就說：「如給予（蕃人）一定土地，使其耕種就業，漸次感化之，必能成為良民[30]。」這就是日本政府實施集團移住的最早基調。綜合而言，實施集團移住具有多方面的功能：

1.開發蕃地資源。

2.降低抗日運動的發生。

3.便於理蕃政策的推動。

4.基於水土保持與國土保安的考量。

5.直接同化蕃民為日本臣民。

6.合併蕃社以便於管理。

因為此政策具有多方面的功能，所以集團移住政策的推動是日本理蕃事業中最具代表性的措施。在日方集團移住政策下，魯凱族在日本時期就有九個聚落集體遷移，合併成四個聚落。

1932 年（昭和 7 年），古家良保自臺南師範學校畢業後，原預定任教職，因其為山地原住民，日人勸其擔任警察，乃返鄉任大南警察駐在所巡查，同時兼大南教育所教師。此外，根據資料顯示，當時大南駐在

---

[30] 臺灣總督府警務局（1918）。《理蕃誌稿：第 1 卷》。臺北市：株式會社臺灣日日新報社，頁 4。

所的警力編制如表 7-6：

表7-6　1932年（昭和7年）大南駐在所警員資料

官階	姓名	出生地
巡查部長	河野藤雄	愛媛
巡查	春田義正	廣島
巡查	吉村榮次	郎潟
巡查	佐分利政雄	臺東
巡查	古屋（家）良保	臺東

資料來源：筒井太郎編（昭和7年）。《東部臺灣案內》。臺東：東部臺灣
　　　　　協會，頁8。

　　1932 年（昭和 7 年）1 月 1 日，《理蕃の友》發行創刊號，臺東廳
長兒玉魯一在該刊發表〈理蕃の友創刊祝辭〉。9 月，臺東支廳大南社，
自今年起廢除室內葬慣習。惟恐農作物欠收，影響此一改革，好在廳內
各地，皆天候助順，五穀豐登[31]。此外，根據臺東廳庶務課的資料，該年
大南教育所的學生就學情形如表 7-7：

表7-7　1932年（昭和7年）大南教育所學生就學情形

支廳別	教育所名	入學者	卒業者	年度未在在籍者
臺東支廳	大南	0	20	40

資料來源：臺東廳庶務課（昭和8年）。《臺東廳管內概況及事務概要》（三）。
　　　　　臺東廳：中村活版所，頁178。

　　1933 年（昭和 8 年），古家良保又籌組「禁酒會」，自任會長，以
教育所畢業學生為會員，宣導族人戒酒，提升族人經濟力[32]。8 月 25 日，

---

[31] 施添福（2001）。《臺東縣史大事篇：上冊》。臺東市：臺東縣政府，
頁 495。

[32] 趙川明（2001）。《臺東縣史人物篇：古家良保（1905-1941）》。
臺東市：臺東縣政府，頁 212。

臺東廳蕃地教育講習會會員與講師，前往大南教育所，在該所舉辦示範教學研討會。由出身該所，畢業於臺南師範之古家良保擔任講習員，講授國語、算數、複式教學法，頗受佳評[33]。9 月 18 日，大武支廳「噶媽社」（トアバル）教育所補習科兒童十名和臺東支廳大南教育所補習科兒童十一名，自即日起至 21 日，赴花蓮港廳各地修學旅行[34]。12 月，臺東支廳大南社由駐在所巡查古家良保擔任大南社「青年團[35]」團長，並指導族人於青年集會所設置共同浴室[36]。同年，日本政府撥用蕃人授產費 3,200 多元，由大南社人無償出役，修築大南土圳。戰後年久失修，大南社族人孟田榮[37]乃爭取將大南圳納入臺東農田水利會系統，改建為水泥圳

---

[33] 施添福（2001）。《臺東縣史大事篇：上冊》。臺東市：臺東縣政府，頁 509；趙川明（2001）。《臺東縣史人物篇：古家良保（1905-1941）》。臺東市：臺東縣政府，頁 212。

[34] 施添福（2001）。《臺東縣史大事篇：上冊》。臺東市：臺東縣政府，頁 512。

[35] 青年團多由學校職員及警察擔任指導，其成立目的在推行國語（日語），普及精神修養、習俗改善、思想善導及公共心涵養。詳臺東廳庶務課編（昭和 10 年）。《臺東廳管內概況及事務概要》（四）。臺東：中村活版社，昭和 8 年版，頁 25-27。

[36] 施添福（2001）。《臺東縣史大事篇：上冊》。臺東市：臺東縣政府，頁 513；趙川明（2001）。《臺東縣史人物篇：古家良保（1905-1941）》。臺東市：臺東縣政府，頁 212。

[37] 孟田榮（日名為木田榮一），生於 1916 年（大正 5 年）1 月 10 日臺東廳蕃地大南大社阿塑什后社二十八蕃戶。臺東農林國民學校畢業、臺東廳臨時教員養成講習會結業，曾在太麻里地區公學校擔任教員。1930 年（昭和 15 年）因參加臺東廳高砂族運動大會而結識斗里斗里社頭目之女村上富子，相戀而結婚。婚後不久，即應日本政府之徵，赴上海擔任軍職，在戰俘營工作。戰後，隨國民政府返臺，由於熟悉中國事務與語言，乃受政府重用，曾擔任臺東縣卑南鄉大南國民學校校長（1947 年 9 月至 1949 年 3 月、1951 年 3 月至 1952 年 9 月），臺東縣議會第三、四屆議員（1952-1961）。擔任議員期間，以協助新園（原屬卑南鄉，

表2-8 1933年（昭和8年）大南社戶口資料

種族	部族	戶數	人口	分布地域
パイワン族	傀儡蕃	128	546	臺東支廳大南社

資料來源：臺東廳庶務課編（昭和10年）。《臺東廳管內概況及事務概要》
（四）。臺東：中村活版社，昭和8年版，頁49-53。

表2-9 1933年（昭和8年）大南社教育所入學者卒業者及在籍者調查

支廳別	教育所名	入學者	卒業者	年度末現在在籍者
臺東支廳	大南	40	0	61

資料來源：臺東廳庶務課編（昭和10年）。《臺東廳管內概況及事務概要》
（四）。臺東：中村活版社，昭和8年版，頁222。

1934 年（昭和 9 年）4 月 1 日，臺東支廳大南社，去年 5 月創立禁酒會，以尚無飲酒習慣年約五十名為會員。嚴格遵守禁酒規約一年後，會員增至男四十五名、女三十四名，同一期間，臺東廳蕃地實施瘧疾防遏方法的地域，除舊有的大南、武陵等七處外，再增五處，共計十二處[39]。6 月 17 日，總督府理蕃當局於始政紀念日，舉行第二回山地自助團體及國語普及會表揚式，並頒發助成金。臺東接受表揚的團體有：大南青年會等二十個團體，大南社且被選為臺灣八大模範番社[40]。

1974 年調整行政區併入臺東市）排灣族爭取山地保留地、改善大南圳灌溉工程為最著。

[38] 趙川明（2001）。《臺東縣史人物篇：古家良保（1905-1941）》。臺東市：臺東縣政府，頁 214。

[39] 施添福（2001）。《臺東縣史大事篇：上冊》。臺東市：臺東縣政府，頁 517-518。

[40] 施添福（2001）。《臺東縣史大事篇：上冊》。臺東市：臺東縣政府，頁 520-521。

表7-10　1934年（昭和9年）大南社戶口資料

種族	部族	戶數	人口	分布地域
パイワン族	傀儡蕃	132	542	臺東支廳大南社

資料來源：臺東廳庶務課編（昭和10年）。《臺東廳管內概況及事務概要》
（五）。臺東廳：中村活版社，頁50-51。

　　1935 年（昭和 10 年）10 月，古家良保被選派參加首屆全島高砂族
青年團幹部懇談會，為三十二名代表之一[41]。10 月 7 日，大南社動工建
設國語普及夜學會場；11 月 27 日竣工，該日夜學會開課。會場建地 19.25
坪，建設所需人力，全部由大南社負擔。夜學會場旨在供國語普及會使
用，致力於國語教學，往後使大南社國語普及率躍居臺東廳蕃社第一名，
很多族中青年更得因而就讀「臺東農林學校」[42]。

表7-11　1935年（昭和10年）12月31日警察職員番地配置定員

官署			配置定員								面積
			警部	警部補	巡查				警手	合計	
					部長	甲種	乙種	計			
臺東支廳	臺東監視區	大南	0	0	1	2	2	5	5	10	1,93

資料來源：臺東廳警務課（昭和11年）。《臺東廳警務要覽》。臺東廳：中
村印刷所，頁27。

---

[41] 趙川明（2001）。《臺東縣史人物篇：古家良保（1905-1941）》。
臺東市：臺東縣政府，頁212。
[42] 施添福（2001）。《臺東縣史大事篇：上冊》。臺東市：臺東縣政府，
頁 539；趙川明（2001）。《臺東縣史人物篇：古家良保（1905-1941）》。
臺東市：臺東縣政府，頁 212。

表7-12　1935年（昭和10年）大南社蕃社戶口

支廳	種族	部落	社名	戶數	人口			配偶數	壯丁數	婚姻數	離婚數
					男	女	計				
臺東支廳	パイウン族	卑南蕃	大南社	2	6	11	17	2	2	0	0
		傀儡蕃	大南社	124	274	266	540	101	165	17	3
	アミ族	卑南アミ	大南社	9	8	1	9	4	5	0	0

資料來源：臺東廳警務課（昭和11年）。《臺東廳警務要覽》。臺東廳：中村印刷所，頁160。

表7-13　1935年（昭和10年）高砂族大南社的懲罰

支廳別	臺東支廳										
番社名	大南										
罪名	體性	懲罰									人員計
		罰金		牢役		拘留		物件提供		銃器貸與的停止	
		人員	金額	人員	日數	人員	日數	人員	件數	人員	件數
竊盜	男	0	0	1	30	2	37	0	0	0	0	3
	女	0	0	0	0	0	0	0	0	0	0	0

資料來源：臺東廳警務課（昭和11年）。《臺東廳警務要覽》。臺東廳：中村印刷所，頁183。

表7-14　1935年（昭和10年）12月末日大南社蕃人隱匿銃器彈藥數量

支廳別	臺東支廳	
蕃社名	大南社	
銃器	村田步兵銃	0
	村田騎兵銃	0
	モーゼル銃	2
	スナイドル銃	0
	管打銃	5
	火繩銃	0
	レミントン銃	0
	模造村田銃	0
	元折銃	0
	銃	0
彈藥	計	7
前年末	銃器數	8
	彈藥數	0

資料來源：臺東廳警務課（昭和11年）。《臺東廳警務要覽》。臺東廳：中村印刷所，頁187。

表7-15　1935年（昭和10年度）12月末日大南社教育所兒童異動

支廳	臺東支廳			
教育所	大南社			
	入學	卒業	半途退學	死亡
男	11	0	0	0
女	15	0	0	0
計	26	0	0	0

資料來源：臺東廳警務課（昭和11年）。《臺東廳警務要覽》。臺東廳：中村印刷所，頁203。

表7-16　1935年（昭和10年）大南社人的耕作地

支廳	蕃社名	高砂族耕作地及農產物（昭和10年）			
		現耕作地面積		休耕地面積	
臺東支廳	大南社	田	畑	田	畑
		6.02甲	0.08甲	0	0

資料來源：臺東廳警務課（昭和11年）。《臺東廳警務要覽》。臺東廳：中
　　　　　村印刷所，頁221。

表7-17　1935年（昭和10年）大南社人的農產物收穫

支廳	蕃社名	年中收獲高						
臺東支廳	大南	水稻（石）	陸稻（石）	栗(石)	蕃薯（斤）	豆類（石）	里芋（斤）	雜穀類（石）
		286.31	193.00	49.60	80.000	6.00	10.000	0

資料來源：臺東廳警務課（昭和11年）。《臺東廳警務要覽》。臺東廳：中
　　　　　村印刷所，頁220。

表7-18　1935年（昭和10年）大南社交易所及交換所別交易額

支廳	交換所名	本年中		前年中	
		供給額	搬出額	供給額	搬出額
臺東支廳	大南交易所	物品	物品	2,983.30	4,202.09
		3,428.48	6,492.77		

資料來源：臺東廳警務課（昭和11年）。《臺東廳警務要覽》。臺東廳：中
　　　　　村印刷所，頁233。

　　1936年（昭和11年）3月1日，臺東支廳大南社，為求徹底發揮教
化功能，特制定「蕃社規約」共十七條，自即日起實施[43]。7月23日，

---

[43] 施添福等撰修（2001）。《臺東縣史大事篇》（上冊）。臺東市：臺
東縣政府，頁545。

臺東支廳大南社，在青年集會所召開「蕃社會議」，決議廢除平民必須向貴族繳納粟租、獵租、祭祀租等舊慣[44]。此外，亦逐漸改良縮短「小米收穫祭」日期[45]，從青年團報到、進住會所（活動中心）集訓、報佳音、婦女採籐、立秋千、買沙呼嚕（maisahulu）[46]、到收穫祭之完成，約七至十天，其間最後第二天開放，供外界參加。12 月 25 日，臺東支廳大南社一對男女青年，在大南神社[47]舉行結婚祠前結婚，此為大南社首例[48]。

　　1937 年（昭和 12 年）9 月 30 曰，拓務省中野警務課長，結束西部視察，經南迴道路抵達臺東。次日視察臺東開導所、大南社等處。12 月 3 日到 15 日，臺東廳在大南、噶媽、武陵、海端等處，初次試辦牛耕競

---

[44] 施添福等撰修（2001）。《臺東縣史大事篇》（上冊）。臺東市：臺東縣政府，頁 551；趙川明等編修（2001）。《臺東縣史：人物篇》。臺東市：臺東縣政府，頁 212。

[45] 根據蘇信夫（2005/04/16）的訪談紀錄，大南社的歲時祭儀有兩種：播種和小米收穫祭，臨時祭儀有祈雨祭、求晴祭、驅蟲祭、驅疫祭、平安祭、喪祭、打獵祭、獵頭祭、建屋祭、驅除凶死之祭，以及遷建會所、祖靈屋等祭祀十餘種。其中僅存而較著名的僅有小米收穫祭。傳統的小米收穫祭結合很多祭祀，時間長達一個月以上。

[46] 根據蘇信夫（2005/04/16）的訪談紀錄，「買沙呼嚕」（maisahulu）為部落中較具特色的民俗活動，是屬於女青年重要的訓練活動。參加的女青年必須帶花環、頭飾與鈴鐺，上山為族人小米田作最後的除草工作，且須絕食，目的在培養吃苦挨餓能力。黃昏下山回到部落時必須跑步繞行後，始可回家進餐。飯後再到女青年會用餐跳舞，這種活動是根據參加的女青年人數來決定進行天數。若有七人，則進行七天，且採輪流「換工」（第一天大家到 A 女家的小米田除草，第二天大家到 B 女家的小米田除草，依序輪作）方式進行，最後一天晚上再舉行盛大歡樂活動。近年來買沙呼嚕很少單獨舉行，大都安排穿插在收穫祭中。

[47] 根據蘇信夫（2005/04/16）的訪談紀錄，大南神社位於現今大南國小後面，蘇信夫且告知筆者對該次婚禮仍保有印象。

[48] 施添福等撰修（2001）。《臺東縣史大事篇》（上冊）。臺東市：臺東縣政府，頁 542；蘇信夫 2005 年 4 月 16 日訪談紀錄。

技會[49]。

表7-19　1936年（昭和11年1月）臺東支廳大南教育所資料

學級	擔任者			在籍兒童							日日出席兒童平均	日日缺席兒童平均	日日出席缺席兒童百人中出席比例	授業日數
	巡查	警手	囑託	寄宿或通學體性		第一學年	第二學年	第三學年	第四學年	計				
2	2	0	0	寄宿	男	0	0	0	0	0	0	0	0	23
					女	0	0	0	0	0	0	0	0	
				通學	男	11	0	13	0	24	21.69	2.31	90.38	
					女	15	0	11	0	26	25.04	0.96	96.31	

資料來源：臺東廳警務課（昭和11年）。《臺東廳警務要覽》。臺東廳：中村印刷所，頁194。

表7-20　1937年（昭和12年）大南駐在所警員資料

官階	姓名
巡查	西村憲治
巡查	古家良保
巡查	東田尚利
巡查	永吉忠夫

資料來源：鍾石若（1941）。《躍進東臺灣》。臺東廳：臺灣公論社東部支部，頁177。

1938 年（昭和 13 年）1 月 29 日，臺東廳在臺東小學的大講堂，舉

---

[49] 施添福（2001）。《臺東縣史大事篇：上冊》。臺東市：臺東縣政府，頁 581、587。

辦第六回高砂族國語演習會，大南社獲得兒童教育所與國語講習所甲部生的優良團體。12 月 10 日，臺東郡在大南社，舉辦高砂族牛耕競技會。該年，大南社被選為臺灣八大模範蕃社[50]。

1939 年（昭和 14 年）4 月 1 日，大南社被列為臺東廳「蕃地」實施瘧疾防遏方法的地域。10 月 22 日，臺東廳在臺東郡大南教育所，舉辦第二回「蕃地教育研究會」，為期三天。10 月 23 日，臺東廳在臺東郡大南教育所，召開「山地教育所教育研究會」，為期二天。11 月 1 日，內務省警察講習所教授兼內務事務官溝淵增己，訪問大南社[51]。

1940 年（昭和 15 年）5 月，臺東廳在臺東郡大南社，舉辦第二回「山地青年指導者講習會」，為期十四天，講習員五十名。課程包括：訓育、蕃社自治訓練、公民、修身、青年團經營法、青年修養、一般農業、經濟、體操、歌唱等[52]。

1941 年（昭和 16 年），臺東支廳大南社駐在所的巡查計有：西村憲治、古家良保、東田尚利、永吉忠夫四人[53]。4 月 28 日，古家良保過世。7 月 22 日，臺東廳在臺東郡大南社設置「高砂族青年道場」，以推動高砂族皇民化運動。該道場建築工程竣工，並舉行盛大落成式。7 月 23 日，臺東廳在臺東郡大南社新建高砂族青年道場，舉辦「青年團指導講習會」，為期五天，講習員二十三名。12 月 27 日，在臺東郡大南社高砂族青年鍊成所，舉辦「高砂族青年幹部鍊成會」，為期八天。主要課程包

---

[50] 施添福（2001）。《臺東縣史大事篇：上冊》。臺東市：臺東縣政府，頁 589、605；趙川明（2001）。《臺東縣史人物篇：古家良保（1905-1941）》。臺東市：臺東縣政府，頁 212。

[51] 施添福（2001）。《臺東縣史大事篇：上冊》。臺東市：臺東縣政府，頁 610、620。

[52] 施添福（2001）。《臺東縣史大事篇：上冊》。臺東市：臺東縣政府，頁 637。

[53] 鍾若石（1941）。《躍進東臺灣》。臺東廳：臺灣公論社東部支部，頁 177。

括：訓育、青年本務、執銃訓練，徒手、器具操法等。1942 年（昭和 17 年）1 月 25 日，臺東郡大南社在臺東劇場，舉辦第 10 回山地高砂族國語演習會，演習會以山地監督區為單位[54]。

由於比利良臨大南溪，地勢較低，常遭水患，古家良保於 1941 年（昭和 16 年）便計畫將部落遷至河對岸之東園，且親自測量規劃，並領導族人修築大南圳，以換工方式開闢水田，且於 1942 年（昭和 17 年）間完成遷村，即今卑南鄉東興村大南社區[55]。

1943 年（昭和 18 年）8 月，日本理蕃當局強迫今金峰鄉比魯、包盛、斗里等社排灣族人，組成「高砂族男女青年勤行報國隊」（又稱「荒蕪地開拓挺身隊」），前來開墾呂家溪左岸大南橋附近河川地，種植花生、玉米、大麥等作物，因而形成新聚落（今新園里）。戰後，該聚落因不在山地鄉，缺乏耕地、生活無著，孟田榮乃積極向縣府爭取，在大南近山處為其取得山地保留地[56]。

1945 年（民國 34 年），日本戰敗，臺東廳長離去前將廳內典籍檔案（包括清代遺存資料）燒毀，又是對歷史學術研究工作的一大傷害[57]。隨後，國民政府來臺接收，並規定臺灣人民必須回復原姓名，原住民必須參照中國姓名，不得含有日本色彩。孟田榮乃動員大南國校教師，與村中長老古明哲等人協調，依部落中原有六大氏族，分別以古、孟、王、

---

[54] 施添福（2001）。《臺東縣史大事篇：上冊》。臺東市：臺東縣政府，頁 649、652-653。

[55] 1969 年，中秋節臺東大南村發生嚴重火災，死亡三十六人，而改名為東興村；趙川明（2001）。《臺東縣史人物篇：古家良保（1905-1941）》。臺東市：臺東縣政府，頁 212。

[56] 趙川明（2001）。《臺東縣史人物篇：古家良保（1905-1941）》。臺東市：臺東縣政府，頁 214；謝繼昌，1966：2；蘇信夫（2005/04/16）訪談紀錄。

[57] 黃拓榮主修（1983）。《臺東縣志（一）：大事記》。臺北市：成文，頁 33。

林、陳、劉等六種中國姓氏為姓，原大南社附屬小社 Atdin 社排灣族人則以潘為姓，順利完成改姓工作[58]。同年，臺東大南社因遭颱風造成洪水沖毀部分民宅，部分族人遷移至大南溪南岸的蘇巴陽地區。

四、結　論

　　大南社搬遷到比利良（Ilila）可說是日本殖民政府勵行全臺灣的「山地原住民集團移住政策」的結果。該政策純就當時日本統治者希望能將位處偏遠山地的原住民部落遷移至平地或交通較為方便的山地有關，其用意就在於有效管轄這些原住民部落（鎮壓與同化方便），進一步充分掌控臺灣山地資源（如樟腦、木材等）。曾任警務局長的川崎卓吉就主張恩威並行手段，其中關於「恩」的部份，就是讓原住民從事農耕；讓原住民學童接受日本教育，學習實用的農工技藝；利用宗教來改變原住民傳統慣俗；提供原住民產品的交易中心，俾改善其生活；提供原住民醫療設備。前述之所有重心就在於徹底改變其傳統生活習慣，進而達到同化的最終目的[59]。

　　前述可陸續見於 1907 年（明治 40 年），臺東廳開始施行「蕃社特別行政制度」看出端倪。其方式是以各社原有的習慣為原則，在地方官（警察）的監督下，成立「蕃社役場」（鄉公所）。以各社頭目為首長，社中長老組成協議會，協助頭目處理社中事務。各地派出所每二個月舉行一次各社頭目例會，由該地警官主持。社內的一般教育、勸業及土木等機關，由該管地派出所兼理。「蕃社行政制度」使熟「蕃」各社成為

---

[58] 趙川明（2001）。《臺東縣史人物篇：古家良保（1905-1941）》。臺東市：臺東縣政府，頁 214。

[59] 川崎卓吉（大正 10 年）。〈理蕃策二就テ〉，《臺灣警察協會雜誌》。第 44 號，頁 7-12。

廳下一般行政的一部分，但警察在其中仍扮演主導的角色[60]。1907年（明治40年）起，更設置「撫蕃官吏駐在所」於各社內，推行撫育事務。接著，1908年（明治41年），臺灣總督府訂出「山地官吏駐在所教育蕃童標準」、「蕃童教育綱要」及「蕃童教育經費標準」等法令[61]，並將此「標準」和「綱要」通告管轄蕃地之各廳廳長，而確立蕃地教育制度。凡有獨立設備以教育蕃童者，稱為「甲種教育所」；凡只以蕃務官吏駐在所之一隅充作教育場所者，稱為「乙種教育所」。該年規定教育所的設置需由廳長向總督申請，其主要教育目的在逐漸培養原住民日本的風俗習慣。學校教材教具、通學生午餐及寄宿生膳費等，皆由官方供給。每班學生以四十人為準，每月上課約二十天，每天上課五小時，其中耕作、種藝、手工占一半以上的時間。日語教學只限片假名、簡易會話及讀寫。倫理教育為忠君、孝順、敬畏、家人有愛、朋友有信、辭讓、公德心等，並教敬禮、讓路、用餐、進出門、物品授受等方法。耕作種藝在改良原住民耕種法，有深耕、施肥、育種、接木、取木、產品加工、銷售管道等[62]。1911年（明治44年），臺灣總督府鼓勵各地組織各種社會教化團體，像「國語夜學會」、「國語普及會」、「國語練習會」、「國語講習所」，又有「家長會」、「青年會」、「婦女會」、「主婦會」、「青年團」、「少年團」、「同風會」、「同化會」、「同光會」、「庚申

---

[60] 臺灣總督府警務局編（1995，原著於1918）。《理蕃誌稿：第一卷》。臺北：南天，頁549-552。

[61] 臺灣總督府警務局編（1995，，原著於1918）。《理蕃誌稿：第一卷》。臺北：南天，頁589；許進發編（2004）。《臺灣重要歷史文件選編：1895-1945（第一冊）》。臺北縣：國史館，頁268-270。

[62] 臺灣總督府警務局編（1995，原著於1918）。《理蕃誌稿：第一卷》。臺北：南天，頁589；施添福等編修（2001）。《臺東縣史：大事篇（上冊）》。臺東市：臺東縣政府，頁247。另可參考臺東廳（大正4年1月20日）。〈臺東廳令第1號：番人公學校教授ノ程度及每週交受時數別表ノ通相定ム〉，《臺東廳報》。第57號，頁1。

會」、「振興會」等，各地所用名稱不太一樣，然其目的大致相間，及為促進日語的普及、兼及社會風俗的改良、衛生的改良等目的，此乃日本在統治初期，以公學校為中心，推行日語教育，然因公學校不多，入學者甚少，成效有限。故輔以各種的社會教育組織。當時，臺東社會教化團體計有青年團、女子青年團、青年訓練所、女子青年訓練所、家長會、婦人會、國語講習所、少年團等。此外，家長會、主婦會、青年會等在原住民各部落裡，合稱為振興會。其活動內容有生活之改善、部落之美化、農事之改良、注意衛生、整修道路、勵行納稅義務，並勵行皇民化運動，包括慶典時的神社參拜、尊敬日本國旗、使用日本語、神宮大麻之奉祀等，其活動中心為各部落之集會所。日本政府利用原有部落組織及警察之力量以推行之，頗見成效[63]。1915 年（大正 4 年），佐久間佐馬太總督的「理蕃五年計畫」結束後，丸井圭治郎在臺灣總督府的委託下提出「撫蕃意見書」，書中認為此後應採取「撫育」與「同化」同時並行政策來對待臺灣的先住民。所謂「撫育」重點在於授產、蕃品交換等，企圖以改善生活條件使先住民主動順服於日本人。「授產」即是在山地設立各種農業指導所，教導先住民各種養殖技能，內容包括水田耕作、甘蔗耕作、牧牛、養豬等專業以增加生產，改善其生活條件，以謀求生活的安定。通常，授產會伴隨著「高山原住民族集團移住政策」的進行。「高山原住民族集團移住政策」的表面理由在於為先住民尋找較有利的生活空間，實則蘊含有控制的方便性。所謂「同化」方面則是透過教育，特別是對於孩童的教育，從小學習日語，灌輸日本文化，學習日本生活方式，準備將先住民的孩童教導成為「日本人」。在實施上，應透過警察以軟硬兼施的手段進行。因此，蕃地的「派出所」不僅是一個警備機關，還是集教育所、衛生醫療所、蕃品交易所與懲罰裁判所功

---

63 李雄揮等編修（2001）。《臺東縣史：文教篇》。臺東市：臺東縣政府，頁 78。

能於一體的組織，使「蕃地」完全唯警察之命是從。隨後，安東貞美就任臺灣總督，廢除「蕃務本署」，將理「蕃」事務再歸於警察掌理，各地「蕃務官吏駐在所」改為「警察官吏駐在所[64]」，進一步落實了丸井圭治郎所提出「撫蕃意見書」的構想[65]。所以，大南社遷移至比利良之後，日方的勢力在短時間內可謂全然滲透整個部落，這點可由日方所建置的完整戶籍資料看出，自此，大南社人可謂全面落入日人的權力統治範疇。

---

[64] 同年，臺東廳所發布的《臺東廳報》便已將「大南番務官吏駐在所」改為「大南警察官吏駐在所」。詳臺東廳（大正 4 年 11 月 13 日），〈臺東廳告示第 41 號〉，《臺東廳報》。第 75 號。

[65] 該策略是高壓懷柔並行，一方面提供原住民各項醫療、交易與授產等獎勵措施，另一方面也以武力逐步強迫將高山原住民族遷移至警戒線內。1918 年（大正 7 年）之後，高山原住民族乃相繼提出歸順。詳藤井志津枝（1997）。《日治時期臺灣總督府理番政策》。臺北市：文英堂出版社，頁 269-274。

參考書目

一、中文部分

王志弘（1998）。《流動、空間與社會：1991-1997論文選》。臺北：田園城市。

王銘銘（2000）。《社會人類學》。臺北：五南書局。

石磊（1956）。《台灣土著血族型親屬制度：魯凱排灣卑南三族群的比較研究》。臺北：中央研究院民族所。

何維豪（1996）。《霧台鄉大事記》。自版。

李雄揮等編修（2001）。《臺東縣史：文教篇》。臺東市：臺東縣政府。

尚衡譯（1998），Michel Foucault 著。《性意識史，第一卷：導論》。臺北：桂冠圖書。

施添福（2001）。《臺東縣史大事篇：上冊》。臺東市：臺東縣政府。

夏黎明等撰（1999）。《臺灣地名辭書（卷三）：臺東縣》。臺中市：臺灣省文獻會。

移川子之藏（1935）。《高砂族系統所屬の研究（第一冊）》。臺北：臺北帝國大學土俗人類學研究室。

許光廷（2002）。《地方「權力／空間」的秩序──以大林鎮焚化爐抗爭事件為例》。嘉義：南華大學環境與藝術研究所碩士論文（未出版）。

許進發編（2004）。《臺灣重要歷史文件選編：1895-1945（第一冊）》。臺北縣：國史館。

陳志梧譯（1994），Paul Rabinow。〈空間、知識、權力──與米歇・傅寇對談〉，載於夏鑄九、王志宏編譯。《空間的文化形式與社會理論讀本》。臺北：明文書局出版。

筒井太郎編（昭和7年）。《東部臺灣案內》。臺東：東部臺灣協會。

黃拓榮主修（1983）。《臺東縣志（一）：大事記》。臺北市：成文。

鈴木作太郎（1932）。《臺灣的蕃族研究》。臺北：南天書局。

臺東庶務課編（昭和 4 年 10 月 10 日）。《臺東廳管內概況及事務概要
　　（二）》。臺北市：印刷工場。

臺東廳（大正 13 年 10 月 15 日）。〈臺東廳訓令第 17 號〉，《臺東廳
　　報》，第 468 號。

臺東廳（大正 4 年 11 月 13 日）。〈臺東廳告示第 41 號〉，《臺東廳報》，
　　第 75 號。

臺東廳（大正 4 年 1 月 20 日）。〈臺東廳令第 1 號：番人公學校教授ノ
　　程度及每週交受時數別表ノ通相定ム〉，《臺東廳報》第 57 號。

臺東廳庶務課編（昭和 10 年）。《臺東廳管內概況及事務概要（五）》。
　　臺東廳：中村活版社。

臺東廳庶務課編（昭和 10 年）。《臺東廳管內概況及事務概要（四）》。
　　臺東：中村活版社。

臺東廳庶務課編（昭和 3 年）。《臺東廳管內概況及事務概要（一）》。
　　臺北：印刷工廠。

臺東廳庶務課編（昭和 4 年）。《臺東廳管內概況及事務概要（二）》。
　　臺北市：印刷工場。

臺東廳庶務課編（昭和 8 年）。《臺東廳管內概況及事務概要（三）》。
　　臺東廳：中村活版社。

臺東廳警務課（昭和 11 年）。《臺東廳警務要覽》。臺東廳：中村印刷
　　所。

臺灣省文獻委員會（1996）。《臺東縣鄉土史料》。南投市：臺灣省文
　　獻委員會。

臺灣總督府警務局（1918）。《理蕃誌稿：第一卷》。臺北市：株式會
　　社臺灣日日新報社。

臺灣總督府警務局（1938）。《理蕃誌稿：第四卷》。臺北市：印刷工

場。

臺灣總督府警務局理蕃課編（1938）。《高砂族調查書：第五編》。臺
　　北：臺灣總督府警務局。

趙川明等編修（2001）。《臺東縣史：人物篇》。臺東市：臺東縣政府。

潘英海（1992）。〈文化的詮釋者——葛茲〉，載於《見證與詮釋：當代
　　人類學家》。臺北：正中。

鍾石若（1941）。《躍進東臺灣》。臺東廳：臺灣公論社東部支部。

藤井志津枝（1997）。《日治時期臺灣總督府理蕃政策》。臺北市：文
　　英堂。

蘇信夫，2005 年 4 月 16 日訪談紀錄。

二、外文部分

Clifford Geertz (1973), *The Interpretation of Cultures*, New York: Basic
　　Books.

Clifford Geertz (1983), *Local Knowledge: Further Essays in Interpretive
　　Anthropology*, New York :Basic Books, p.16. 轉引自王銘銘（2000）。
　　《社會人類學》。臺北：五南書局。

Clifford Geertz (1983), *Local Knowledge: Further Essays in Interpretive
　　Anthropology*, New York：Basic Books, p.167. 轉引自潘英海（1992）。
　　〈文化的詮釋者——葛茲〉，載於《見證與詮釋：當代人類學家》。
　　臺北：正中書局。

千千岩助太郎（1960）。《臺灣高砂族の住家》。東京：丸善株式會社。

川崎卓吉（大正 10 年 1 月 25 日）。〈理蕃策二就テ〉，《臺灣警察協
　　會雜誌》，第 44 號。

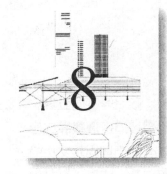

8 跨越焦慮之後—— 海外中國裝置藝術家的異域表述

鄒淑慧　元智大學藝術管理研究所副教授

摘　要

　　自有文字記載以來，人類就不斷因宗教、種族、政治等不同立場，陷入戰爭、殖民或疆土變化的浩劫，成千上萬的人們被迫選擇離開自己的家園。文化學者 Angelika Bammer 就曾經說過：「人們與出生文化的分開，無論是經由身體的移位（如逃難、移民或流亡），或是外來文化的殖民脅迫……可說是本世紀人類最常有的經驗之一。」（Bammer, 1994）中國在毛澤東去世和文革結束之後，進入鄧小平的門戶開放時代，1985年引爆的新潮美術運動掀起中國當代藝術的全新思潮，一些年輕藝術家的激進表現受到各方無情的攻擊和撻伐，不得已地選擇黯然離開祖國。本章以藝術史觀和文化角度，檢視在八五新潮美術運動之後，遠赴他國發展的兩位代表性藝術家黃永砅和徐冰在離鄉背井前後的創作脈絡。

Abstract

Since the written language was begun, human beings have constantly trapped into the calamity of war, decolonization, or territorial rearrangements due to different stances in religion, race, or politics. Millions of people have been compelled to leave their homeland. As Angelika Bammer has said, "the separation of people from their native culture either through physical dislocation (as refugees, immigrants, migrants, exiles or expatriates) or the colonizing imposition of a foreign culture.... is one of the most formative experiences of our century." (Bammer, 1994) China took a big step into the door-open era after Mao's death and the end of Cultural Revolution. New Wave movement of 1985 brought a completely new trend of thoughts for contemporary Chinese art. However, some young talented artists had received merciless criticism because of their radical actions and viewpoints. Many of them were forced to leave hometowns and China with heartbreak. The paper explores the historical and artistic contexts of two representative artists, Huang Yong Ping and Xu Bing, who have been in exile since 1980s.

一、前　言

　　中國當代藝術在 21 世紀的藝術舞台上大放異彩，從九〇年代以後，中國藝術家的作品活躍在國際各大展覽中，讓國際觀眾眼睛為之一亮，而近幾年來國際藝術拍賣會上，中國藝術家的畫價節節升高，來勢洶洶，躍然邁入往昔以歐美藝術家為主的藝術市場，爆發力十足。[1]綜觀而論，中國當代藝術的成就並非朝日一蹴既成，在歷經許多與社會環境、歷史傳統、官方體制的摩擦與衝撞之後，集體和個人的自覺意識與創作表達逐漸鋪陳當代中國藝術發展的跡貌，成就今日的現況。有愈來愈多用心鑽研的史學家與藝評人的投入，努力建構符合中國社會發展的藝術史觀、以及符合時代脈絡的解讀主體性，更有許多力爭上游的藝術創作者以傑出的個人語彙，盡情揮灑，共同形塑中國當代藝術的多元形貌。

　　西方藝壇在九〇年代以後大量關注中國當代藝術的動向，許多針對中國藝術家暨海外展覽的觀察和研究在外文刊物出版、數量上明顯逐年增多，使得當代中國藝術在國際舞台的聲名大噪，移居海外的中國藝術家也因此有更多的展出機會將作品呈現在西方觀眾面前。密集的海外出現和交流讓中國當代藝術的研究成為一門顯學，除了主題專書、藝術家專輯和展覽畫冊之外，也有不少有相當份量的西文期刊對中國當代藝術進行研究，甚至連知名政經期刊也偶有相關議題探討。[2]2003 年以前有純英文版的期刊網站 Chinese-art.com 專門探究當代中國藝術現象，現今最

---

[1] 蔡國強的作品《為 APEC 作的計畫》在 2007 年的香港佳士得秋季拍賣會上，以 7,424.75 萬港幣成交，劃下華人當代藝術的最高紀錄。
[2] 西文藝術期刊如 *Art Asia Pacific, ArtForum International, Yishu: Journal of Chinese Contemporary Art* 等；政經期刊如 *Asian Studies Review, Far Eastern Economic Review* 等。

完整的線上資料為香港的 Asia Art Archive，以多國語言呈現。澳洲雪梨大學教授姜苦樂（John Clark）近年來持續彙整有關現代和當代亞洲藝術的外文書目，從個別藝術家的數量來看，八〇年代陸續自我流放海外的藝術家明顯受到較多青睞。史丹佛大學學者林似竹（Britta Erickson）自1998 年起以當代華人藝術為專題，彙整超過一千五百位當代華人藝術家的出版書目。兩份書目彙整都顯示在八〇年代之後離開的中國藝術家當中，以蔡國強（東京和紐約）、陳箴（巴黎）、谷文達（紐約）、黃永砅（巴黎）、吳山專（德國）、顏培明（法國）、楊詰昌（巴黎和海德堡）、徐冰（紐約）等人的外文研究數量最多，[3]其中又以蔡國強、徐冰、黃永砅、谷文達被公認是西方各大展覽場上的四大天王。

當這些海外成名的中國藝術家在得到眾多矚目的同時，也必須經歷四面八方嚴格的檢驗，有來自西方的觀點認為「異國情調」的特質使得中國當代藝術家迅速竄紅；也有來自華人境內外的聲音表示，藝術家成功運用「中國牌」策略迎合西方觀眾的口味；當然也有從政治發展的角度觀察八九年的天安門事件改變了西方人對中國的看法；也有人認為是因為中國當代經濟結構的巨大變化，才會增加西方探究中國當代作品的好奇心，眾說紛紜，各據公理。礙於篇幅有限，在諸多羈留海外的中國藝術家群中，本章選擇兩位代表性人物黃永砅與徐冰做一探討。他們都出生在五〇年代的中國，曾在八〇年代的美術動盪下扮演重要角色，且均以裝置作品形式在國際場域受到重視，也都已在西方當代藝術史上有相當的定位，徐冰被《美國藝術》（*Art in America*）雜誌評為是 2004 年度十六位國際藝術界最受矚目的人物之一；黃永砅的創作則備受歐美主流重視，是當今最重要的觀念藝術家之一。筆者將先從藝術史觀和文化

---

[3] J. Clark 的書目收集至 2005 年的出版為止，完整清單可參見：http://www.arts.usyd.edu.au/departs/arthistory/documents/BIBFINAL2005.pdf。B. Erickson 的書目至 2003 年止，詳細清單參見：http://www.stanford.edu/dept/art/china。

角度回顧中國當代藝術在八〇年代以來，一路走過的歷史軌跡，再試圖檢視兩位藝術家在離鄉背井前後的創作脈絡。

二、紛擾時代的跡貌

多數的藝術史學者都認同中國當代藝術從 1979 年以後，分成四個階段發展，向藝術革新的時代邁進，依序為：(1)1979 至 1984 年非官方藝術的起步；(2)1985 年掀起的八五新潮美術運動；(3)1989 年的後八九美術運動新時代的開啟；(4)1994 年以後回向中國境內的新藝術時代。[4]每一個階段都有重要畫會的崛起、觸犯體制的衝突事件，或令人眼界大開的創作與展覽，引燃一波波似無休止的文化思潮。

■非官方藝術（1979-1984）

第一個階段（1979-1984）是從 1979 年鄧小平的門戶開放政策實施之後開始，西方思潮的源源湧入，衝擊藝術家急欲在長期的壓抑下，尋覓創作疏浚的新出口，積極尋求藝術觀念的突破與新作為。直到星星畫會的一連串事件開始，中國當代藝術的景觀從此徹底改變，藝術新紀元的序幕因此揭開。星星畫會是一個民間團體，由一群來自不同背景且非科班出身的專業和業餘藝術家組成，秉持對藝術創造的熱情和年輕冒險的衝勁之共通點，他們以集體行動揭竿起義，直接與官方體制對立，挑戰長久以來的毛澤東模式觀念：藝術必須為政治與為人民服務的理想典範。在如此窠臼的思維箝制下，任何其他形式的表現或章法都應被排拒，更遑論藝術的獨特性或個別性。

---

[4] 相關的歷史階段界定大同小異，如藝術史學者暨藝評人巫鴻（1994）、栗憲庭（1999）等均有相似的界定。

星星畫會成員在作品的表現上選擇全新的嘗試，跳脫符合政治理想性的寫實風格，轉向重視自我抒發的個人表現，甚至以強烈語彙批判社會政治現況。而在實質的行動上，因為種種的現實困境，他們決定挑戰官方空間的審查機制，直接選擇在北京中國美術館旁的小樹林展覽，名之為「星星露天美展」。此舉不僅讓一般民眾大開眼界，也激怒有關當局，悍然在開幕兩天後以公權力關閉該展，導致接續下來的遊行示威、座談和辯論等激情演出。意外地，這場史無前例的藝術抗爭引起各方的注目，包括外國媒體和政府單位，鄧小平在一次國家會議上公開聲明藝文政策的新主張：「在藝術創作上提倡不同形式和風格的自由發展；在藝術理論上提倡不同觀點和學派的自由討論。」（霍少霞，2007：27）星星畫會終於得以擺脫弱勢的邊緣地位，成功的在 1980 年進入北京的中國美術館正式展出。

　　在專制保守的創作氛圍下，星星畫會的旗鼓大張掀起中國藝術史的新頁，雖然前後只有三次展覽，但對之後中國當代藝術的發展卻是有目共睹。[5]藝評家栗憲庭認為，星星畫會里程碑式的開端首創中國現代藝術的兩大特點：(1)對現實政治文化的批判與觀照；(2)採用現實主義的象徵手法和語態。（栗憲庭，1994：60）星星藝術家從現實面出發，積極的付出行動和強調實驗精神的革新意識，開啟了中國當代藝術的第一道門，儘管沒有釀成全面性的風潮，但間接的影響之後的藝術家視野亦不容漠視。許多年輕藝術家紛紛自發組織藝術團體，進行各種知性的討論活動，提出個別的藝術主張，規劃大小美術展覽。總的來說，星星畫家追求反學院派的自由創作和另類展出的激進作為具有重要的象徵意義，也間接孕育了之後的美術運動。

　　諷刺的是，當年激進的星星畫會以拓荒精神成功啟迪中國現代藝術

---

[5] 第一次是在非官方空間的戶外展出；第二次因示威事件之後得到中國美術館副館長劉迅的同意，得以在北京北海公園的半官方空間畫舫齋展出；第三次則進入官方空間的中國美術館正式展出。

的新意識，但在 1980 年進入官方空間展出之後就逐漸銷聲匿跡，畫會的成員隨著留學與移民風氣的盛行，成為第一批開放政策以來遠走海外的藝術家，例如移居日本的黃銳、選擇法國的馬德升、前往德國的朱金石、以及在留學地羈留數年後回到中國發展的嚴力、毛栗子等人。大多數的藝術家仍以架上繪畫為主，少數探索裝置或行為藝術的有黃銳、艾未未、馬六明等。

■八五新潮美術運動（1985-1989）

第二階段（1985-1989）以八五運動揭開序幕，這是一個橫跨美術、文學、音樂、電影等不同創意工業的文化思想解放運動，美術界稱之為「八五美術新潮」。延續前一階段新舊交替，民間自由意識挑戰官方正統型態的思維，在接觸更多西方出版文物和複製作品的薰陶下，文化界人士，特別是甫出校園的年輕世代受到相當的鼓舞，齊心思索文化的深層價值。栗憲庭歸納這個運動在美術面向的幾個特點是：(1)藝術本體論的流向；(2)文化批判和重建意識的流向；(3)新的語言模式；(4)尋根熱。（栗憲庭，1994：60-62）明顯地，相較於星星畫會以行動抗爭，凸顯反對聲浪的象徵意義，卻缺乏實質的新論述，八五新潮美術則以比較具體的辯證，論述藝文界應如何把不斷衝擊國內的西方思潮整合和轉化，適切運用到中國的現實環境中。

例如，擺脫複製西方模式，直接向西方藝術挑戰，在新舊傳統之間找到平衡的新支點。毛氏模式的現實主義風格或許仍可延續，但抽離理想政治與社會標記，注入西方的理性思維，重建符合時代性的新文化理想。學院派重視的技巧與形式要擺在一邊，應借鏡西方不斷革新的前衛精神，以尋求變革的重生。留美評論家高名潞稱新潮美術以其強烈的社會性和文化功能意識，裹挾西方現代主義的表現形式狂飆中國藝壇。（高名潞，1994：49）這個文化思想的啟蒙運動在年輕藝術家擁護批判、排斥壓抑的心態下，形成風格強烈的美術語彙。架上的平面繪畫有從傳統

文化中重新詮釋的「新文人畫」、以人文出發彰顯西方價值的「理性繪畫」、關注生命體驗和存在意義的「生命之流繪畫」等。[6]而旗幟最為鮮明，直接凸顯批判精神（即達達派的反藝術精神）的則是觀念和行為藝術的創作表現，特別是恣意解構中國文字、去語言意涵神秘化的手法蔚為一股流行風，或似幽默，或看荒誕，但讓為數不少的藝術家找到解放束縛之後的創作快感，更因此聲名大噪，像是吳山專、谷文達、徐冰等人。

　　沒有創作者以實質作品呈現革新的決心，就沒有一個運動的形成，而沒有語言論述的表達，更不可能成就一波波影響深遠的文化思潮。八五新潮美術運動的熱衷人士從基本層面出發，進行各種檢討、辯論、宣言、講座等，在在都是要喚起創作者從八〇年代以來，沉溺在西方主義的迷陣中不可自拔的覺醒。在年輕世代大量咀嚼西方譯介的出版之後，一些激進的本土刊物也隨著時代潮流應運而生，參與這波思潮論戰，其中以《美術思潮》（武漢，1985-1987）和《中國美術報》（北京，1985-1989）最負盛名。兩份刊物皆以開放態度，探討中西美術的異同觀點，並均努力試圖以本土的批評和理論建構屬於中國的藝術史觀和方法學，可惜的是，終究不敵官方的壓制，嘎然終止。除此之外，新興藝術團體的林立和標榜彰顯現代藝術的展覽更是不計其數。高名潞歸納當時的展覽有三大傾向：(1)提倡理性精神的展覽；(2)強調西方直覺主義和神秘感的展覽；(3)和突破造形觀念的行為與裝置藝術。（高名潞，1994：49-53）

　　儘管八五新潮美術運動風起雲湧，帶動全面性的衝擊和影響，卻有很多人宣稱經歷八五美術新潮的人，在充滿理性熱情的背後卻有著焦慮的靈魂，高名潞也提出中國當代藝術受西方化的衝擊，因而產生「自我認識的危機」和「自我價值的失落與回歸」的兩種心態。（高名潞，1994：

---

[6] 這些特定名詞乃綜合中國境內學者論述的歸納。參見 Jochen Noth 等人（1994）編撰。《中國前衛藝術：文藝界的反潮流》。頁50-52、58-63等。

96-113）過度心急或亟欲求變的心態時而自相矛盾，時而擦槍走火，快速擴張表現樣式的結果可能落得空有西方藝術的形式，卻缺乏實質的獨創性；而不惜挑戰官方正統意識型態的結果就是落得展覽被迫關閉的事件時而所聞。[7]總之，八五美術新潮運動奠定中國當代藝術最重要的基礎。

■後八九美術運動（1989-　　）

1989 年是中國當代藝術發展具有相當意義的年代，紛擾不休的八五新潮美術終於在當年 2 月的官民共識下，在北京中國美術館舉辦大型展覽——「中國現代藝術展」，正式掀開第三階段（1989-1990s 中期）的序幕。當時參展藝術家和團體多是八五運動中的重要成員，作品呈現過去四、五年來被公認的較具代表性的重要作品，明顯強調批判的實驗形貌，第一代的裝置藝術家幾乎都羅列在內，如黃永砅、谷文達、吳山專、徐冰等。儘管展覽在開幕後幾個小時就因為藝術家的槍擊行為事件被勒令關閉，[8]但此展以高分貝方式向全世界宣示，中國藝術已不再全然附庸在西方美術的架構下，但高名潞仍不諱言，現代中國藝術應該被視為是靠攏在國際現代藝術旁的獨立發展。

另外一個衝擊事件正是舉世矚目的天安門事變，四個月前，一群充滿理想的藝術家才在歡慶新文化思潮已在中國生根的成果，立刻眼前面對的卻是暴力血腥的學生民主運動，這群熱血藝術家青年當然義不容辭立刻參與天安門廣場前的民主抗爭。像是經歷災難過後的悲劇英雄，許多藝術家，特別是剛出學校的新世代，在幾經震盪，理想破碎之後，以堅定的決心面對眼前當下的中國社會和政治現實，新的美術潮流因此也就波濤洶湧般地形成，學界公認以犬儒寫實和政治普普為兩大主流，通

---

[7] 例如 1987 年中國現代藝術研究會和新潮美術個別團體的交流展被迫流產。

[8] 開幕當天，藝術家拿起真手槍對著作品射擊，並稱「作品已死」，此舉震驚當局，因此展覽立刻被關閉，之後才再度開展。

稱「後八九藝術」。前者以「自嘲、痞氣、玩世和無所謂的態度去描繪自己及其周圍，熟視、無聊、偶然乃至荒唐的生活片斷」；後者借「調侃、幽默的方式消除中國最具影響力的政治形象和政治事件。」（栗憲庭，1994：62）。嘲弄當代中國社會現象的作品本是藝術家在陣痛後的自覺，卻因此引起東、西方國家的廣泛注意，開始熱烈邀請中國藝術家赴海外展出，中國當代藝術就此更進一步貼近國際舞台，甚至在 21 世紀的藝術市場成為收藏家的新歡。重要的是，眼界大開的藝術家感染海外創作環境的多元與自由，相較中國仍有政治敏感性的顧忌，於 1989 年以後再度形成另一波藝術家新出走潮，比如蔡國強、黃永砅等。[9]

走過前一個十年，中國藝術發展的歷史軌跡可說是熱鬧滾滾，第四個階段（1990s 中期以後）反倒在喧擾之後，走入一個潛沉的自省時代。光有橫衝直撞的前衛精神已經不足夠，如何隨著九〇年代中國社會和經濟結構的巨大轉變，關注中國當代文化的現實，同時兼併全球脈絡的視角，成為大家共同努力的新目標。西方已不再對中國的作品陌生，如何走出複製歐美藝術觀念和形式的陰影，找到適合當代文化的語言和系統，表述自己的創作觀念，昂首與西方並列世界藝壇，而非過去的靠攏一旁。栗憲庭歸納九〇年代中期以後，中國當代藝術的多元景觀包含幾個主要的新傾向：(1)強調物質的空間或材料等純粹性試驗（追求藝術的純粹性）；(2)重視環境與藝術構成的關聯；(3)行為藝術、豔俗藝術、以及新媒體藝術等的產生。（栗憲庭，1999：227-243）

九〇年代中期以後，部分早期滯居海外的留學生回到中國加入行列，藝術創作的表現不論是觀念、風格或內涵都更加豐闊與多元，除八〇年代中期開始的行為、觀念、裝置藝術依然盛行之外，錄像、新媒體等新媒材成為藝術家探索創作新境的嘗試。另一方面，由於有愈來愈多

---

[9] 事實上，天安門事變期間有兩位藝術家因畫了被鎮壓受難者的畫像受到公安部門的「關切」，許多人借各種機會出走海外，留在國內者也儘量低調過著隱匿生活。

對中國當代藝術的外文研究出版，國內史評學者憂心西方學者對中國當代藝術特定的脈絡有所誤解，因此開始與海外中國籍學者一起進行主體性建構的工作，一方面積極為中國藝術家在西方舉辦大小聯展，另一方面也以外文撰述，評析中國當代作品，一心為中國當代藝術提出重新解讀和定位歷史的主要論述。芝加哥大學教授巫鴻就大聲疾呼中國當代藝術不應按照現成的西方模式去理解，而應從縱向的歷史關係和橫向的社會聯繫來剖析。（巫鴻，2002）

　　這個階段的高潮從 1993 年第四十五屆威尼斯雙年展開啟，當時共有十四位中國藝術家參展，中國與西方的藝術對話在國際展覽的光環包圍下亮麗展開。在九〇年代中國政府積極開放經濟政策的同時，現身海外重要展覽更成為許多中國藝術家夢寐以求的目標，擁抱世界主義的心態蔚為風潮，藝術家穿梭世界各國雙年展成為常態。歐、美、亞等地更不時有大大小小來自中國或流放海外的藝術家展覽，特別是一些有研究能力的大學展覽空間，在展覽和畫冊文字雙重的強力傳播下，中國當代藝術家名氣大增。1999 年第四十八屆的威尼斯雙年展，高達二十位中國藝術家被邀約在列，是各國參展人數最多的國家（占五分之一強），此事雖曾引起西方藝壇不小的討論和爭議，但可說是中國當代藝術的發展在世紀末前達到最高點的時刻。

三、跨越焦慮之後

　　回頭看上個世紀中國當代藝術走過的十幾年軌跡，從星星畫會的戰鬥前鋒、八五的革新思潮、九〇年代的擁抱國際，不論是當局者或旁觀者都能感受到中國的急速變遷。狂風巨浪的消費社會、逐漸消逝的文化傳統、飄忽不定的精神價值、紛擾不安的社會變化，這個改變中的國家充滿著許多新的魅力，卻也累積著不少焦慮與不安。激情過後的冷卻，

希望泯滅後的失落，混沌之後依舊不清不明，不少參與過這個最重要年代的藝術尖兵，原本可在中國藝壇大有可為，卻紛紛選擇相似的路線，只要一有可能或有任何機會就決定飄洋過海，遠離依然充滿變數與不確定性的紛亂中國，自我流放到海外異鄉，找尋比較安定的生活環境與自由開放的創作場域。[10]有人因各種因素失去創造衝力，無法與西方對手競爭而逐漸消失匿跡；也有人依舊以旺盛的企圖心和傑出的表現走紅國際。

　　事實上，九〇年代末前後有為數不少的中、外研究，分析中國當代藝術家在海外迅速成名的現象。眾說紛紜，從巨觀論者，分析中國經濟體制的改革成功與全球政治權力地圖的重組，使得全世界對中國的每一個動靜都不敢忽視。而後現代的轉向，當代藝術從中心逐漸走向邊緣的發展，亦是中國這個曾經充滿神秘的文化黑洞迅速成為焦點的因素之一；從微觀論者，探討藝術家創作策略與策展機構操作手法的論述大有人在，從寄居異鄉的尋求身分認同、迎合西方口味的異國情調、到擁抱全球議題的應變睿智在在都有。究竟仍是八五新潮美術之後的原生文化延續？還是在自由西方再生體驗後的重新爆發？以下將就流放海外十多年但創作能量依然豐盛的黃永砅和徐冰做一討論。

(一)藝術占卜者── 黃永砅

　　今年 3 月甫在大陸展出大型個人回顧展的黃永砅是當今流放海外的中國藝術家中極為卓越的一位，多次受邀威尼斯雙年展和歐美各大重要展覽。在八〇年代的思潮運動中，他扮演著激進叛逆的角色，甚至揚言要在早已喧擾的中國美術環境裡製造和參與更多的混亂，[11]1989 年巴黎

---

[10] 八〇年代以後陸續出走中國的藝術家，落居世界各大洲，其中以歐、美兩洲為數最多。

[11] 全文可見黃永砅在 1986 年 9 月發表的〈廈門達達── 一種後現代〉，該文為他所創設的「廈門達達」藝術團體的宣言。

龐畢度中心策劃以第三世界藝術家為主的大型展覽「大地魔術師」（Magiciens de la Terre），中國代表藝術家黃永砅、顧德新和楊詰昌博得廣大的注意，黃永砅從此留居巴黎，全面展開新移民的流放生涯。去國將近二十年，以純熟風格和流亡背景在西方藝壇備受肯定，以西方主流藝術家為主的當代藝術史出版品中，時常可見對黃永砅及其作品的討論。

出國以前的黃永砅以杜象（Marcel Duchamp, 1887-1968）的反逆精神和波伊斯（Joseph Beuys, 1921-1986）的行為藝術帶領藝術團體「廈門達達」，挑戰正統的美學思想和藝術實踐。八〇年代初期大量閱讀西方思想書籍的影響下，從中西文化的關聯與衝突找到創作的動力，以極盡嘲諷的態勢表達存在中的荒謬現象，特別是文化和知識的虛無主義。1987年奠定聲名的洗衣機攪拌作品，把各具文化代表性的《中國繪畫史》和《現代繪畫簡史》[12]兩本書放在洗衣機裡洗了兩分鐘後，攪拌過後的濕紙漿猶若不可閱讀的垃圾，放置在紙箱上的碎玻璃展出，在當時因西方文化大量湧入中國，造成傳統與現代文化之間的混亂現象，黃永砅認為文化的基本概念不斷被弄髒，因此需要不斷清洗和曬乾。（維赫涅、鄭道煉編，2008：8）這件作品從行為、過程、到結果既簡單又富饒意境，猶若當頭棒喝，引人深思，此作也因此一再重製展覽和被討論。黃永砅早期曾表示自己的創作是以西方維根斯坦的哲學論和東方的禪學融合為一。（李陀，1994：19）高名潞解讀其藝術本體觀念是對「方法即本體」和「語言即一切」的反動，（高名潞，1994：52）也就是黃永砅認為長久以來壓迫人類，具有權威性的語言不過是一堆文本垃圾而已，因此他起而反動，不願被思想、文化或歷史的垃圾壓制。[13]他常用的策略之一就

---

[12] 《中國繪畫史》為中國著名美術史論家王伯敏所著；《現代繪畫簡史》為英籍學者 Herbert Read 所撰的中譯書。

[13] 有關此觀念的詳述可參見黃永砅的文章〈完全空的能指——「達達」與「禪宗」〉。收錄於費大為主編（2007）。《八五新潮檔案 II》。上海：上海人民出版社。

是從根本的文化出發,藉製造衝突或矛盾的視覺語境,把觀者帶入一個省思的境界,像前述作品就暗示著中西文化或傳統與現代若融合在一起就一定更進步?或會更好?

長久以來,黃永砯總是仔細地記錄自己的創作構想,包括從靈感產生到展出的完整過程,有書寫文字、草圖、照片等,這些重要的手稿對理解和研究黃永砯的創作脈絡相當重要。在 1989 年的「大地魔術師」展覽畫冊上,黃永砯對「什麼是藝術」做了如下敘述:

> 「……以前我不知道該做什麼才和藝術有關,現在我卻不知道該做什麼才能和藝術無關。」(Magiciens de la Terre, 1989: 153)

這麼簡單幾句話或許透露一些他的基本創作觀。從其中一個層面來看,他用略帶不屑的態度看待藝術創造本身,他認為藝術本來就不那麼重要,對講求技巧風格和強調自我表現的藝術嗤之以鼻,對藝術與生活連結的老調更是全力反對,因此在動盪不安的八〇年代,文化、哲學、社會、政治等面向是他洞察中國的最佳素材。從另一個層面來看,他似乎又有相當的自信態度,對個人藝術創造的縱橫向度掌控自如。無獨有偶的巧合,從巴黎的「大地魔術師」之名到今年北京的「占卜者之屋」個人回顧展,將近二十年的創作生涯是黃永砯的高峰期,大量作品中一再呈現的神秘性、表演性、不可預測性、偶發性、變化性、非邏輯性、穿透性等特質,在魔術師、占卜者、藝術家三種糾纏不清的角色中交雜顯現,其中又以東方占卜師具有洞悉過去、現在、未來的能力,卻不可掌控結果的身分特別明顯。[14]儘管去國多年,東方文化背景在新移居的異

---

[14] 黃永砯在回顧展畫冊以「占卜者」為名,載錄 1992 至 2003 年事紀,他寫道:「透過一次占卜我便得到一個兆象,這就是我製作一件作品的原因,透過一次製作我便獲取一件作品,這就是我製作一件作品的結果,這兩個過程是一樣的,都是對未行動之前存在著許多可能性這一幻想的取消:占卜即是作品本身。那我所依據的那個東西——占卜的底本,

域裡似乎仍然難以切割。

　　研究中國當代藝術的費大為認為，黃永砅主張藝術應該被徹底解放，所以用發散性的思維避開自己的創作被「自我風格」定型，創造應在不可預測或不可控制的過程中發生，偶發概念創造矛盾關係，增加變化的可能性，因此在流放海外以前的作品呈現多種不同，甚至互不關聯的方向，但仍或多或少浸透著中國哲學（如禪宗、道家）的智慧。（費大為，2008：9-10）這種開拓性的批判和抵抗精神仍然延續在走出中國之後，因時因地制宜，轉換觀察問題的視角。「占卜者之屋」策劃機構的沃克藝術中心（Walker Art Center, Minnesota）館長 Kathy Halbreich 讚揚黃永砅的每一個藝術計畫都是「有意識地植根於一個特定的時間、地點、歷史、背景環境，並為其所特有。」（維赫涅、鄭道煉編，2008：7）這是裝置藝術的基本特質，亦說明了黃永砅在走出中國以後的創作屬性與方向。他在海外的創作脈絡仍然堅持提問本質，表達對當下存在環境的見證，觀者在其強烈觀念的誘發下，無法避免被引入當中，思考藝術家欲批判的問題或探究的真理。例如 1993 年在德國展出的裝置作品《世界劇場》，在密閉的龜形空間內，置入兇惡的爬蟲動物如蠍子、蟾蜍、小蛇、蜘蛛、蟑螂等，任其在有限的空間內自相殘殺。在跨越西方的界線內，黃永砅引導觀者親眼目睹文化交鋒與衝突產生的殘酷事實，物競天擇，適者生存的社會法則，與藝術世界裡西方文化霸權的惡勢力當道的現象，有何不同呢？

　　黃永砅的創作從國內到國外似乎都對「揭示差異」表達高度興趣，包括文化、政治、歷史、宗教、體制、人與自然、身分認同等現象的差異性，這些問題可以完全超越地區的侷限，體現藝術家對當下世界現象或全球議題的質問。從中國到西方，展覽計畫一次次因種種原因被迫取

一定不是我們自己創造的，在之前就存在著，它不涉及創造的概念，它是被給予，它使我們能夠在當代藝術的所謂『創造性』概念的陷阱中脫身而出。」（維赫涅、鄭道煉編，2008：93）

消，但不受控制和邁向不可知目標正是他持續迸出佳作的最大動力。儘管以「他者」身分在新的文化背景下生存，難免要面對西方以「異國情調」的目光檢視其藝術作為，甚至被誤解這是中國藝術家在海外成名的固有策略，黃永砅毫不避諱使用東方文化元素作為作品意涵的指涉。從易經、道家、孫子兵法的思想，到中藥、米飯、卜卦、瓷碗、葫蘆、中式墓穴等中國文物的挪用，指陳的或是普遍存在的人蛇偷渡和移民事件、或是美術館操縱藝術家的權力宰制、或是新殖民主義的經濟神話等跨時空和地域的全球性問題。留法多年的華人學者侯瀚如認為，黃永砅「把抵制視為解決現實問題的核心對策……利用自己文化中現有的資源，來鞏固自己的立場，並影響他人的立場。他系統地利用中國文化傳統來面對西方社會的日常現實，由此衍生出新的自我，進而對社會語境的再造施加影響。」（侯瀚如，2008：17）堅持質疑的態度，挑戰體制的問題，黃永砅用積極的反思和批判行動，穿越西方主流的邊緣位置直闖核心地帶，又豈是一個「東方情調」或「打中國牌」的因素就可以涵蓋他在揭示表象背後的深刻意念？

(二)造字魔法師——徐冰

　　相較於黃永砅強力追求作品內涵上的複雜性，及在創作與論述同時並行的積極作為，另一位在八〇年代中國也是風雲人物的徐冰則顯出截然不同的調性。畢業於北京中央美術學院版畫系的徐冰是一位嚴肅的思考者，對卡繆（Albert Camus, 1913-1960）、尼采（Friedrich Nietzsche, 1844-1900）、柏格森（Henri Bergson, 1859-1941）等西方哲學觀念大感興趣，並能得心應手將之與東方哲學融合在創作中。在中國曾是受到當權者喜愛的藝術家，但在游移體制和挑釁法統的界線後，也在受到譴責和灰心之餘，從 1990 年起旅居美國，次年就在威斯康辛州的艾爾維傑美術館（Elvehjem Museum of Art, Madison）舉辦首次海外個展，自此以後，

以其深具個人特質的藝術方法論成為流放海外的指標性中國藝術家之一。在國內的徐冰曾在八五新潮美術運動時，造成「徐冰現象」的熱烈討論，移居海外期間，曾於 1999 年榮獲美國文化界最高榮譽的麥克阿瑟天才獎（MacArthur Award），而美國哥倫比亞大學（Columbia University, NYC）在 2008 年春季開設一門研究所課程叫做「徐冰學」（The Art of Xu Bing）[15]，可見他在西方藝壇的重要性。

　　徐冰的作品一直都是以文字為基礎架構的裝置藝術，受到版畫訓練的影響，對於當代藝術重視的「複數性」觀念十分著迷，並以此概念出發，延伸到之後的每一件作品表現上。1988 年在中國展出作品《析世鑒——世紀末卷》（在西方展出後改稱為《天書》）開始引起眾多注目，中央美院尹吉男教授認為，此作是中國新潮美術最重要的作品之一。（尹吉男，1990：7）陳為和則稱這件作品創造的表象符號，是中國新潮藝術的轉捩點。（陳為和，1988）此作涉及重複策略操作、解構變形中國字，將日常生活使用最頻繁的四千多個字加以變造，徐冰花了四年時間，以木刻傳統技巧刻印在三種中國文本形式：線裝書、長卷軸、單頁紙，或是放在地上，或是以大圓弧度懸吊在天花板，或是黏貼在展場牆面上，運用整個展場空間造就氣勢磅礡的宏大架勢，成為西方認識中國當代藝術必然巡禮的代表作之一。徐冰透過自己創造的假字，探究中國表義文字在形式、語意、象徵上的力量，不僅顛覆傳統文化的典範，更創造一個本質複雜、觀念強烈的虛幻世界。

　　同樣是彰顯對特定社會的文化批判，也都使用中國文字作為表述的媒介，黃永砅顛覆性的手法非常直接、尖銳，近乎暴力的大動作常讓人產生驚愕之感（例如以洗書系列），徐冰卻選擇優雅含蓄的形式，創造

---

[15] 此門課程（AHIS G8120）由 R. Harrist 教授開設，主要研究徐冰的藝術創作，並邀請不同藝評人解析徐冰作品，學生也將參觀徐冰位於紐約的工作室。詳細課程內容可參照哥大官方網站：
http://www.columbia.edu/cu/arthistory/html/dept_courses_s_2008.html。

一個有濃濃文人味如天上人間的靜謐氛圍，但作品意涵的模糊性和爭議性卻使得《天書》成為一個人人都想去一探究竟的神話。十多年來，東、西方藝術圈從各個角度不斷探討，神話之謎縱使無解，卻仍依舊深深吸引著無數新、舊觀眾。可以確定的是，徐冰如同其他中國前衛藝術家一樣，用大眾熟悉的元素（文字、書本等）去質疑中國社會想當然爾的現象，鬆動長久以來既定的認知。文化大革命之後，中國政府以簡字取代繁體的政治操弄，建構人類知識的神聖文字被轉變為替有關當局操控老百姓思想的政治工具，所以他解構傳統繁體字，故意創造一種無法閱讀的新字，這些看起來複雜、無意義、沒有被授權的假字，與中國政府簡化、有意義、高度被授權過的新字形成鮮明對比。徐冰刻意顛覆文字本為溝通目的的功能，質疑威權者的瞞騙手段，他曾說道：

「文化什麼都不是，不過是人類玩了幾千年的一個遊戲，這個遊戲讓人陷入一種精疲力竭的狀態。一般來說人們只需要一個簡單的模式或是一套具體結果來實踐文明的觀念。文化當然是件好事，但卻是騙人的。」（Doran, 1993: 194）

透過這件表象優雅內涵卻犀利的裝置作品，徐冰揭露語言文字在當代中國充滿荒謬性，不過提供觀者一種空幻無意義的沉思而已。

這樣直接對官方主義提出尖銳批判的作品當然受到嚴厲指責，中國藝評家楊成寅痛批徐冰將自己陷在鬼打牆的迷陣中，這件作品違反藝術和社會律法，把中國新潮藝術推向一個荒謬的死路（楊成寅，1990：5）。然而對經歷過大風大浪的中國知識分子而言，危機就是轉機，負面批評反倒給予徐冰新的創作靈感，在名之為《鬼打牆》的拓印作品裡，再次以龐大製作工程指涉文化的無意義性和人力的徒勞無益，也因此讓徐冰更加無法立足於國內，轉而向西方發展更開闊的藝術成就。在內涵上，《天書》與歷史久遠的東方文化有關，但在形式上，卻呈現全然的西方美學觀。文字詩情建構的優美意境，巨大規模形成的視覺衝擊，創造一

種讓人難以抗拒的魅力，東方情調的知性美使每一個走進作品內的人，都可以很容易感受到被文字包圍的特殊氛圍。數以千計有條有理的白紙黑字構成一種樸實的次序性，這種形式的美感使整件作品像是喚起神聖儀式的祭壇，但最神秘的部分卻是與觀眾從身體面和心理面交遇的弔詭過程。對懂中文的觀眾而言，徐冰技巧操作和解構後的重製，造成形式結構的多重可能性，看起來很真實的假字會讓他們很難擋抗拒，試圖閱讀其實根本無法理解的書寫，觀眾預期心理從期待到失望的過程使他們瞭解：我們看到的事物常常被我們想要或期待看到的所蒙蔽，使之難以理解。相對地，對不懂中文的觀眾而言，面對如此巨大陳列的書寫文字卻被拒於門外，勢必會有焦慮不安或悶悶不樂的苦惱情緒。簡單來說，徐冰企圖挑戰觀者的期待，引發其反應和情感。他用一樣的方式看待所有觀眾，任何真正的閱讀都是不可能的，因為語言本身就是一個謎，它能夠欺騙或愚弄觀眾，就好像中國政府操弄文字，扭曲其真正的意義是一樣的。

徐冰很睿智地運用西方人熟悉的杜象觀念和達達手法，以文字作媒介，展現諷刺和荒謬的現實，在另一方面又巧妙地向世界展演著觀眾心理學的心智遊戲，顯露中國的歷史文化及其意義，這個藝術方法論成為徐冰在流放海外之後持續的操作策略，儘管因地制宜，配合展出地點，將中國假字換成英文、日文等其他語言，但觀者一樣地被他引導進入一個讓人產生懷疑的空間，嘗試去思考作品的意涵究竟為何，例如《新英文輸入法入門》（1995-1998），用中國文字的方塊架構書寫英文假字，挑戰西方人對熟悉語言被改造和融合異文化之後的震撼，並直接邀請觀者拿起毛筆進行自我書寫的文字遊戲。除此之外，以活生物進行更強烈視覺語彙的作法亦引起正反評價的騷動，如《文化動物》，或稱為《一個轉換案例的研究》（*A Case Study of Transference*, 1994）的豬隻交配表演；《在美國養蠶系列》（1995）和《開幕式》（1998）用吐絲作繭的蠶進行活靈活現的偶發過程等，高名潞解釋徐冰設置了一個陷阱，從人

與動物的關係衍生中西文化兩個平行世界的行為錯位。（高名潞，2003：32-42）

千禧年之後，徐冰的創作方向依舊保持東方元素的感知情境，甚至高張「藝術為人民服務」的新理念，實踐他世界同文的個人埋想，舊作《天書》從中國經驗出發，明的看是拒絕被觀眾閱讀和理解的假字世界，暗的卻是想留給觀者自由解讀的開放天地。新作《地書》（2007）從無國界視角切入，開發一套連文盲都看得懂的「文字」系統，以日常生活常見的圖示取代艱澀無解的假漢字。徐冰解釋兩本書的異同：

> 「這兩本書有共同之處：不管你講什麼語言，也不管你是否受過教育，它們平等地對待世界上的每個人。《天書》表達了我對現存文字的遺憾。而《地書》則表達了我一直在尋找的普天同文的理想。」（何曉鵬，2008）

這麼一個充滿浪漫理想的藝術家在海外屢創高峰的成就少有華人能相比，2001 年美國史密森國家博物館群的薩克勒美術館（Arthur M. Sackler Gallery）為他舉辦大型個人展，直到 2004 年才以「煙草計畫」舉辦首次還鄉個展。在去國十八年之後，徐冰於 2008 年返回中國，擔任母校中央美院副院長一職，因為他認為中國比美國的舞台更大，獲取的營養也會更多。[16]

四、結　語

自有文字記載以來，人類就不斷因宗教、種族、政治等不同立場，

---

[16] 參見堯小鋒（2008）。〈訪中央美院副院長徐冰：中國比美國的舞臺更大〉，今日藝術網（2008/2/14），http://www.artnow.com.cn。

陷入戰爭、殖民或疆土變化的浩劫，成千上萬的人們被迫選擇離開自己的家園。文化學者 Angelika Bammer 就曾經說過：

> 「人們與出生文化的分開，無論是經由身體的移位（如逃難、移民或流亡），或是外來文化的殖民脅迫⋯⋯可說是本世紀人類最常有的經驗之一。」（Bammer, 1994）

當代中國在八〇年代以後經歷舉世注目的文化思想運動和天安門血腥事件，知識分子或文化菁英走出中國的趨勢明顯增加。遠走他鄉的當代中國藝術家在出走之前處在文化和政治的前哨，受集體意識型態的左右，大都走過相同的心路歷程：大量吸收和消化湧入的西方思想、堅持表現實驗精神的藝術理念、不惜挑戰官方意識的對抗精神、測試藝術創作自由的極限，以及積極尋找自我的定位。他們在令人焦慮的紛擾時代，從傳統和創新之間找到連接點，以自己的感受和經驗出發，用政治和文化批判的內涵為主軸，大膽揭示當代中國社會的種種現實問題。他們不僅為中國當代藝術開創一個新境，也揭開共產主義統治下的中國神秘面紗，引領來自世界各地的關注目光。

出走紛亂中國，安居西方異域成為許多海外成名中國藝術家的行進模式，而如果說西方藝壇是一個當代藝術的主要競技場，徐冰和黃永砅絕對是衝出突圍、征服敵手的佼佼者。他們都受到西方藝術觀念的影響，頂著實驗精神在自由世界找尋個人的創作理想，從不同的視角探索藝術的多元性。他們也都不避諱用自己的文化溯源作為創作的根本，將自我記憶、經驗與異國文化連結，游移在過去與現在之間，從文化身分認同出發，吸收異國文化的養分，以世界公民的新角色在第二故鄉延續創作能量。觀念的革新、作品的突破、內涵的深刻似乎都變成其次，更重要的是如何擴張藝術的原本功能，將過去強調的區域性批判轉化成更有意義的全球性關切。九〇年代起曾有不少質疑浪聲，這些海外明星級的藝術家能否在競爭激烈的西方主流場域中長長久久？這些高舉知識分子之

旗的學者型藝術家是否很快就被西方藝術的滾滾浪潮吞噬？事實證明他們之所以能在西方世界從邊緣位置走到核心地帶，並不是「東方情調」的發酵作用，也不是「作品不驚人死不休」的短暫驚奇效果，他們多能認清自己身為藝術創作者的多重身分和功能，在身體實質流放的同時，尋求創作心靈意識的解放，即使在創作中不斷表達原生祖國的文化意識和象徵符號，卻是不折不扣反映全球性的藝術語言。

高名潞就曾直言：「假如中國沒有根據自己的文化得到整合的藝術統一性，中國前衛可能從來不曾加入當代國際藝術的主流。」（Chan, 1992）用自己文化的根源創作何罪之有？在台灣的現代藝術運動中，以畫作和論述實踐傳承與創新觀念最具體成果，扮演舉足輕重角色的劉國松大師曾在筆者參與的一次訪談中提到西方思潮對東方藝術發展的影響，他認為當中國的文化根源遇上西方的文化衝擊，正如同數學座標的縱軸與橫軸的交集，如果當局者將自己放在兩軸的交叉位置點，就如同築牢自縛，成為被禁錮的「迷失的一代」。反之，當西方的文化衝擊東方的根源時，當局者能從交會點出擊，向外延伸到含有四個向量的座標面，則自然形成一片可以無限發展的空間向度。深諳中國當代藝術的西方學者林似竹也在 2002 年為文提出：

> 「到 2000 年，中國藝術在國際藝壇已站穩了腳跟，學者、評論家、策展人和收藏家開始把它視為世界藝壇的一部分，而不是將它繼續作為異國情調欣賞。」（林似竹，2002）

徐冰和黃永砅（以及少數已成名的海外中國藝術家）在西方國度從邊緣地帶逐漸移向中心位置，如果只是因為原生文化的加持，或為迎巧地而運用東方元素成名，那極有可能僅留下短暫的閃耀光芒，再度回到邊緣，事實證明，以他們在當前西方主流藝術占據的位置，他們的闖蕩成功絕對可以成為仍在努力中的大多數華人藝術家的最佳標竿。

參考書目

一、中文部分

尹吉男（1990）。《徐冰版畫展》。台北：龍門畫廊。

何曉鵬（2008）。〈又見徐冰：從「天書」到「地書」〉，《中國新聞週刊》第八期。北京：中國新聞社。

巫鴻（2002）。〈「首屆廣州當代藝術三年展」的框架與設想〉，《美術館》第 2 期。澳門：澳門出版社。

巫鴻（2002）。〈導論：中國實驗藝術十年：1990-2000〉，《重新解讀：中國實驗藝術十年（1990-2000）》。澳門出版社。

李陀等編（1994）。《中國前衛藝術：文藝界的反潮流》。香港：牛津大學。

易英（1999）。〈中國當代社會結構的變化與中國當代藝術〉，《傾向：文學人文季刊》第 12 期，頁 87-96，台北：傾向雜誌社。

林似竹（2002）。〈西方對 90 年代中國大陸實驗藝術的接受〉，《廣州藝術三年展》。廣東省：廣東美術館。

侯瀚如（2008）。〈變化才是規則〉，《占卜者之屋：黃永砅回顧展》。北京：世紀出版集團；上海：上海人民出版社，頁 12-22。

栗憲庭（1994）。〈思潮迭起的中國現代藝術〉，《中國前衛藝術：文藝界的反潮流》。香港：牛津大學，頁 58-63。

栗憲庭（1999）。〈九十年代中期以來中國當代藝術的多元景觀〉，《傾向：文學人文季刊》第 12 期，頁 227-243，台北：傾向雜誌社。

高名潞（1994）。〈當代大陸新潮藝術〉，《中國前衛藝術：文藝界的反潮流》。香港：牛津大學，頁 49-53。

高名潞（2001）。《世紀烏托邦：大陸前衛藝術》。台北：藝術家出版

社。

高名潞（2003）。〈徐冰的藝術及其方法論〉，《徐冰＝Xu Bing》。台
　　北：誠品畫廊，頁 6-59。

張頌仁、栗憲庭編（1993）。《中國新藝術──後 89》。香港：漢雅軒
　　畫廊。

陳為和（1988）。〈徐冰和他的「天書」〉，《知識分子》第 1 期，頁
　　58-62。

費大為（2008）。〈兩分鐘洗滌：黃永砯在中國的時期〉，《占卜者之
　　屋：黃永砯回顧展》。北京：世紀出版集團；上海：上海人民出版
　　社，頁 6-10。

楊成寅（1990）。〈新潮美術論綱〉，《文藝報》第 6 期，頁 5。

維赫涅、鄭道煉編（2008）。《占卜者之屋：黃永砯回顧展》。北京：
　　世紀出版集團；上海：上海人民出版社。

霍少霞（2007）。《星星藝術家：中國當代藝術的先鋒（1979-2000）》。
　　台北：藝術家出版社。

二、外文部分

Bammer, Angelika, ed.(1994). *Displacements: Cultural Identities in Question*.
　　Bloomington, IN: Indiana University Press.

Chan, Lauk'ung (1992). Ten Years of the Chinese Avantgarde: Waiting for
　　the Curtain to Fall. *Flash Art*, 25(162), 110-114.

Doran, V. C., ed.(1993). China's New Art, Post-1989: *With a Retrospective
　　from 1979-1989*. Hong Kong: Hanart TZ Gallery.

Driessen, Chris & van Mierlo, Heidi, ed.(1997). *Another Long March:
　　Chinese Conceptual and Installation Art in the Nineties*. Breda, The
　　Netherlands: Fundament Foundation.

Erickson, Britta (1991). *Three Installations by Xu Bing*. Madison, WI:

Elvehjem Museum of Art.

Gao, Minglu (1993). Meaninglessness and Confrontation in Xu Bing's Art. *Fragmented Memory: The Chinese Avant-garde in Exile. Columbus*, OH: Wexner Center for the Arts, the Ohio State University.

Gao, Minglu, ed.(1998). *Inside Out: New Chinese Art.* San Francisco, CA: San Francisco Museum of Modern Art; New York: Asia Society Galleries.

Kröller-Müller Museum (1997). *Heart of Darkness*. Otterlo, The Netherlands: Krölller-Müller Museum.

Nemiroff, Diana (1998). *Crossings*. Ottawa, Canada: National Gallery of Canada.

Noth, Jochen et al., ed.(1993). *China Avant-Garde: Counter-Currents in Art and Culture*. Hong Kong: Oxford University Press.

Storr, Robert (1991). *Dislocations*. New York: The Museum of Modern Art.

Wu, Hung (1999). *Transience: Chinese Experimental Art at the End of the Twentieth Century*. Chicago, IL: The University of Chicago.

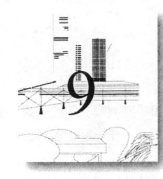

9 分裂國家的通郵問題——
華滿與兩岸通郵談判之比

何輝慶　國立台灣大學國家發展研究所助理教授

摘　要

　　本章探討分裂國家的談判問題，以中華民國和「滿洲國」間的所謂「華滿通郵」，及台灣與大陸間的所謂「兩岸通郵」，作一歷史材料的匯整和比較分析。

　　文中以通郵所涉及的郵票、交換郵件、日戳及郵件種類四方面，所隱含的各種意義，以及運用這些通郵事務所可能造成的各種效果，來分析事務性與政治性議題在談判中產生的衝突和妥協。

　　文中先就這兩個談判做一歷史概述，然後廣泛比較其談判進行、談判類型、談判議題、執行狀況……等異同點。當然，本章的研究，是希望透過歷史經驗的借鏡，尋求兩岸關係未來的和諧互利之道。

Abstract

In this paper, bases on the historical materials occurred in the Republic of China and ManChoukuo era, so called "the Sino-ManChoukuo Correspondence by Mail", and in the Taiwan and Mainland China era, so called "the Both sides of Taiwan Straits Correspondence by Mail", and analysis these materials by comparison method, deals and summarizes with the Correspondence by Mail negotiation issues occurred within the divided country.

The historical Correspondence by Mail materials provided are involved with 4 aspects, the stamps, the exchanged mail matters, the postmarks and the types of mail matters. Author profiles their implicit meanings and the possible various effects caused by manipulating these Correspondence by Mail issues. Author also analysis the conflict outcomes and the compromise results raised by operational issues and political issues during the negotiating processes.

In this paper, beginning with the general historical briefing about these 2 Correspondence by Mail Negotiations, and then widely compares their negotiation processes, negotiation types, negotiation subjects and implementation situations… etc. to find out the varieties. Certainly, from this research, author wishes to seek out some further harmonic and win-win solution ways between the both sides of Taiwan Straits thru the experiences and guides accumulated in previous eras hopefully.

一、前　言

　　分裂國家（divided nations or divided countries）的產生不論是基於外在因素或內在因素，其分裂的兩個政治實體，在互動過程中，不管尋求走向未來統一或獨立，往往須透過雙邊談判來達成各自的目標；在談判過程中，由於各自目標的不同，因之所訴求的重點議題也不同，而這些議題中主要包含兩個層面，一個是政治性議題，一個是事務性議題；當對談雙方所選擇的議題不同，而議題間又相互排斥或牽扯時，談判雙方必須運用各種技巧及環境，做某些退讓或取得。

　　本章探討分裂國家的通郵談判問題，通郵表面上看，似乎只是訊息的傳遞與文化的交流，較無政治性意涵，但通郵的進行牽涉到各種媒介與規範，背後仍有政治權力的運作；而且其事務性與政治性屬性常相互糾葛，不易剝離，造成談判的各種衝突與妥協。

　　文中以 1930 年代日本扶植「滿州國」獨立後，所衍生的山海關內外通郵問題談判，以及 1980 年代開始，海峽兩岸分立三十年後之人民往來，衍生通信問題的會談作為分析比較的例證。這兩個談判雖相隔五十年，但我們從歷史的史料分析中，發現仍有一些共通性；當然，時空環境不同，談判的內容自有差異。在異、同中，我們可以歸納出分裂國家談判的困境與可能的互利途徑，這點可作為目前兩岸相互關係發展的借鏡。

二、1930 年代之華滿通郵談判

　　1931 年九一八瀋陽事變後，日本控制我國滿洲地區，當時國民政府

在東北的行政機關全部撤離之後，中華郵政在東北管轄的遼寧與吉黑兩郵區，仍奉命繼續維持正常郵務運作，其主要因素有三：

1. 東三省的三千七百萬人民，均屬中國同胞，維持其與關內親友的通信權利，實為政府的職責。
2. 遺流在東北的金錢物資，必須設法運送入關，這也是郵政機構應承負的工作。
3. 東北是歐亞陸上的交通孔道，國際郵件主要的運輸線，當時航空運輸尚未發達，越洋海運也較遲緩，經由東北陸運如能維持，國際上可收良好反應（劉承漢，1969：281）。

　　但 1932 年 3 月 9 日，日本在東北成立滿洲國，以前清遜帝溥儀為執政，年號大同，此時日本遞信省已擬妥一份東北「郵政接收要項」，內含接收步驟和接收後的運作等四大要點（日本國遞信省，1932：1-3）。不久，日本派往滿洲國新任該國交通部郵務司長藤原保明，即不斷向中華郵政遼寧郵區郵務長巴立地（F. Poletti）施壓（藤原保明，1932：1-2），巴立地只好提出要求，如奉中華郵政撤退命令，要帶走全部現金公款及未用之中國郵票，對交出之動產及不動產應給收據，至於郵政人員的撤退，滿洲國政府應給予安全退出東北之保證，藤原允諾，巴立地立即將情況電告郵政總局轉陳交通部核示，交通部以中華郵政已無法在東北淪陷區維持完整主權，決定發表撤郵宣言，於 1932 年 7 月 23 日開始停辦東北郵務（沈雲龍，1983a：2-3）。

(一)談判背景與過程

　　中華郵政東北撤郵之後，立即產生國內外通郵問題，除了山海關內外，中國人民之訊息交往受阻外，尤其經由東北轉往西伯利亞運遞的郵路，更引發國際關注，當時中國將日本侵佔東北進而成立滿洲國事件，

向國際聯盟（以下簡稱國聯）申訴，請求主持公義，斷絕與滿洲國往來。國聯一方面申明不承認滿洲國的合法地位，但基於現實考量，卻允許各會員國郵件經過滿洲國運遞時，「滿洲國交通部不能請求適用萬國郵政公約條款；會員國將郵件由滿洲經過，而發生雙邊關係，只能視為機關間關係，而不能視為國與國關係，政府與政府關係」（中華郵政公司郵政博物館，交通部郵政檔案三〇七號），這個國聯會員國和滿洲國發生關係之「非國與國」、「非政府間」的原則，在後來通郵談判時，給了中國方面在自我堅持原則下之解套方法。

　　而通郵談判的直接導火線是 1933 年 5 月，中日雙方簽訂之「塘沽協定」。日本對中國東北的經營是合經濟、政治與軍事力量三位一體的策略，其中控制交通動脈，被日本視為是控制東北的重要條件之一，東北郵政封鎖之後，通訊交通亦形成中斷，國際上又不承認滿洲國，頓使在航空事業尚未成熟發展前，東北這塊居歐亞運輸交通的轉運要地，即將逐漸失色，日本一方面要打破滿洲被孤立的窘境，另一方面要使滿洲有一個安全緩衝區，遂於 1933 年元旦開始，向山海關及熱河戰略要地發動軍事攻擊，5 月初日軍渡灤河西犯，窺視平津，華北局勢危急，國民政府成立「行政院駐平政務整理委員會」（以下簡稱政整會），以黃郛為委員長，張群亦赴北平協助，不久雙邊商議停戰，於 5 月 31 日，由中方代表熊斌中將與日本關東軍代表岡村寧次少將簽署停戰協定（沈雲龍，1983b：12）。此一協定打破九一八事變後，中國凡事訴諸國聯，不採取與日本直接交涉的模式，但此模式卻使中國失去了廣大停戰區域的自主權，因為依協定停戰區內中國不得駐守軍隊（梁敬錞，1984：25）。亦即日本達到了他的基本目標──給滿洲國一個安全的緩衝區。接下來日本便依據中日直接談判的模式，取得通車、通郵……等交通方面的經濟利益，以免滿洲被孤立。

　　1933 年 11 月 6 日，岡村寧次依塘沽協定精神，攜帶所謂「關於北支善後交涉之商定案」，由長春飛抵北平，與黃郛及北平軍分會何應欽委

員長會商，經過反覆爭執，達成「關於停戰協定處理之會談」四大要項，其中第四項即是「華北當局為謀長城內外之交易、交通、通訊等之設定起見，應派定必要之委員，與關東軍所指定之委員，從速逐次協商」（沈雲龍，1983b：12），這就是華滿通郵談判最直接的促談背景，因為郵政是當時通訊最主要的項目，同時所牽涉的郵票圖案、郵件種類及郵遞路線……等，面向廣泛且複雜，中方在被動情況下，進行談判。

華滿通郵談判從 1934 年 9 月 28 日開始，到同年 12 月 14 日結束，前後歷經 78 天十五次大小會商。該談判由臺北市重慶南路中華郵政總公司郵政博物館典藏談判過程檔案（中華郵政公司郵政博物館，交通部郵政檔案 51AA61、51BA43），以及滿洲國和日本郵政方面相關史料，如滿洲帝國郵政總局 1942 年出版之《滿洲帝國郵政事業概要》第二章第三節〈中華民國との關係〉、日本財團法人遞信協會 1965 年出版之《滿洲郵政誌》第三章〈接收以降における滿州郵政發展の過程〉等文獻，綜合比對分析，可得此次談判過程之大要。

談判過程中，因事涉中方對滿洲國之承認問題，也涉及國聯對滿洲國之態度，因之中方態度謹慎，先由黃郛擬定「通郵會商步驟」四條，交由交通部參酌，其主要內容是，交通部派出能代表郵政上實際責任者與對手會談，對方所派人員應避免偽滿洲國官吏，初步會談應依過去之事實精神固持不承認偽滿，並參酌國聯關於通郵決議和實施辦法，同時只討論通郵技術面問題，雙方以誠意為基礎，不做成文之簽定（彭瀛添，1979：287）。依此精神，交通部長朱家驊與郵政總局局長郭心崧會同相關人員研擬談判重點方針之〈交涉原則〉、〈處理關內外往來郵件原則〉、〈處理關內外往來郵件辦法草案〉……等文件，再由談判代表擬具〈處理東北四省郵件暫時辦法大綱〉（以下簡稱暫行辦法大綱）（郵政博物館，交通部郵政檔案 51AA61，附件第一、二、三、五號），以作為談判準則。中方派出的主談代表是時任郵政總局主任秘書高宗武，其他代表先後有餘翔麟（山西郵務長）、殷同（北寧鐵路局局長）、李澤一（總

局人員）等人。

在日本方面，對於此次談判則有較大的圖謀；九一八事變後，日本關東軍曾引用日本參謀本部於「滿洲事變」發生的「1931 年情勢判斷」內容，當時把滿蒙問題分成三個階段解決：第一階段在國民政府主導下，樹立親日政權案；第二階段為建立獨立國家案；第三階段為占領滿蒙案。關東軍在「滿洲事變」發生時，原抱持有滿蒙計畫情勢第三階段案的達成，但事變後在國際壓力下，關東軍捨棄原有計畫，轉換成建設獨立國家案（李文龍，1988：20）。但中方始終不承認滿洲國，國際之正式承認亦有困難，因此「通郵談判」在日方看來，是可資利用的手段，可借談判過程與內容達到各國在事實上承認滿洲國的存在（晏星，1994：428）。即使中方強烈反對，不以滿洲國為談判對象，日本成為滿洲國的委任者，也可達到間接承認滿洲國的目的。這一點可從日方派出的代表身分得到理解，表面上他們均是關東軍代表，實際上其主談代表藤原保明（前已述及），兼任滿洲國交通部郵務司長，其他成員代穀勝三兼任滿洲國交通部電政科長、中島俊雄兼任滿州國奉天郵務管理局局長、儀我誠也與柴三兼四郎亦是滿洲國交通部人員。

雙方首次談判於 9 月 28 日，在北平東總布胡同 63 號殷同局長寓所展開，由雙方主談代表出席，並提出事先各自擬定之草案，中方以「暫行辦法大綱」為主軸；日方則提出「關於滿華間通信辦法之暫行協定」案，其範圍甚廣，包含航空、電話、電報等通信事項，中方嚴詞拒絕，並表示非先商訂原則，不能接續談判，日方以中方態度堅定，乃同意兩個原則：

1.依據過去之事例與精神，在不涉及承認「滿洲國」原則下，專談通
　郵上之技術問題。
2.雙方完全以誠意為基礎，不為成文之規定。

次日雙方談判人員均出席，先確立昨日商訂之兩原則，接著主題擺

在關於郵票、交換郵件、日戳、郵件種類等四項問題上，由於雙方目標差距甚大，此後談判不斷爭辯（其內容於下節探討）。在漫長的七十八天中，談判過程筆者將之分成五個階段：

1.第一階段初談意見差距大。
2.第二階段請訓回談仍產生新問題。
3.第三階段「通郵決議案」與「申合事項案」僵持。
4.第四階段雙方讓步逐字說分明。
5.第五階段技術會商完成最後協議（何輝慶，2000：52-71）。

此次談判，在學理上是團體對團體的談判，先是經由雙方指派之「談判代表或委員」作為談判之「代理人」，當雙方代理人談到某些初步協議，或談判出現僵局時，必須向有權機構提出說明，請求認可或進一步指示，再接續商談，此種談判類似吳秀光先生所繪之「兩階段競局談判」關係圖（圖9-1，吳秀光，1998：67、126）

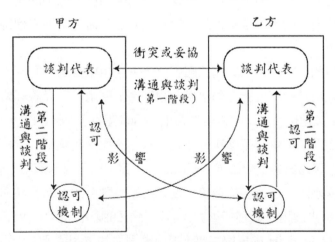

圖9-1 兩階段競局談判關係圖

資料來源：吳秀光（1998）。《政府談判之博奕理論分析》。頁67。

(二)議題爭議與妥協

　　雙方在談判過程中,主要牽涉的議題有四:(1)郵票;(2)交換郵件;(3)日戳;(4)郵件種類。中方的態度以不涉及承認問題,純就事務技術面談判;日方則欲突破,連結到雙邊官方機構的接觸,進而造成事實之承認。以下簡要分述其爭議點及妥協結果。

■郵票方面

　　郵票乃郵政機關所發行、及出售作為交付郵資之憑證;郵資的效力,依法律規定,用以表示郵資之交付,凡未經廢止、銷蓋或汙損之郵票,經貼在郵件表面獲郵政機關指定之郵政單據或籤條上者,始產生預付郵資效用(交通部郵政編纂小組,1968:215)。既然郵票是經由國家郵政機構發行,那麼郵票的貼用區域,自是代表該國有效統治權之範圍,因此貼用何方發行之何種郵票?就成為談判開始雙方的爭論點,因為郵票在談判雙方,已經不是單純的付費憑證問題,而是牽涉主權行使及政治承認問題。

　　談判開始中方不承認滿洲國郵票,主張用中華郵政郵票;日本不同意,謂須用滿洲國發行之郵票於入關郵件上貼用,只允許郵票上不出現「國」字及溥儀肖像。中方變更要求,另印製表示「郵資已付」之印花,避去「滿洲」字樣及不當花紋(註:即滿洲國國花圖案);日方亦不同意,但退讓為郵票上只出現「郵政廳」三字,紙張浮水印用「滿洲郵政」文字之浮水印。最後各自讓步,變成由滿洲國自印,無「滿洲」字樣之「通郵專用」郵票,此種通郵郵票前後發行四版(日高昇,1941:31-48),圖 9-2 是第一版通郵專用郵票,但此類郵票的主圖或上方仍用滿洲國國徽禦章(圖9-3,陳兆漢,1991:430),不過郵票上只有「郵政」兩字,浮水印也只有橫式水波紋圖,不用「滿洲帝國郵政」浮水印(圖9-4,陳

兆漢，1991：429-430）。

圖 9-2　滿洲國郵政發行之第一版通郵專用郵票。
資料來源：日高昇（1941）。《滿州國の郵便切手》。頁31。

圖9-3　大、小滿洲國國徽勳章圖

註：通郵專用郵票上雖無「滿洲國」字樣，但圖案用大、小滿洲國國徽勳章
　　圖。

資料來源：陳兆漢（1991）。《全彩色中國郵票圖鑑（1878-1949）》。頁430。

圖9-4a　滿洲國郵票用紙有複試篆書「滿洲帝國郵政」浮水印

資料來源：陳兆漢（1991）。《全彩色中國郵票圖鑑（1878-1949）》。頁429。

圖9-4b　通郵專用郵票用紙採用橫水波紋浮水印

資料來源：陳兆漢（1991）。《全彩色中國郵票圖鑑（1878-1949）》。頁430。

■交換郵件方面

　　這個問題也是雙方爭論較大的項目，中方一開始就抓緊「固持不承認偽國主義」，希望把需要雙邊人員和機構互動配合才能完成的工作，降低到純粹技術層面；但日方表面上贊同中方之不承認滿洲國立場，不過在機關的互動上，日方認為必須由中方和滿洲國方面直接接觸交換郵件，其他機構無法代勞。

　　這個爭執牽涉到國與國郵件互換之「國際函件總包之遞交」問題，亦即兩國簽有郵政協定或依萬國郵政聯盟之規定，對於往來郵件，必須填具交接路單三份，第一份經承運單位簽章後，由發寄局存查；第二份經接收函件總包之單位簽章後，由承運單位存查；第三份隨同函件總包遞交，由寄達互換局簽署後，寄退互換局（交通部郵政編纂小組，1968：169）；而這些郵件運遞交換，正常狀況須由官方之雙邊機構合作來完成。

　　中方堅持不用滿洲國直接交換郵件，須設立民間之第三者機構作為郵件轉接，其名稱初定「東方民信局」；但日方反對，強硬要求「通郵應由雙方郵政機關間行之」。後來妥協為「通郵由雙方郵政機關間行之，因此在山海關、古北口兩處設交換機關」，同時交換機關名稱由中方自定，但不列入紀錄；中方所訂機關名稱為「匯通轉遞局」，由退休郵局人員黃子固任經理，此機構和天津郵政局簽訂合同，成為商業機構。因之交換條件方面議題，在雙方各有堅持下，變成各說各話之結局。

■日戳方面

　　郵政日戳是郵政業務上用以銷蓋郵票，或表示處理日期時刻之戳記，其戳面包括國名、省名、地名及年月日時，其形狀一般為圓形，直徑大抵在 30 公釐以內，常用的日戳有國內日戳及國際日戳（交通部郵政編纂小組，1968：95-96）。

　　郵政日戳一般分上、中、下三格，上、下格包括國名、省名或地名，

中格時間欄包括年份和月日時等，其中以國名和年份最能代表國家主權的行使意義，因此通郵談判中，對於日戳的內容也成為爭議較大的項目。

日戳方面，中方主張滿洲國銷蓋入關郵件日戳，應使用洋文及公曆紀年（註：即避開滿洲國大同、康得年號），並以 1932 年 7 月以前之拼音地名，尤其滿洲國首都長春改名「新京」，不能以「新京」之英文名 "Hsinking" 為郵戳地名，而改以無關地名字首之字母如 A、B 等符號代替；日方代表不能接受，堅持須用滿洲國現時使用之郵戳（圖 9-5，穗阪高德，1985：239-273）。爭辯妥協之後，雙方同意日戳以英文為主，小地方得用漢文名，但不列省區，除非相同地名者，則增列省區以示區分；年曆用公曆，對「新京」之 A、B 符號代替則不列入文字表述，亦即任由日方決定。

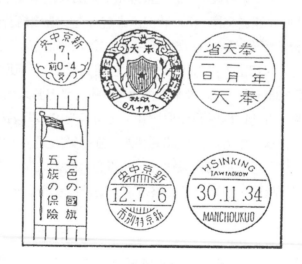

圖 9-5　滿洲國郵政時期日戳

註：這份日戳上的戳名有新京、奉天、滿洲國（洋文）等字，年號有康得紀
　　年年號。

資料來源：穗阪尚德（1985）。〈滿洲國の消印と使用狀況〉。頁239、248、
　　　　　252、260、273。

中方由於堅持不承認滿洲國政權，由此擴延之滿洲郵政日戳亦不承認，但通信需用日戳銷蓋郵票，或作為郵遞時間之證明，日戳非用不可，也沒有替代物。因此中方在談判策略上，就採取在日戳的國、地名、年份和使用文字上下功夫，以求達到代表滿洲國政權的文字或數字，不出現在日戳內，使日戳純粹成為一種中性的銷票工具，而不具有政治的意涵；但此種一廂情願的想法，在日方來看是大大的侵害了滿洲國的權益；因此從對立、妥協，到最後只能默認，或自我作事後之技術補救（如塗銷不當國名及年份……等）。

■郵件種類方面

郵件是指交由郵局遞送的文件或物品，其種類頗為複雜，可依不同屬性而有不同的界定（交通部郵政編纂小組，1968：115）：

1. 依內容性質及封裝形式：分為函件及包裹；函件類包括信函、明信片、新聞紙、印刷物、貿易契、瞽者檔、貨樣、小包、商務傳單、錄音函件。
2. 依寄達地：可分國內郵件和國際郵件。
3. 依運輸方式：可分水陸路郵件和航空郵件。
4. 依處理手續：
   (1)一般處理——平常郵件（普通郵件）。
   (2)登記處理——掛號郵件。
   (3)快速處理——快遞郵件、限時專送郵件。
   (4)內容證明——存證信函。
   (5)代收貨價——代收貨價郵件。
5. 依補償責任：
   (1)無補償責任郵件——平常函件。
   (2)按規定金額限度內補償者——掛號函件及包裹。

(3)按申報金額限度內補償者——保險、保價及報值郵件。

中方初談時以「普通郵件」為限，日方則希望另加快信、掛號、匯兌在內。此一差異乃在於普通郵件較為單純，寄件人自行投郵，郵局投遞即可，雙邊所須之接觸和協約較少；但快信、掛號及匯兌，手續較複雜，須有雙方郵政單位之接觸。雙方妥協之後，中方接受日方增加之快信、掛號及匯兌等三項，但對日方再加之「包裹」，則表示另議。至於郵資，以普通郵件為例，中方主張以中華郵政之一單位國幣五分為準，日方則堅持以滿洲國之三分為準，最後妥協由雙方自訂資費，日方採普通郵件折衷之四分為準。同時對滿洲國入關郵件不貼通郵專用郵票者，則以欠資郵件論，亦即除了通郵專票外，不承認其他滿洲國郵票有郵資之效力，但也只補欠額，不加倍罰資，此等所欠郵資不向收件人收取，是由「匯通轉遞局」賠繳，但均銷一文字戳「此件係本局承轉，所有無效郵票表示之郵資，均由本局賠繳」，匯通轉遞局所賠款之款項在入關匯票總額百分之一的傭金內扣除。圖 9-6 是 1935 年 1 月 10 日開始通郵後，經由「山海關匯通轉遞局」的信件，圖 9-7 則是經由「古北口匯通轉遞局」的信件。

由上觀之，在華滿通郵談判中，對於郵票、交換郵件、日戳及郵件種類等主要議題，雙方均有重大爭議，主要爭議乃在於事務性與政治性屬性的糾結，也就是牽涉到國家承認的問題，中方堅持不承認滿洲國的態度，日方欲藉上述課題達到中方承認滿洲是個獨立國之目的，因此談判中間，雙方屢有爭執，甚至瀕臨破裂，但中方在顧及國家安全前提下，做了較大之讓步，而日方雖也有部分妥協，不過仍得到較多實質上之利益。

由這個談判的事例可知，談判必須講求實力原則，擁有較大的力量者，往往可以掌握談判的主軸，得到較多預期的利益。

圖 9-6　經由山海關匯通轉遞局的信件

註：郵件為1935年4月18日由滿洲國新京寄至湖北漢口。

資料來源：作者自藏品。

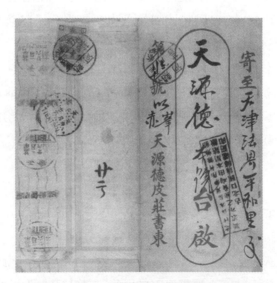

圖 9-7　經由古北口匯通轉遞局的信件

註：此為1935年1月22日由滿洲國赤峰寄往河北天津的郵件。

資料來源：作者自藏品。

三、1980 年代後兩岸通郵會談

對日抗戰勝利後，國家須要休養生息，恢復經濟活力，國共間卻又興起內戰，到 1949 年中共已控制長江北岸大半土地，戰事影響，再次造成國共轄區雙邊人民通信之阻斷，雖然該年 1 月 22 日「北平和平協議」簽訂，中華郵政總局於 2 月初，通令各局準備辦理「國共通郵」事務（交通部郵政總局，1949：15-16）；3 月 31 日南京方面亦派出南北通郵談判代表前往北平，雙方於 4 月 27 日簽署了「華北郵電總局・上海郵政總局通郵協定」十九條。但通郵協定簽署之同日，國民政府行政院長何應欽於廣州宣佈與中共斷絕一切通信往來，因為共軍已於 4 月 21 日在荻港強渡長江，全面攻擊，連陷鎮江、常州、無錫等地，連南京也於不久撤守（何輝慶，2005：136-141）。此後國共未再談判，只有軍事對抗，在對抗中，雙邊郵件時通時斷，依作者目前收集到的實物資料，到 1952 年年底，兩岸郵件才完全中斷；以後只有由國外寄到兩岸其中一邊之郵件，因外國郵政機構對信封書寫之"Republic of China"或"Peoples Republic of China"國名誤解，將信件誤封對岸，再由對岸轉回者，此類「誤封」之兩岸信件，發現不多，也非寄件人之須求，僅算是兩岸「意外」通郵之點綴品。那後來兩岸為何要通郵呢？

(一)會談背景與過程

兩岸在經過近三十年的郵件阻斷後，雙邊都經過內部政治與社會情勢的變遷，尤其大陸四人幫事件平息以後，鄧小平先生採取改革開放路線，也對台灣同胞釋出善意，希望透過人道的交流，彌補過去親情阻絕的缺憾。

1979 年元旦，中共全國人大常委會首先發表「告台灣同胞書」，接著大陸郵電部於 5 月通告擴大收寄台灣的郵件，全面開放大陸寄台灣之普通郵件，6 月份增加開放寄台掛號信件；但台灣對此相應不理，因之只有大陸寄台灣，但大都被批退的信件，台灣當局仍未開放寄大陸信件。1981 年 10 月 7 日，大陸郵電部進一步做出六項決定，宣佈隨時準備與台灣通郵通電，希望由海運及空運，開通兩岸的郵路，直接交換郵件（廖學良，1988：23）；但台灣當局以「不通郵、不通商、不通航」的三不政策回應，因此仍是只有大陸寄台，但台灣不願接收而退回之郵件。所以客觀言之，兩岸郵件復通，大陸比台灣早開放九年，但這九年只能算是「未完成的單通時期」。

1987 年 7 月 15 日，台灣的中華民國政府宣佈解除戒嚴，接著 10 月 15 日，又開放大陸探親，海峽兩岸交流日趨頻繁，雙邊書信往來愈形迫切。於是台灣方面本著人道立場及萬國郵盟通信自由之宗旨，內部擬訂可行，又不違反三不政策之辦法，於 1988 年 4 月 18 日，開放收寄兩岸往來信件，而使兩岸通信進入「雙邊郵件復通時期」，這中間，普通郵件先行互通；1993 年 5 月「辜汪會談」後才真正開放掛號郵件；2008 年 11 月 4 日「第二次江陳會談」後，開放小包、包裹、快捷及郵政匯兌等業務，同時也由間接改成「直接通郵」（行政院大陸委員會，2008：1-2）。

■普通信件

在兩岸郵件雙邊互通初期，是透過國際紅十字會轉遞普通信件，因為台灣避免雙具有官方性質的郵政機構直接接觸，因此由台灣郵政總局擬定「台海兩岸通信辦法」由上級核准後施行，其要點有四（唐存政，1989：61）：

1.國內設一特定信箱，凡寄大陸信函，均先匯至此信箱。
2.由郵局以大宗包裹寄往香港。

3.至香港後再由中華民國紅十字總會，所派人員運至香港當地郵局，以大宗郵件交寄。

4.郵資約在新台幣 20 元左右。

為落實上述原則，1988 年 4 月 18 日中華民國紅十字總會，開始接受郵政總局委託，受理民眾寄往大陸親友之信件，並在郵局設置五〇〇〇〇號信箱，專門處理寄往大陸之信件，同時公佈轉寄信件的一般規定：

1.**使用封套**：外封上寫「臺北市第五〇〇〇〇號信箱收」及寄件人姓名地址；內封僅寫大陸親友姓名、地址及香港・內詳即可，不得書寫台灣地址。

2.**郵資**：外封貼國內平信郵資 3 元，內封附 10 元面值郵票一枚。

3.**重量**：信件重量不得超過 20 公克。

此種「雙封包裝」方式，施行到 1989 年 6 月 9 日；從 6 月 10 日開始台灣郵政總局規定，可直接用一封貼票寄遞方式；此方式對用郵民眾而言，是簡化了手續，但信件仍需匯總集中，經由香港或日本等第三地轉運，運遞過程仍耗時費日。

相對於台灣採取較保守的兩階段通信方式，大陸寄台信件則較開放，從 1988 年 3 月臺灣郵政單位開始投遞大陸來台信件時，就一直使用台灣第二階段才使用的一封貼郵票寄遞方式。

■掛號信件

大陸寄台掛號信從 1979 年 6 月「未完成的單通時期」即已施行。台灣郵政總局原擬於 1989 年 6 月 10 日，普通郵件一貼封票寄遞方式開始時，就一起開辦寄大陸掛號信件，但因掛號信牽涉查詢及補償等實質問題，須先經雙邊執行單位協商對應條款，而兩岸此時缺乏直接或授權委託單位的運作，故台灣的掛號寄大陸信件制度，施行四天後就停止，所

有掛號信退還寄件人，也退回郵資。

　　進入 90 年代，隨著兩岸接觸頻繁，建立了某些互信基礎，雙方均覺雖未立即直接由官方接觸，但應可由官方授權彼此的對口民間機構，進行事務性協商，促進兩岸的共榮發展；於是臺北於 1991 年 1 月 30 日先在行政院下設立專門處理兩岸事務的「行政院大陸委員會」（以下簡稱陸委會），接著同年 3 月 9 日成立「財團法人海峽交流基金會」（以下簡稱海基會），首任會長是辜振甫先生；同年 11 月 16 日北京成立對口的「海峽兩岸關係協會」（以下簡稱海協會），首任會長是汪道涵先生。兩會成立後搭起密切的兩岸協商管道，翌（1992）年 3 月 22 日，兩會第一次在北京接觸（石之瑜，2001：273-274），由海基會法律服務處與海協會綜合部相關人員協商「兩岸間接掛號信函查詢補償問題」。

　　1993 年 3 月 25 日兩會相關人員，在獲得雙邊政府進一步授權下，就掛號郵件問題進一步協商；同年 4 月 10 日兩會草簽「兩岸掛號函件查詢補償事宜協議」，作為「辜汪會談」的前置作業。同年 4 月 29 日在新加坡海皇大廈四樓，首次「辜汪會談」中，由辜汪二人正式簽署前述掛號郵件相關協議（唐存政，1995：167-169）；同年 6 月 1 日，兩岸同時開辦間接掛號函件業務。

　　2008 年 11 月 4 日兩會負責人江丙坤和陳雲林先生，在臺北圓山飯店舉行的「第二次江陳會談中」簽署「海峽兩岸郵政協議」，依據台灣行政院陸委會的說明，此項協議具有如下四點進展：

1. 範圍擴大，便利人民。
2. 直接運遞，封發增點。
3. 查詢服務，品質提升。
4. 直接雙向，常態營運。（行政院大陸委員會，2008：2-3）。

　　這其中較大的特點是從前述的普通、掛號信件，擴增到小包、包裹、快捷及匯兌等業務，幾乎是「全面」而非「局部」的郵政關係；同時增

加封發局所，台灣除原有的臺北、基隆局外，增加高雄、金門、馬祖三局，共有五個封發局；大陸除原有的北京、上海、廣州、廈門、福州局外，增加南京、西安、成都三局，共有八個封發局，未來亦可視實際需要，增加或調整封發局。相信這樣的作法，未來可加速兩岸郵遞的時效性和安全性。

(二)議題爭議與妥協

兩岸的通郵議題，在內容上和華滿通郵時相似，均牽涉到郵票、交換郵件、日戳及郵件種類等四方面問題，也遊走於技術面和政治面的糾結。

但因華滿間的問題有外力介入，並強力施為，故一下子把問題擺上檯面，激烈衝撞，使得爭議大，妥協也很勉強。兩岸間的問題是內部因素為主，外力介入較少，尤其通郵問題是人民間的情感與文化交流面向，事務屬性較高，背面牽涉的政治問題，只要雙邊主政者互相容忍，可暫時擱置，俟時機成熟時再來碰觸；商談過程中，台灣方面因處弱勢，故趨向保守，步步為營；大陸方面雖處強勢，但並不咄咄逼人，用時間來促談，故雙方面有郵政議題存在的隱藏性爭議，但雙方不把爭議放到檯面，先從間接管道進行實質運作，增加成效及互信後，逐漸產生共識和妥協，這毋寧說是一種成功的模式。

四、華滿與兩岸通郵之差異比較

就談判內涵而言，1930 年代的華滿通郵談判與 1980 年代以後兩岸通郵談判，都糾結在技術面與政治面的衝突，技術面較偏重於議題的選擇運用，政治面較偏向於政策的發揮運作，實則兩者有時很難完全剝離。

政治性較高的談判，必須注意幾個分析結構：(1)認知結構；(2)前置結構；(3)環境結構；(4)議題結構；(5)成員結構；(6)資源結構（李炳南等，1994：215-224；林碧炤，1992：9）。由這些結構的運用與匯整，可以影響議題的變化與成敗。基本上，本文論述這二個談判，總合分析架構來看，都是一種有力量強弱差異大小的談判，此種「不對稱結構」的談判（何輝慶，2002：110-114），弱者通常會保守的運用「堅持原則」與「增加選項」等方式來尋求利益，強者如果沒有釋出善意，加強弱者的信心與籌碼，通常談判不易進行，即使進行也是衝突爭議不斷。

其次，這兩個談判，在基本條件上有相似也有相異點：

1.相似點：

(1)通郵雙方均屬分裂國家的兩個政治實體。

(2)一個是郵盟會員國，另一個卻不是。

2.相異點：

(1)對國家主權的共識：華滿之間，對國家主權的認定完全是分離對立的。而兩岸對主權的認知雖非完全一致，但多少有部分共識，雖然雙方對「一個中國」的解釋不完全一樣，但起碼表面上未相互對立。

(2)分裂的原因：華滿的分裂在初期是外在因素，尤其是日本有意製造的分裂，到正式分裂時期則混雜了內外因素之互動影響。台海兩岸的分裂則主要還是內在因素。

由於這些相似、相異點的影響。也導致了兩者在談判過程中的幾個較大差異，分述如下。

(一)「先談再做」與「先做再談」

由於兩岸在基本國家認同上有部分交集，並未完全對立，加上 1980

年代以後，國際體系由對立緊張趨向相容和平，分裂國家的統一問題漸具自主性與和平性（朱新民等，1992：24-25）；而兩岸在此氣氛中都各自釋出善意，中共方面由 1978 年 12 月 16 日「五屆人大常委會第五次會議」通過「中華人民共和國全國人民代表大會常務委員會告台灣同胞書」，其中第五點「希望雙方儘快實現通航通商，以利雙方同胞直接接觸，互通訊息」，到 1981 年 9 月 30 日，中共人大委員長葉劍英發表的「台灣回歸祖國，實現和平統一」的方針，其中第二點主張「對通郵、通商、通航、探親、旅遊及學術、文化、體育的交流」。而在台灣，1991 年 3 月由國統會通過，經總統公佈之「國家統一綱領」，分為近程、中程、遠程三個，其中中程目標在「建立對等官方溝通管道」，以及「兩岸直接通郵、通航、通商」……等訊息，促使兩岸過去的敵意大為降低，有利彼此進一步互動。

在此環境下，兩岸是採取「先做再談」的方式，所謂「先做再談」，是兩岸既無國家認同的尖銳對立，那麼這個問題可以慢慢再談，先就事務性方面去施行，於是雙方通信，各做各的，你來我往，台灣剛開始委託紅十字會，大陸則是直接進行，到了後段因牽涉到其他法律問題，才透過由低到高層級的談判，獲得協議，所以是「先做再談」。華滿方面因有基本國家認同問題，必須先求解決這個問題，達成協議之後，才依協議去做，所以是「先談再做」。

(二)談判時間進度與自主性

兩岸談判，經過相當時間才有協議，中間的進度緩慢，時間漫長，主要是仍有一些主客觀的條件未成熟，首先是「一個中國」的定義，各說各話，有時因人或因環境，而有不同的註解，彼此還未達到高度之共識；其次中共並未宣佈放棄武力解決兩岸問題，而台灣內部也有統獨爭議，步調並未一致，因之有時談技術面，會牽涉到政治面，兩者糾葛，

便使協商拖延，進度自是緩慢。而華滿通郵，因有急迫的軍事對抗和國家安全的問題，因此需在較短時間內解決，雖中間也幾度中斷或拖延，但各自請訓後，決策單位很快決定，故前後時間較短，過程比起兩岸談判，也較緊湊。

至於自主性方面，兩岸協商，雙方都有「中國人解決中國人問題」的共識，而國際強權也大都持相同觀點，所以雙方自主性較強。而華滿談判，滿洲國受日本控制，日本代表滿洲出面，自是以日本利益為主要考量，才再想到滿洲的利益，基本上滿洲國在談判過程自主性很弱，恐怕只有微弱的建議權。

(三)談判進行的方式

兩岸談判，因由當時最迫切的技術問題談起，而交往愈頻繁，就會發現問題愈多且複雜，因相關問題產生一連串會商，所談的面向較多，通信只是其中一環，其他尚有法律認證、人員遣返等……問題。而華滿通郵，談判中只就郵政和匯兌兩個問題反覆爭辯，而未旁及其他問題，因此進行方式較集中於極少議題。

(四)談判代表的身分

兩岸通信過程，台灣早期委諸第三者──紅十字會，後來委託海基會相關人員負責進行協商。而台灣在兩岸關係的三個機構間，國統會是任務編組的機構，而非憑藉機關組織法所成立的國家機關，其諮詢對像是總統；行政院陸委會則是道地的行政機關，自然要遵循憲法規定向立法院負責，除本身執掌外，就委託海基會處理兩岸事務部分，亦應向立法院報告；而海基會，雖然是依據民法成立之民間機關，但既接受政府委託行使公權力，則在此範圍內，基於民意政治與責任政治原理，自然

應接受民間機關的審查，所以立法院相關委員會得邀海基會主事人員到會備詢（李念祖等，1992：230-231）。大陸海協會也是受中共委託兩岸協商的機構，因此代表兩岸協商的團體，都受到委託機關的監督，層級關係十分明顯。但華滿通郵，表面上日方受滿洲國委託出席談判，理論上委託者應有的政策決定權和事務監督權，由於受制於日本，如何監督？故談判代表與委託者的身分關係，有很大的爭議。

(五)談判的類型

此點是兩個談判較類似的部分，因為其談判類型都趨近於複式的「兩階段競局」模式，也就是談判者所協商的內容必須再呈有權決定者作最後核定。兩岸談判雙方由較低層級到中層級到高層級最後簽字，但恐怕高層在簽字前也需隨時向政府委託單位匯報重點，政府單位首肯後才正式簽署。華滿通郵談判過程亦是如此，談判人員不斷請訓，協商的意見初稿要經由上級政府機構認可，才能定案。

(六)雙邊接觸原則

此點也是兩個談判中，表現比較類似的；也就是雙邊之官方直接接觸問題，都是一方反對，一方贊成，最後用變通方式，由代理者進行協商。在華滿通郵中，日方要求，華滿雙方郵政機構直接接觸，但中方因採不承認滿洲國主義而反對直接接觸。在兩岸會談中，中共也曾要求雙方郵政機構直接進行協商，但台灣方面以為許多原則及前提未定，因此不願直接接觸，除非進入中程之互信合作階段時，才「建立對等官方溝通管道」；所以台灣方面為了先求自保，不得不採取風險規避的政策（朱新民等，1992：90），以避免兩岸政治力量差距太大的情況下，受到來自大陸方面「直接」及「政治」上的衝擊危險。但經過這些年雙邊接觸

的進展，在 2008 年郵政單位已有「直接」接觸的事實，這是因為「中華郵政總局」已改成「中華郵政公司」。

(七)商議內容比較

就議題內容看，除了目前郵件種類較類似外，其他三者都有較大差異：

■郵票方面

華滿通郵談判在郵票方面的爭執很大，尤其是郵票的文字及發行都是爭議之點，最後以較不帶政治文字色彩的「通郵專用票」來貼用於入關郵件上，但此專票仍由滿洲國發行，圖案也有滿洲國主權象徵之國徽禦章圖；而關內寄關外郵票則使用中華郵政發行之郵票。

兩岸通信在施行階段前，也曾有人引華滿通郵時這種「專用票」的作法，建議發行兩岸通信專用票，但最後因紅十字會出面為仲介轉遞郵件，而使此項建議作罷。之後兩岸簡化手續之通信方式，各貼自己發行的郵票寄遞，倒也避開許多麻煩，是一種務實方式。

■郵戳方面

華滿通郵談判中，郵政日戳的國名、地名及年號都引發一連串的爭執，最後雙方各自讓步，郵戳中不出現「滿洲國」字樣，地名以舊地名為主，但象徵滿洲主權之新京地名仍然使用；年號則避開滿洲國紀年，以西元年代為主。但這些妥協施行效果都不佳，因為滿洲國各郵局執行人員，很難仔細區分出那些郵件需蓋那類郵戳，那些地區郵件不可用滿洲年號日戳？結果滿洲國英文地名、康得年號、長春奉天等新地名，堂然入關，無法防患，只能用補救的措施，加以塗消了。

兩岸通信中，對郵戳因知無法事先相互約束，只好採取「事先放任，

事後處理」的方式，也就是日戳中帶有「中華人民共和國」（REPUBLIC OF CHINA）之國名相互進入對方領域，年號也是如此；雙方也採事後處理方式。

■交換機關方面

華滿通郵之郵件交換最後以名義上是「商營第三者」的山海關和古北口匯通轉遞局承轉，但實際上運作雙方各有七、八個交換局協助處理；這些交換郵局，在中方是臨榆（山海關）、天津、北平、濟南、青島、上海、古北口及天津山海關間行動局。在滿洲是南綏中、南灤平、長春、瀋陽、濱江、錦縣及瀋陽山海關間行動郵局。

而兩岸通信，初期由紅十字會居中轉接，透過香港郵局轉寄，因均是航空平信，故不涉及查詢問題。但掛號信件的查詢，初期則委由對口單位海基、海協兩會協助；未來改由直接通郵，由雙方郵件處理中心直接聯繫，另外交換封發局台灣有臺北等五局，大陸有北京等八局。

(八)執行狀況

在執行過程中，我們談「對不當文字、圖像的塗消」問題，這點是兩個談判相同的。華滿通郵後中方對入關郵件，發現非通郵專用郵票上之「滿洲帝國」文字、溥儀圖像，以及日戳中康得年號、滿洲英文名、新的地名（如奉天、新京）等，均以粗黑筆加以塗消，但關內寄到關外的信，則未發現塗消情形。這點可能是中方不承認滿洲國，所以要表現「不承認」的動作，就是加以塗消，而達到眼不見為淨的效果；而滿洲方面他要獨立，所以對中華民國當然要承認「彼此不同」，是「兩個國家」，既然如此，就沒必要塗消中華民國之郵票或日戳了。

而兩岸通信中，一開始雖有事務性接觸，但雙方各以正統自居，不承認對方是個「國」，中共視台灣為地方政府，台灣視中共為叛亂組織，

因此對來信彼此塗消。台灣方面對中共的國名及人像（如毛澤東或一些曾跟國民政府作戰的軍頭，或反對國民政府的民主人士，如張瀾……等）均加以塗消，甚至刻用一種郵史少見又特殊的「三民主義統一中國，自由民主安和樂利」文字內容之蓋銷戳來使用；但後來這種專用蓋銷戳不用，只有塗消不當文字及圖像；1989 年 10 月 14 日以後，一切塗消均停止。這是否意味著臺灣當局對中共地位的看法，由「叛亂組織」進展到「主權獨立國家」？甚至以這種看待對方是「主權國家」，希望對方「平等相待」也把我們看成是「主權國家」？此點有待觀察。但中共方面到目前為止，仍有少數地方郵局，仍視我們為「地方政府」，而不是一個「國家」；甚至在中共雜誌上出現台灣郵票、明信片郵資符誌，有國名的地方依規定都必須在製版前事先塗消。同時大陸寄台信封上，如未寫「中國台灣省」者，往往被退件，如寫「中華民國台灣」則國名部分會被塗消。所以由這些事例看，中共對台灣的地位始終看成是中國的一個地方政府，雖然事先談判時並未對其所謂的「不當文字」有所要求禁止，但事後的動作卻也明顯的看出其堅持。

五、結　語

　　人類是感情的動物，有彼此互通情誼的需求。早期的國際郵盟在其世界郵政公約中所規定的會員國之「國」的定義，和政治學上所稱之「國」有明顯的差異，後者必須具有領土、人民與主權等要素，而在前者，其概念著重於領土，所謂「國」實即基於技術觀點的「郵政區域」（territories postal）之義，若干殖民地或保護國加入郵盟為會員國，並無政治主權可言，但就公約意義論，仍不失其為郵政區域（邱信亮，1954：10-13），此種意義之特質乃在於符合「便利各國互換郵件」，以達到通信自由的目標。

基於此，華滿與兩岸通郵談判，本質上均是本著自由通信的信念，來達成人民訊息交往和文化交流的目標，但在這個單純目標的背後，卻因附著著不同政治利益的圖謀，因而使問題複雜化；從議題的擬定、談判到執行，都存在著有形或無形的政治面向訴求。

　　政治面與技術面的競力消長，關係這兩個談判的結果，華滿通郵談判已經結束了，成為歷史的借鏡，過去在兩岸進行通郵談判中，也曾有學者提出仿照華滿通郵的模式，如使用無國名的郵票，或運用第三者之仲介機構來連接兩岸郵政服務，但因歷史條件的差異，共同通用郵票並未實現，而仲介機構則變成紅十字會，這些經驗的變通使用，也是促成後來雙邊通郵不斷進展的重要因素之一。兩岸通郵問題還在進行，目前走得還算穩健，未來總會有政治力的介入，也須有政治力的介入（例如兩岸郵政如何建立互信，相互承認運作之效力），問題是介入的力量，是促成兩岸人民更加和諧共榮，或是彼此消耗衰微？這有賴於兩岸人民與主政者的共同智慧與激盪。

參考書目

一、中文部分

石之瑜（2001）。《兩岸關係概論》。臺北：揚智文化公司。

交通部郵政檔案 51BA43（1935a）。「封鎖東省郵政後恢復郵運（一）」。臺北：中華郵政公司郵政博物館。

交通部郵政檔案 51AA61（1935b）。「封鎖東省郵政後恢復郵運（二）」。臺北：中華郵政公司郵政博物館。

交通部郵政編纂小組（1968）。《交通名詞辭典——郵政類》。臺北：交通部交通研究所。

交通部郵政總局（1949）。《現代郵政月刊》。第四卷，第五期，上海：郵政總局。

朱新民、洪中明（1992）。《衝突？整合？——海峽兩岸統一政策之研究（1988-1992）》。臺北：永然文化公司。

行政院大陸委員會（2008）。〈海峽兩岸郵政協議相關說明——第二次「陳江會談」成果（郵政篇）〉。檢索日期：2008 年 11 月 4 日，網址：http://www.mac.gov.tw/big5/cc2/p01.pdf。

何輝慶（2000）。《1934 年華滿通郵之談判》。臺北：國立台灣大學三民主義研究所博士論文。

吳秀光（1998）。《政府談判之博奕理論分析》，臺北：時英出版社。

李文龍（1988）。〈偽滿洲國前期的治安對策——一九三一年九月至一九三七年七月〉。臺北：國立台灣大學政治研究所碩士論文。

李念祖，石之瑜（1992）。《規範兩岸關係》，臺北：五南圖書公司。

李炳南、詹德明、傅志山（1994）。〈談判結構之分析〉，《中山學術論文叢》。第十二期，臺北：國立台灣大學三民主義研究所，頁

213-228。

_____（2002）。〈不對稱結構下的兩岸談判〉，《國家發展研究》。
第一卷，第二期，臺北：台灣大學國家發展研究所，頁 103-134。

_____（2005）。《國共關係與郵史》，臺北：中華集郵會。

沈雲龍（1983a）。〈從撤郵到通郵（一）——塘沽協定後的中日交涉問
題之一〉，《今日郵政》月刊。第 302 期，臺北：今日郵政月刊社，
頁 2-3。

_____（1983b）。〈從撤郵到通郵（二）——塘沽協定後的中日交涉問
題之一〉，《今日郵政》月刊。第 303 期，臺北：今日郵政月刊社，
頁 12-13。

林碧炤（1992）。〈論談判〉，《問題與研究》。第 31 卷，第 10 期，
木柵：國關中心，頁 1-23。

邱信亮（1954）。《郵政公約概論》，臺北：中國交通建設學會。

唐存政（1989）。〈五萬號信箱功成身退〉，《中國郵刊》。第 61 期，
臺北：中國集郵協會，頁 61-64。

_____（1995）。《存政譚郵》。第二集，臺北：國亞公司。

晏星（1994）。《中華郵政發展史》。臺北：台灣商務印書館。

梁敬錞（1984）。《日本侵略華北史述》。臺北：傳記文學雜誌社。

陳兆漢（1991）。《全彩色中國郵票圖鑑》（1878-1949）。香港：郵學
出版有限公司。

彭瀛添（1979）。《列強侵華郵權史》。陽明山：華剛出版有限公司。

廖學良（1988）。〈為海峽兩岸直接通郵而努力〉，《台灣地方郵政一
百週年紀念專輯》。福州：福州市郵協，頁 23-24

劉承漢（1969）。《從郵談往》。第二冊，臺北：廣文書局。

二、日文部分

日高昇（1941）。《滿洲國の郵便切手》，新京：滿洲書籍配給株式會

社。

水原明窗（1983）。〈滿洲國成立と中華郵政の接收〉，《日本郵趣百
　　科年鑑》。東京：日本郵趣協會，頁295-334。

東京：日本郵趣協會，頁230-274。

財團法人遞信協會（1965）。《滿洲郵政誌》。東京：遞信協會。

滿州帝國郵政總局（1942）。《滿洲帝國郵政事業概要》。新京：財團
　　法人滿洲遞信協會。

穗阪尚德（1985）。〈滿洲國の消印と使用狀況〉，《日本郵趣百科年
　　鑑》。

藤原保明（1932）。〈滿洲國郵政接收處理經過〉。東京：水原博物館
　　JPS圖書室印本。

10 論中國的政治民主化前景與公民文化建設

程立顯　北京大學教授

摘　要

2007 年 10 月，樹立「民主法治、自由平等、公平正義」的理念終於在中國大陸成為社會共識，由此展示了當代中國的政治民主化前景。加強公民文化建設，革除封建專制主義的殘餘影響，最終實現由傳統的臣民文化向現代公民文化的轉型，是中國走向政治民主化的基礎工程。當前公民文化建設的著力點，就是要推動倫理學理論的變革和創新，研究和發展爭取社會公正的倫理學理論，進而闡明申張人權和正義、主張權利與義務之統一的公正原則，大力普及「自由、平等、人權、公正、民主、法治」等普世倫理價值，從而有效地提高全民族對於現代公民道德的倫理覺悟。愈來愈多具有高度倫理覺悟的現代公民，是推動政治民主化的決定性力量。

Abstract

Since October 2007, it has been an common sense of the society in mainland China to form a new idea of "democracy and rule of laws, liberty and equality, and justice", which shows an prospect of political democratization in China. It would be a capital project of political democratization in China to construct civil culture and clear off the remains of despotism so as to get a transition from the traditional culture of subjects to a contemporary civil culture. At the present time, there would be such central tasks of constructing civil culture as to develop an ethical theory of social justice, thus clarifying moral principles of justice and human rights, and universalizing modern ethical values. Only after having done these tasks very well, can we really have decisive forces to promote political democratization in China.

一、前　言

　　中國大陸在改革開放的征途上走過了整整三十年的艱難歷程。今天，它又一次處於歷史抉擇的關鍵時刻。凡關心現代化事業前途和命運的中國人，一方面為三十年的成就和輝煌而興奮不已，一方面又為正遭遇到的前所未有的經濟社會危機而憂心忡忡。正如一位著名人士所說：「經過近三十年的改革開放，我們的經濟體制改革並與經濟建設已經取得舉世公認的成就，但我們的政治體制改革未緊緊跟上去，拉了經濟體制改革與經濟建設的後腿，國家進步以跛足前行之象顯現，危機叢生。」（李銳，2007）不過，從總體上說，全國從上到下對三十年來的社會變革和進步是普遍認同的，對改革開放是衷心擁護的，很少有人想走回頭路，想回到「文革」時代去。在這種情況下，富於挑戰性的問題是：如何有效面對呈愈演愈烈之勢的局面，諸如官員貪腐、貧富分化、社會不公、資源破壞、環境污染等等社會問題？如何透過政治體制改革推進改革開放、轉「危」為「機」？大陸學者們在總結反思改革開放三十年的成就、經驗和教訓的基礎上形成了這樣的共識：必須堅持改革開放，舍此絕無出路；而快速穩妥地啟動旨在政治民主化的政治改革，以公民文化建設為之提供持久動力，則是堅持改革開放的必由之路。

二、政治民主化是堅持改革開放的必由之路

　　鑒於十年「文革」的慘痛教訓，早在上世紀八〇年代，改革開放的

領導者鄧小平就曾反復強調，「沒有民主就沒有社會主義，就沒有社會主義的現代化」。（鄧小平，1994：168）當年面對改革開放的千頭萬緒和千難萬險，他清醒地指出：「關鍵在於不斷地總結經驗，使我們黨的生活民主化，使我們國家的政治生活民主化」。（鄧小平，1993：259）當今的高層領導，正是由於總結了改革開放正反兩方面的經驗，加深了對「政治生活民主化」之關鍵作用的認識，才最終確立了「社會主義民主法治、自由平等、公平正義」的新理念。（胡錦濤，2007：30）由此可以斷言，從鄧小平到胡錦濤，國家領導人至少在理念上都已經認定，政治民主化乃堅持改革開放的必由之路。

(一)改革開放催生了「民主法治、自由平等、公平正義」理念

既往三十年的改革開放，實質上僅僅側重於市場化取向的經濟體制改革，而本應同經濟體制改革相配套的政治體制改革，不能說毫無進展，但基本上是長期滯後的，拖了改革開放的後腿，從而導致今天的困局。鄧小平早有預言，「政治體制改革同經濟體制改革應該相互依賴、相互配合。只搞經濟體制改革，不搞政治體制改革，經濟體制改革也搞不通，……我們所有的改革最終能不能成功，還是決定於政治體制的改革」。（鄧小平，1993：164）而政治體制改革的實質，就是要實現社會主義民主的法制化，就是要告別官本位的專制和人治，實施以人為本的民主和法治。在當今世界，民主和法治已經成為建設現代化國家的必要條件。所以，鄧小平生前反復強調：「不改革政治體制，就不能保障經濟體制改革的成果，不能使經濟體制改革繼續前進，就會阻礙生產力的發展，阻礙四個現代化的實現。」（鄧小平，1993：176）同理，我們今天照樣應該說，不搞政治體制改革，就不能鞏固改革開放三十年的成果，不能使改革開放繼續前進，就會加劇當前面臨的各種社會矛盾和危機，

阻礙現代化的實現。

反思過去三十年的重大失誤，概括說來，恐怕就在於主政者片面理解了「發展是硬道理」的箴言而不顧一切地追求 GDP 高速增長，專注於「讓少數人先富起來」，結果放縱了官商勾結、權錢交易等腐敗現象，犧牲了環境、資源和社會弱勢群體的生存條件，忽視了社會的公平正義。然而，我們絕不能由於在改革開放過程中發生了重大失誤、產生了一些重大問題而否定改革開放本身。問題的根源絕不在改革開放本身，毋寧說是由於改革不到位、特別是由於政治改革、民主化進程的滯後所造成的。

因此，胡錦濤在 2007 年 10 月的中共十七大上特別強調，改革開放的「方向和道路是完全正確的，成效和功績不容否定，停頓和倒退沒有出路」，同時強調要「堅定不移地發展社會主義民主政治」。胡錦濤，2007：10、28）為此，他提出了新的政治口號：「加強公民意識教育，樹立社會主義民主法治、自由平等、公平正義理念」。（胡錦濤，2007：30）在此之前的 2005 年 2 月，胡錦濤在論述和諧社會的基本特徵時已經有過「民主法治、公平正義」八個字連用的提法：「我們所要建設的和諧社會，應該是民主法治、公平正義、誠信友愛、充滿活力、安定有序、人與自然和諧相處的社會。」（胡錦濤，2005）提出「民主法治、自由平等、公平正義」十二個字，於是更加明確、準確地表述了民主政治的內涵、標準和目標，表達了對人類普世價值的認同。在另一些場合，他對普世價值還有過更深入的闡述。例如，2006 年 4 月，他在美國耶魯大學演講時曾經表示，「我們將大力推動經濟社會發展，依法保障人民享有自由、民主和人權，實現社會公平和正義，使十三億中國人民過上幸福生活。」（吳敏，2008）

關於「民主法治、自由平等、公平正義」之類的普世價值，溫家寶從歷史和現實兩方面做過這樣的論述：「民主、法制、自由、人權、平等、博愛，這不是資本主義所特有的，這是整個世界在漫長的歷史過程

中共同形成的文明成果，也是人類共同追求的價值觀。……社會主義民主歸根結底是讓人民當家作主，這就需要保證人民的民主選舉、民主決策、民主管理和民主監督的權利；就是要創造一種條件，讓人民監督與批評政府；就是要在平等、公正和自由的環境下，讓每一個人都得到全面的發展；就是要充分發揮人的創造精神和獨立思維的能力。我們的社會主義建設，包括社會主義政治建設和民主建設，經驗都還不足。我們願意實行開放政策，學習世界上一切先進的文明成果，結合我們自己的實際，走中國民主的道路。……社會主義由不成熟到成熟，由不完善到完善，由不發達到比較發達，還需要一個很長的過程。在這個階段當中，我們要實現兩大任務，推進兩大改革。兩大任務就是：一是集中精力發展社會生產力；二是推進社會的公平與正義，特別是讓正義成為社會主義制度的首要價值。兩大改革：一是推進以市場化為目標的經濟體制改革；一是以發展民主政治為目標的政治體制改革。」（溫家寶，2007）

　　兩位高層領導的上述言論，展現出值得讚許的思想解放程度和公民意識水準。他們對國際社會公認的普世價值的肯定和接納，較之以往幾十年間不分青紅皂白的批判和拒斥態度，無疑發生了質的飛躍。他們認定政治民主化乃改革開放的必由之路，從而結合中國實際提出了新的政治理念。三十年改革開放所帶來的這一可貴的政治理念變革，預示著中國大陸在改革開放的下一個三十年，一定能邁出踏踏實實的民主化步伐，最終實現社會政治生活民主化。

(二)「民主法治、自由平等、公平正義」理念的背景

　　值得注意的是，高層領導之做出上述民主政治論述或政策宣示，絕對不是個別人偶然的意志表達，也不單純是當前轉「危」為「機」的現實需要，而是有其深刻的歷史和理論發展背景。概而言之，它是歷史發

展規律和民主潮流的作用使然，是對中共歷史上重要領袖人物之民主追求的理性回歸，同時也得益於近年來官方和民間的理論研究成果。下面簡要介紹一下這三種背景，從中可以看出中國最終實現政治民主化的歷史必然性。

■發達國家和「四小龍」的現代化經驗與國際民主潮流

西方發達國家和亞洲「四小龍」（臺灣、香港、新加坡和韓國）的現代化經驗，揭示了一條歷史規律：「市場經濟—公民社會—民主政治」乃近現代文明之不可移易的自然進程。經過三十年的改革開放，中國的市場經濟正在不斷成長，公民社會亦已初步興起，社會各領域不斷湧現出各種民間組織、NGO、NPO、志願者團體，社會各階層特別是成長壯大中的中產階層，對民主參政的願望越來越強烈，表現為近年來在基層民主選舉和地方人大代表的選舉中，公民自薦當選的案例越來越多。三十年來已經初步形成的社會、經濟和民意基礎，加上國際民主潮流的影響和裹挾，令普遍推行民主政治的內因、外因齊備。在這種狀況之下，高層領導之提出民主政治新理念，可謂適逢其時，也是對國際民主潮流的積極回應。

說到國際民主潮流，人們自然聯想到 1998 年諾貝爾經濟學獎得主、享有國際盛譽的印度學者阿馬蒂亞・森（Amartya Sen）。森對於饑荒和民主問題的研究成果對當代人類社會影響卓著。他認為民主的興起是 20 世紀「最了不起的最重大事件」、「民主已經成為當今世界的支配性信念」。（阿馬蒂亞・森，2007：5）下列是他的精彩論述：

儘管民主制度尚未成為在所有國家都施行的制度，雖然民主的理念也確實還未被所有國家一致接受，但按照世界上通行的一般看法，現在民主政治已被視為大體上是正確的選擇。只有那些想抵制民主政治，以便為非民主制度辯護的人們，還在那裡竭力排斥民主的理

念。當年那些在亞洲或非洲宣導民主的人們曾處於極為艱難的困境當中，這並非年代久遠之事。但自從那時以來，歷史已經發生了巨大的變化。現在，雖然我們有時仍然不得不與那些含蓄或公開地排斥民主政治的人士爭辯，我們也應該非常清醒地認識到，在政治問題的理解方面，整個的大氣候已經與上個世紀完全不同了。我們再也不用去辨識某個國家（比如南非或柬埔寨、智利）是否「適合於民主政治」（而在 19 世紀的話語中，這是個非常典型的問題）；現在我們早就把這一點視為理所當然的了。人類社會已經公認，民主制度是普遍適用於各國的，民主價值觀也被視為放之四海而皆準的；這是思想史上的一場重大革命，也是 20 世紀的主要貢獻之一。（阿馬蒂亞‧森，2000）

對於 20 世紀興起的這股民主浪潮，完全可以套用孫中山先生的一句名言：「民主潮流浩浩蕩蕩，順之者昌，逆之者亡。」

■「五四」新文化運動和中共早朝領袖人物的自由民主理念

作為中共主要創始人的陳獨秀，終生高擎科學和民主的大旗。他所領軍的「五四」新文化運動，是中國 20 世紀最偉大的思想解放運動，改變了幾千年來中國知識分子的核心價值取向，決定性地影響了中國現代文化的發展方向。陳獨秀在 1942 年去世前撰文批評史達林的專制獨裁時，曾經這樣談到民主問題：「最淺薄的見解，莫如把民主主義看作是資產階級的專利品。」（李銳，2007）他還說，「如果有人反對或鄙薄資本主義社會的民主，這不是馬克思主義，而是法西斯主義；這不是反對資產階級，而是幫助資產階級更凶橫地、更露骨地迫害無產階級」；「民主不是哪一個階級的概念，而是人類幾百年鬥爭才實現的」。（李銳，2007）

無獨有偶，根據前年某期《讀書》雜誌的一篇回憶文章，在延安時

期,中共開國元勳彭德懷說過:「中國的民主制度還沒有搞起來,所以應當提倡民主、自由、平等、博愛。將來實行無產階級專政也不能不講民主和自由,我們不能讓資產階級把這個旗幟奪過去。民主、自由是公民的權利,無產階級專政當然要保護這種權利。」延安時期,在論述中華民族文化的發展方向時,中共領導人張聞天提出了「民族的、民主的、科學的、大眾的」文化發展方向。他解釋說,「民主的,即反封建、反專制、反獨裁、反壓迫人民自由的思想習慣,主張民主自由的思想習慣與制度,主張民主自由、民主政治、民主生活與民主作風的文化」。(曾彥修,1998:9)當時,張聞天的強調民主性的主張雖與毛澤東的主張有異,卻得到鄧小平的支持。彭、張、鄧後來分別在 1959 年的廬山會議後和「文革」期間所經歷的悲慘遭遇,同他們對民主理念的一貫堅持大概不無關聯吧?

　　然而,從陳獨秀到彭德懷、張聞天等人所堅持的自由民主理念,在 1949 年前的中共內部是有支配地位的。否則,很難想像在實力懸殊的國共內戰中,中共能成為勝利者。將他們的自由民主理念同上文引證的胡、溫的民主法治論述相對照,其間的內在承續關係不是一目了然嗎?胡、溫的論述一方面是對中共歷史上重要領袖人物之民主追求的理性回歸,另一方面又適應了當今改革開放的現實需要,於是很容易形成黨內共識,贏得民眾擁護。

■當今社會的憲政改革與民主法治話題

　　近年來,圍繞憲政改革與民主法治的話題,大陸理論界在報刊和網路上進行了熱烈討論。帶有官方色彩的俞可平先生 2006 年底出版《民主是個好東西》一書,在社會上引起極大轟動。作者重申了學術界對民主的共識,認為在人類迄今發明和推行的所有政治制度中,民主是弊端最少的一種,是人類迄今最好的政治制度。他特別指出,「民主保證人們的基本人權,給人們提供平等的機會,它本身就是人類的基本價值。……

政治民主是歷史潮流，不斷走向民主是世界各國的必然趨勢。」（俞可平，2006：15）緊隨其後，2007 年第 2 期《炎黃春秋》雜誌發表謝韜先生的〈民主社會主義模式與中國前途〉一文，論證馬克思主義的正統是民主社會主義，堅持馬克思主義就要堅持民主社會主義，由此更激起了新一輪有關民主及其實現途徑的爭鳴。（謝韜，2007）嗣後，民間和網上又廣泛流傳中國社會科學院哲學研究所研究員張博樹的「中國憲政改革可行性研究報告」。該報告詳細論證中國憲政改革的背景、目標、實施步驟和約束條件，並用兩個附件介紹俄羅斯、東歐國家和臺灣地區民主轉型的經驗和教訓，引起了人們廣泛注意。（杜光，2007）俞、謝、張等人殫心竭慮的創造性研究成果，啟發了廣大理論研究者的理論探索，從而為高層領導做出順應歷史潮流和民心民意的政治決策提供了深厚的理論背景。

三、公民文化建設是走向政治民主化的基礎工程

　　如前所述，高層領導所抱持的「民主法治、自由平等、公平正義」的執政理念，預示了當代中國的政治民主化前景。然而，這一前景僅僅是揭示未來必然趨向的「遠景」。讓「遠景」變成「近景」再變成現實，其間還有一段漫漫長路。這是因為，要將這樣的執政理念轉化為億萬群眾的信念和實踐，再透過這樣的實踐將我們這個背負幾千年官本位文化包袱的國家建設成民主法治、自由平等、公平正義的現代國家，必須來一個長期的群眾性的文化啟蒙，必須經由長期的公民文化建設，最終實現文化轉型。這是中國逐步走向政治民主化的基礎工程。這一文化建設工程是必要的和迫切的，又是十分艱難的。

(一)公民文化建設的必要性和迫切性

　　歷史和現實向我們昭示：在中國大陸由傳統向現代的社會轉型過程中，最根本、最艱難且最有決定意義的變革，不是經濟或政治的變革，而是文化的變革，亦即由傳統的臣民文化向現代公民文化的轉型。何謂公民文化？公民文化就是同市場經濟相適應的社會文化，其核心是強調自由、平等等個人權利，反對任何形式的等級特權，主張平等的政治參與和理性寬容精神。因此，由臣民文化到公民文化的轉型，也就是由維護特權的官本位文化到以人為本文化的轉型。臣民文化或官本位文化，片面強調臣對君、官對民、上對下的生殺予奪之絕對權力，而後者則對前者絕對服從，承擔絕對義務，故又稱義務本位型文化。而公民文化則重視人權或個人權利，以公民權利為本，同時主張平等的公民責任和義務，也就是「權利和義務的統一」。中國一百五十多年來的苦難歷史證明，由臣民文化向公民文化的艱難轉型，不經歷長期的公民文化建設過程是不可能實現的。

　　眾所周知，統治中國兩千多年的以儒學為核心的封建傳統文化，本質上是不講權利的專制主義文化、模鑄奴隸國民性的臣民文化。缺乏甚至排斥「權利」、「自由」觀念，是中國傳統文化的固有弊端。戊戌維新的啟蒙思想家梁啟超在《先秦政治思想史》中說過，權利觀念可謂歐美政治思想中之唯一元素，而中國歷史上從無人權和自由觀念。被稱為「最後的儒家」的梁漱溟先生，在他的《東西文化及其哲學》中也指出：「『權利』、『自由』這種觀念不但是他（中國人）心目中所從來沒有的，並且是至今看了不得其解的。他所謂的權通常是威權的權，對於人能怎樣怎樣的權，正是同『權利』相刺謬的權。……原來中國人不當他是一個立身天地的人，他當他是皇帝的臣民。他自己一身尚非己有，那裡還有什麼自由可說呢？」（程立顯，2002：75）迨至 19 世紀末、20

世紀初，中國人本來聞所未聞的自由、平等、人權、民主等概念傳入中國，卻長期被視為挑戰中華固有文明的「異端邪說」，一直受到封建文化的排斥和消解。一大批先進知識分子，在戊戌維新、辛亥革命特別是「五四」新文化運動的思想啟蒙中，用自由、平等、人權等民主主義的新文化、新道德，猛烈撻伐封建專制主義的舊文化、舊道德，為中國思想文化的進步，做出了卓越的貢獻。

然而，我們必須清醒地看到，「雖然近代的思想先驅們曾極力宣揚西方的權利思想，並以此鞭撻封建道德，但經歷了整整一個世紀的滄桑巨變，我們還很難說現代權利文化已經在這塊古老的土地上扎下了根。國人的權利認知水準仍有待提高，權利情感還有待培養，權利信念亦有待增強。」（余湧，2001：6-7）國人之缺乏公民權利意識，現代公民文化之思想根基的薄弱，仍然是中國同先進國家的最大差距，仍然是我們堅持改革開放和完善市場經濟的文化阻力。

其實，文化阻力還不僅在於國人之缺乏公民意識，更嚴重的是社會上還存在著對於人權和公民權的敵視心理。人們不安地注意到，在改革開放三十年後的今天，儘管憲法已於 2004 年載入保障人權的條款，儘管國家領導人和主流輿論反復確認「民主、法治、自由、人權、平等」為「人類共同追求的價值觀」，但時至今日，仍然有人在「階級鬥爭」慣性思維的支配下，戴著有色眼鏡看待國際社會公認的普世價值。謂予不信，試看兩例。

其一：某著名教授在 2008 年 9 月 16 日發表於《光明日報》的文章中寫道，「他們鼓吹的『普世價值』並不是人人所固有的，或上帝賦予的，而是由資本主義的社會經濟關係決定的。看一看他們『普世價值』的具體內容，就可以明白這一點。他們正是把西方發達資本主義國家裡的民主、自由、人權、公平等等稱之為『普世價值』的，而這些價值觀念的內涵不就是反映了資本主義的政治經濟關係嗎？」（吳敏，2008）

其二：某社會科學院院長在 2008 年 10 月的一次會議上說道，「現

在西方話語權的聲音很高，把他們主張的『民主觀』、『人權觀』以及自由市場經濟理論等等也宣稱為普世價值，我國也有一些人如影隨形，大講要與『普世價值』接軌」；「我們要樹立民族自尊心和自信心，不搞任何盲目崇拜，不能將西方的價值觀念尊奉為所謂的普世價值」。（吳敏，2008）

同上文高層領導的普世價值論述大唱反調的此類言論，近年來此伏彼起，甚至不時見諸主流媒體，可見抗拒普世價值的舊觀念在社會上仍大有影響。本著尊重論者之言論自由的精神，對這些反常識的言論大可置之不理，但我們確應從中體悟到傳統文化的固有弊端及其頑強的排異功能，體悟到現階段大力宣揚普世價值、建設公民文化的必要性和迫切性。

(二)革除專制主義是公民文化建設的重中之重

建設公民文化、實現文化轉型對於堅持改革開放的必要性和迫切性已如上述。其艱難性主要表現在為「建設」清掃地基的艱難，亦即革除專制主義傳統文化因素的艱難。這一艱難工作，是加強公民文化建設、推行民主法治的重中之重。

在當今的中國社會，一方面，由於改革開放以來市場經濟的發展和市民社會的崛起，民間的公民權利意識已經開始覺醒，公民文化正在成長；但另一方面，由於幾千年封建專制主義文化的影響，同公民意識根本對立的皇權思想、特權觀念、奴性道德、清官情結、官本位、家長制等等，依然廣泛存在，其影響程度較之三十年前並無根本變化。因此，我們要培育現代公民意識，有效地建設公民文化，就必須下決心革除這些舊文化的毒素。鄧小平當年為了推動改革開放，睿智地抓住了這一文化建設的重中之重。他指出：「我們進行了二十八年的新民主主義革命，推翻封建主義的反動統治和封建土地所有制，是成功的、徹底的。但是，

肅清思想政治方面的封建主義殘餘影響這個任務，因為我們對它的重要性估計不足，以後很快轉入社會主義革命，所以沒有能夠完成。現在應該明確提出繼續肅清思想政治方面的封建主義殘餘影響的任務，並在制度上做一系列切實的改革，否則國家和人民還要遭受損失。」（鄧小平，1994：335）他還說：「舊中國留給我們的，封建專制傳統比較多，民主法制傳統很少。解放以後，我們也沒有自覺地、系統地建立保障人民民主權利的各項制度，法制很不完備，也很不受重視，特權現象有時受到限制、批評和打擊，有時又重新滋長。」（鄧小平，1994：332）所以，鄧小平在改革開放初期致力於法制建設的過程中，十分強調要把「批判和反對封建主義在黨內外思想政治方面的種種殘餘影響」（鄧小平，1994：368）作為一項重要任務。

歷史的吊詭之處在於，就連鄧小平這樣清醒地主張反封建的改革開放領袖人物，在晚年也未能完全擺脫封建專制主義的影響，以致做出了某些錯誤決策而釀成了歷史悲劇。由此足見反對封建專制主義殘餘影響的鬥爭，確實是無比艱難的。面對九十年前的「五四」新文化運動所發起的、三十年的改革開放所承續的反對封建專制主義的歷史重任，堅持改革開放、致力於公民文化建設的當代中國人，必須敢於擔當。

四、公民文化建設的倫理學對策

公民文化的核心是現代倫理文化。公民文化建設實質上是現代倫理文化的建設，臣民文化向公民文化的轉型實質上是中國傳統文化向現代倫理文化的轉型。陳獨秀在分析近代以來中西文化的交叉與矛盾、碰撞和融合的過程時說過，「中國人對於西方的認識愈來愈深刻。中國人的覺悟，越來越提高；但還不能解決中國的問題」；「此等政治根本解決問題，不得不待諸吾人最後之覺悟」，即「政治的覺悟」和「倫理的覺

悟」。他進而斷言：「倫理的覺悟，為吾人最後覺悟之最後覺悟」。（陳獨秀，1995：109）這是什麼意思呢？中國人在學習和借鑒西方文化的過程中，先後有了「新式教育的覺悟」、「科技的覺悟」、「市場經濟的覺悟」、「民主政治的覺悟」，但還是不能解決現代化的問題，還得等待「吾人最後覺悟之最後覺悟」，這就是全體國民「倫理的覺悟」。中國近代以來從廢科舉、興洋務、重科技乃至確立市場經濟體制的發展路徑，在在證實了陳獨秀關於「倫理覺悟」對於社會變革之決定作用的論斷。因此，我們在討論以政治民主化為目標的公民文化建設時，便不能不思考旨在啟發國人之倫理覺悟的倫理學對策。

所謂「倫理覺悟」，在「五四」啟蒙思想家看來，就是要以公民道德取代奴隸道德、臣民道德。何謂公民道德？「曰法蘭西之革命也，所標揭者，曰自由、平等、親愛。道德之要旨，盡於是矣。」（蔡元培，1984：263）

蔡元培的道德定義深中肯綮，它表明公民道德就是以公民權利為核心價值的現代道德。因此，「倫理覺悟」也就是「要求人權和公民權」、追求權利與義務之統一的道德覺悟，就是追求公平正義的現代公民覺悟。作為現代公民，「一個人有責任不僅為自己本人，而且為每一個履行自己義務的人要求人權和公民權。沒有無義務的權利，也沒有無權利的義務。」（馬克思，1976：16）「要求人權和公民權」，追求公平正義，這是近代以來倫理學的靈魂所繫、使命所在。這種以人為本的倫理學，對於公民文化建設的引領作用，恐怕怎麼估計也不會過分。但目前國內通行的倫理學科相關教材（包括大學通用的思想道德修養類教材），顯然還缺乏這樣的靈魂，難以承擔起這樣的使命。為適應公民文化建設的迫切之需，筆者以為，目前的當務之急，就是要在政府有關部門的支持下，遵循下述三條原則，做好倫理學教材和相關德育類教材的編撰工作。

(一)著力構建社會公正之學

　　「公平正義是社會制度的首要價值」，這早已從美國政治哲學家羅爾斯（John Rawls）四十多年前提出的哲學命題轉化為中國大陸的社會共識。有鑒於此，中國著名倫理學家周輔成先生早在上世紀九〇年代便指出：「21世紀的新倫理學，不能只是愛人之學、利他之學，還應當成為社會公正之學，先把公正或正義講清楚。」（周輔成，1997：11、13）以正義範疇為核心，努力揭示「自由、平等、人權、公正、民主、法治」等普世倫理價值之實現途徑的「社會公正之學」，最有可能成為當今改革時代所需要的以人為本的倫理學。

　　值得注意的是，自上世紀八〇年代恢復倫理學科以後，大學通用的倫理學教材僅僅關注「義務」、「良心」、「榮譽」、「幸福」等四個範疇，有意排除「正義」和「權利」（有的教科書甚至宣稱要「將權利驅逐出倫理學領域」），也不講「平等」和「自由意志」，這是缺乏常識的架構。（周輔成，1997：9）這種倫理學所宣揚的道德體系，非但沒有促進反而阻礙了人們道德觀念的更新。這種倫理學教學狀況如不改變，必然會阻礙普世倫理價值的傳播，阻礙公民文化建設的推進。

(二)著力闡明公正原則

　　倫理學既然要成為社會公正之學，那它就要科學地闡明當代中國公正原則的特徵、內容、目標及其實現途徑，諸如政治公正、經濟公正、分配公正、教育公正、懲罰公正、環境公正等等社會公正問題，均在公正原則的規範之列。既然承認「正義是社會制度的首要價值」，那就得承認公正原則是當代中國社會道德的首要原則、最高原則。「沒有公正就沒有道德，違反公正原則必然不道德」（Thiroux and Krasemann, 2007:

133)，這應該成為全社會的倫理共識。

這種倫理共識，必然要突破現行的將「集體主義」奉為處理一切道德關係之唯一原則的倫理學框架。人是社會性動物，總是在一定的集體或群體中生活的，總要有相互關照的集體主義精神。這是不錯的。但是，將任何集體絕對化，將任何集體價值視為最高價值，其荒謬性則顯而易見。這樣的集體，只能是馬克思所斥責的「虛幻的集體」，而不可能是他所理想的「自由人的聯合體」；這樣的集體主義，就像「文革」時期司空見慣的那樣，必然蛻變為反人道的封建整體主義或法西斯主義。正確理解的集體主義，必然承認人道主義乃最基本的道德原則，必然接受旨在保障社會首要價值的公正原則的引領。在這個道德原則問題上，倫理學大有文章可做。

(三)著力培育公民人格

倫理學是教人做人的學問，是教人生活的藝術。按照現代倫理學原理所實施的道德教育，必以培育人的現代公民人格為鵠的。因此，在當代中國，在現實的市場經濟和已經顯露出政治民主化前景的歷史條件下，全社會的道德教育，必須以「自由、平等、人權、公正、民主、法治」等六大倫理價值為核心內容（Cheng, 2001: 301），以培育具備現代公民人格的堂堂正正、器宇軒昂的中國公民為根本目標。

公民人格的高與下，說到底，表徵為公民意識的強與弱。所謂公民意識，就是公民對自身的法律地位和公民身分的自覺認識，包括公民的人格尊嚴意識、權利意識、平等意識、憲法意識、民主法治意識等等。對公民人格的培育，就是對諸如此類公民意識的啟蒙與教育。這樣的道德教育，既要宣導那些體現優秀文化傳統（例如同情、友誼、誠信、責任感等）的人格行為，更要培養那些體現「自由之思想，獨立之精神」的現代人格行為。順便指出，我們現行的德育教科書，依然幾十年一貫

制地將德育目標或任務確定為「培養社會主義接班人」之類。這未免過於褊狹，在很大程度上背離了現代德育的倫理學原理。其德育效果之不彰，也就在情理之中了。

在我們看來，遵循上述三條原則，儘快革新倫理學教材，儘快將教育系統的倫理學科建設和全社會的思想道德建設推向科學化、現代化，是當代中國倫理文化建設的頭一項緊迫任務，也是深入開展公民文化建設的必要前提，國家教育機構和倫理學教學科研人員務須戮力同心，克期完成。

五、結　語

「加強公民意識教育，樹立社會主義民主法治、自由平等、公平正義理念」，這一富有現代性的政治口號，標示了中國政治民主化的前景，為中國的公民文化建設提出了艱巨任務，也為中國的倫理學變革和發展提供了動力。從倫理學領域的革故鼎新入手，擯棄高度集權體制和計畫經濟時代的陳舊道德論，構建當代中國市場經濟條件下的社會公正之學，闡明申張人權和正義、主張權利與義務之統一的公正原則，大力普及「自由、平等、人權、公正、民主、法治」等現代倫理價值，啟發和提高全民族的倫理覺悟，或許是加強公民文化建設、實現文化轉型、走向政治民主化的根本途徑。賢哲有言曰：「倫理的覺悟，為吾人最後覺悟之最後覺悟」。人們有理由預期，在未來二十年到三十年內外，在中華大地上成長奮鬥的有高度倫理覺悟的現代公民必將愈來愈多，不可移易的中國政治民主化前景必將愈來愈迫近、愈來愈清晰。這是 21 世紀中國的改革開放和現代化事業的必然趨勢。

參考書目

一、中文部分

余　湧（2001）。《道德權利研究》。北京：中央編譯出版社。

吳　敏（2008）。〈胡錦濤溫家寶肯定普世價值〉。線上檢索日期：2008
　　年 11 月 19 日。http://www.dwnews.com。

李　銳（2007）。〈致胡錦濤的信〉。線上檢索日期：2007 年 3 月 16
　　日。http://www.sina.com.cn。

杜　光（2008）。〈理論活躍與執政當局的路徑選擇〉。線上檢索日期：
　　2007 年 9 月 20 日。http://www.dwnews.com。

周輔成（1997）。《論人和人的解放》。上海：華東師範大學出版社。

阿馬蒂亞・森（2000）。〈人啊人：政治、經濟、價值觀〉，《當代中
　　國研究》。第二期，頁 15-21。

阿馬蒂亞・森（2007）。《慣於爭鳴的印度人》。上海：三聯書店。

俞可平（2006）。《民主是個好東西》。北京：社會科學文獻出版社。

胡錦濤（2005）。〈在構建和諧社會省部級幹部研討班上的講話〉，《人
　　民日報》。2005 年 2 月 20 日報導。

胡錦濤（2007）。《在中共十七大上的報告》。北京：人民出版社。

馬克思（1976）。《馬克思恩格斯全集》。第十六卷，北京：人民出版
　　社。

陳獨秀（1995）。《陳獨秀文章選編》（上冊）。上海：三聯書店。

曾彥修（1998）。〈文化發展方向上要不要強調民主〉，《炎黃春秋》。
　　第七期，頁 8-10。上海：三聯書店。

程立顯（2002）。《倫理學與社會公正》。北京：北京大學出版社。

溫家寶（2007）。〈答中外記者問〉。線上檢索日期：2007 年 3 月 16

日。http://www.sina.com.cn。

蔡元培（1984）。《蔡元培全集》。第二卷，北京：中華書局。

鄧小平（1993）。《鄧小平文選》。第三卷，北京：人民出版社。

鄧小平（1994）。《鄧小平文選》。第二卷，北京：人民出版社。

謝　韜（2007）。〈民主社會主義模式與中國前途〉，《炎黃春秋》。第二期，頁 1-8。

二、外文部分

Cheng Lixian (2001), *Western Ideas of Social Justice*. Hong Kong, Wah Ha, Ltd.

Thiroux, Jacques P. and Krasemann, Keith W. (2007), *Ethics*. Pearson Prentice, Hall, USA.

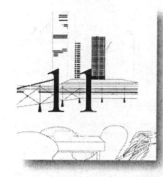

11 中國內地公民社會發展的趨向分析

- ■中國內地公民社會的萌芽與發展
- ■中國內地公民社會發展的促因與局限
- ■中國內地公民社會的意義與展望

高峰　首都師範大學政法學院政治學系教授

摘　要

　　觀察和分析改革開放三十年的發展歷程，可以發現，中國內地公民社會的興起與發展採取了一種漸進的方式。一方面，它受到市場經濟內在力量的驅動，伴隨著改革開放的發展進程而逐漸壯大；另一方面，它又受到國家外部力量的主導，使其發展完全規束在政府可以調控和容納的範圍之內。公民社會在中國內地的未來發展趨向也必將循此軌跡。隨著市場經濟的進一步發展與完善，公民社會將不斷壯大，逐漸走向發達與成熟。可以預期，這種發展也必然是一個漸進的和有序的過程。市場經濟機制一經啓動，由此帶來的中國內地公民社會的全方位發展將是不可逆轉的；同時，中央政府將按照「穩定壓倒一切」的原則，在推動公民社會的發展中，採取積極穩妥有序的方針。

Abstract

When we observe and analyze the developmental course of 30 years of reform and opening-up, we can see that the rise and development of civil society in the interior of China has been adopting a progressive mode. On the one hand, it was driven by the internal force of market economy and was growing steadily with the developmental course of reform and opening-up; on the other hand, it was dominated by the external force of the state, and its development was bound within the scope of government tolerance and controlling. The future trends of its development in the interior of China will certainly follow this pathway. With further improvement and perfection of market economy, civil society will be expanding gradually, and move towards flourishing and mature. As can be expected, this development is sure to be a gradual and orderly process. Once the mechanism of market economy is started, the development of civil society it brings about in the interior of China on every side will be irreversible. At the same time, the central government, in accordance with the principle of "stabilization overriding everything", will adopt an active, safe and orderly policy in promoting the development of civil society.

按照西方對於公民社會（civil society）的理解，中國內地還遠未形成一個成熟、發達的公民社會，但發生在 20 世紀晚期的內地的改革開放，造成了中國經濟、社會、文化等各個方面的巨大變化，無疑也極大地推動了公民社會的興起與發展。本文意在觀察改革開放三十年的發展歷程，對中國內地公民社會的發展趨向做一初步分析，旨在說明中國內地公民社會的興起與發展採取了一種漸進的方式。中共十七大報告指出，要「加強公民意識教育，樹立社會主義民主法治、自由平等、公平正義理念」、「從各個層次、各個領域擴大公民有序政治參與」（胡錦濤，2007）。其中與公民社會發展相關聯的關鍵字，有助於我們認識和解讀中國內地公民社會的發展趨向。

一、中國內地公民社會的萌芽與發展

中國歷史上缺乏市場經濟，因而沒有出現過類似西方的公民社會，公民社會一直被政治國家所湮沒。1949 年以後，內地在經濟上推行計畫經濟，在政治上實行高度中央集權體制，所有民間組織幾乎完全消失。甚至如農村中長期存在的廟會、宗親會、祠堂、鄉賢會、民團等農民自發成立的民間組織都不復存在（俞可平，2002）。五〇年代初，全國性社團只有四十四個，1965 年不到一百個，地方性社團也只有六千個左右。這些社團主要是工會、共青團、婦聯、科協和工商聯等九類群眾組織（王穎、孫炳耀，2002）。

從 20 世紀八〇年代開始，伴隨著市場經濟的逐步發展以及經濟與政治的一定分離，一個相對獨立的公民社會在中國內地逐漸興起。據民政部的最新統計，截至 2006 年 12 月底，全國各類民間組織約三十二萬多個（國家民間組織管理局，http://www.chinanpo.gov.cn/web/showBullttetin.do?id=30672&dictionid=2201&catid，2008 年 11 月 28 日訪問）。也有學

者估計各類民間組織已多達三百萬個左右。

(一)中國內地公民社會的萌發

中國內地公民社會的萌動，其原因是多方面的。歸納起來，主要有如下一些因素。

■國家中心任務的轉變

1976 年極左勢力在政治上失勢，延續達十年之久，造成國家嚴重衰敗、國民經濟瀕臨崩潰邊緣的「文化大革命」得以結束。新的政治領導人面臨著革新社會、改革積弊、以變求存的政治選擇。在透過一系列的非常手段使政局得以初步穩定之後，1978 年 12 月中共十一屆三中全會提出了國家發展的新綱領，以經濟建設為中心，建設社會主義現代化強國。這實際上否定了長期以來黨所奉行的「以階級鬥爭為綱」的治國路線，把國家的經濟發展與建設列為優先的政策目標。同時，也在實際上否定了「現行制度天然優越」的思維定勢，把改革現行制度作為推動國家發展的基本途徑。由此使得以現代化強國為追求目標，以改革為主要推進手段的國家發展政策初步構成（張祖樺、閔琦，1995）。

■國家經濟體制的改革

自 1978 年 7 月始，黨和政府的決策層圍繞著中國經濟體制改革的目標和走向展開了多次討論。到 1980 年 9 月，國務院經濟體制改革辦公室在「關於經濟體制改革的初步意見」中提出了新的政策主張，雖然在此後經歷了長期爭論，但是卻得到了黨的歷次全會和大會的認可，使得市場取向的經濟體制改革不斷向前推進。同時，十一屆三中全會以後，黨和政府對社會主義所有制結構的認識與政策也發生了轉變。確認多種所有制形式和多種經營方式長期並存，是一項長期戰略決策。中共中央關

於經濟體制改革的決定中，還提出要為個體經濟的發展掃除障礙，創造條件，並給予法律保護（鐘朋榮，1990）。

■國家開放政策的實施

隨著國內工作重心的轉移，執政黨和政府逐漸意識到，現代化建設需要一個和平的國際環境，需要溝通和加強對外經濟技術交往。於是，提出了實施對外開放政策。1979 年 1 月，中國政府提出臺灣回歸祖國的建議，以「三通」、「四流」[1]和停止對金門等地的炮擊，緩和海峽兩岸的局勢。隨後於 1979 年 7 月正式打開對外開放的大門，設置了深圳、珠海、汕頭、廈門四個經濟特區。黨和政府還制定了一系列優惠政策鼓勵引進國外（包括港澳臺）的資金、技術與管理，興辦「三資」企業。自此，一個對外開放的局面逐漸形成。

由於上述國家政策的改變與國家戰略的轉變，其直接結果之一就是民營經濟獲得新生。民營經濟在內地經歷了從取締、消滅到「不要急於取締」、「允許存在」；從敵視、歧視到「拾遺補缺」、「有益補充」；從不被承認到「重要組成部分」、「一支生力軍」，再到要「高度重視」、「大力發展」的艱難歷程。到 1981 年，全國個體工商戶為一百八十二萬戶，從業人員二百二十七萬人，註冊資本金 4.6 億，年創產值 1.5 億，營業收入 19.7 億。其他形式的民營經濟也開始發展起來。鄉鎮企業、三資企業、私營企業和個體經濟等，擺脫了政府的家長式控制而得到迅速發展，其生產產品主要依靠市場調節而不再由政府決定。

伴隨著上述分化，人們原有的價值觀念和生活方式也出現了相應的變化。例如，過去那種「重農輕商」的價值觀念受到了深刻的衝擊，朝著市場經濟思想最終戰勝血統和傳統權力思想的方向，邁出了可喜的一

---

[1] 「三通」即通商、通航、通郵。「四流」即進行經濟、科學、文化、體育交流。

步。隨著股份制的出現，產權概念變得日益明確，「恭喜發財」已經成為全社會的流向祝福語，正當的個人私人利益已經在內地具有合法性，且也從制度上得到保障和鼓勵。當然，和其他所有生長中的事物一樣，也出現了一些不健康的現象，如知識貶值、拜金主義、追求奢華等（李明堃，1993）。

從總體規模與品質上說，公民社會作為一個政府與企業之外的獨立領域，在中國內地尚未見成熟，民間組織的成長仍相對脆弱與不穩定，在政策環境、資源籌集以及獨立談判的資格與能力問題上，常常導致民間組織操作的擱淺及觸礁。為此，有人把目前中國非政府的民間社會初期階段，稱之為「前公民社會狀態」。而與之相伴而行的、真正意義上的公民文化（civic culture）還遠未形成。然而誰也無法否認，在這一狀態下，由於民間組織在頑強的鬥爭中成長，我們已經能夠聆聽到公民社會獨立行動的腳步。而且公民社會的理念正日益深入到國家政策體系，例如 2001 年，NGO 首次被寫入政府的扶貧白皮書，地方政府也開始研究放寬限制。同時公民社會建設也已取得了國際機構的支持。

在經歷了三十年改革開放與社會變遷之後，中國的公民社會已經具有了一定的發展基礎。其重要特徵是民營企業與民營經濟快速發展，中產階級正在形成，仲介組織逐步發育，社區自治不斷擴大，公民的政治參與逐漸增加。「實際情況是，轉型每天都在私營部門的企業家中發生，在發明新事物、創造新方法而未遭官僚機構阻止的公民中發生」（阿爾溫・托夫勒、海蒂・托夫勒，1996）。

(二)中國內地公民社會的發展

中國內地公民社會的發展，也是伴隨著一系列改革開放政策的實施而逐漸發展的。

■經濟結構的重大調整

內地對經濟結構、所有制結構、產業結構進行了重大調整，鼓勵民營企業參與國有企業改革。民營企業可以兼併、參股、整體收購國有中小企業；私營個體可以承包、租賃國有中小企業。同時，政府在民營企業符合國家法律、法規和產業政策的前提下，不限制所占比重、不限制發展速度、不限制經營規模和方式、不限制發展區域、不限制雇工人數，使民營經濟得以迅速發展，成為國家經濟的重要組成部分。

■村民自治與居民自治

能夠體現公民社會的一個重要標誌是村民自治，它是中國農村居民的偉大創造。1980 年 2 月，廣西宜山縣三岔公社合寨村誕生了中國第一個村委會，它完全是由該村農民自發選舉產生的。此後不久，全國不少地方的鄉村都自發地建立了村民自治組織。據中國基層政權建設研究會中國農村村民自治制度研究課題組，1993 年以來歷年研究報告的統計，到 2001 年底，全國絕大多數省份都進行了三屆或四屆村委會換屆選舉，60%以上的村莊初步建立了村民自治制度。全國農村共有村委會一百多萬個，村委會幹部約四百五十萬名。

體現公民社會的另一個重要標誌是城鎮居民自治。1980 年 1 月 19 日，國家重新頒布了「城市居民委員會組織條例」，使城市基層群眾自治制度開始得以恢復和發展。1989 年，全國人大常委會在該條例的基礎上形成了「中華人民共和國城市居民委員會組織法（試行）」，並且頒布施行，為城鎮社區的居民自治提供了法律依據。到 2001 年，全國城鎮的居委會大多數已經實行了間接選舉，也有一些地區的部分居委會開始實行直接選舉。

內地三十年來的社會變遷，隨著經濟改革的逐步深化與市場經濟體系的逐步確立，民營經濟與私有企業日益壯大，中產階級得以產生，各

類仲介組織蓬勃發展，公民社會已初現輪廓。作為公民社會的基本單元的公民開始得到法律上的認定，公民的權利、義務與責任漸趨明確，公民的社會地位逐漸得到確認。

■市場經濟

中國內地公民社會三十年的發展受到市場經濟的直接驅動。實際上，市場經濟領域是公民社會的重要組成部分，它的發展為公民社會準備了基本要素：

1. **市場經濟造就了公民社會的主體。**公民社會產生的一個重要標誌就是大量的個人和組織擺脫了政治權力的束縛，成為非政治的生活主體，也就是公民社會主體。市場經濟在營造這些主體中起了關鍵作用。

2. **市場經濟拓展了公民社會的活動空間。**在高度政治化的社會中，人們的社會生活直接是政治生活。市場經濟的發展讓人們衝破政治的囚籠，眼前展現出一片屬於每個個人的自由飛翔的空間，政治權力所直接支配的生活則日益萎縮。

3. **市場經濟塑造著公民社會的意識形態。**公民社會意識形態最重要的兩個特徵是世俗化與個體化。世俗化是人越來越多地相信和依靠神秘的外在力量，世界越來越多地成為經驗中的世界，也就是說，外在的世界對於人的神秘感越來越少。個體化是指個人不斷掙破一個社會共同體所強加的各種外在規範，努力在生活中體現個人意志的過程。市場交易的發展快速地實現著這一過程。

4. **市場經濟營造著公民社會的自治機制。**市場經濟看似一盤散沙，不成體統。但其背後有其內在的調節機制，除了那隻「看不見的手」之外，還有法律與道德這隻看得見的手。

■非政治的公共領域

除市場經濟之外的公民社會另外一個領域是非政治的公共領域，表現為各種社會組織，如家庭、學校、俱樂部、協會、教會等。市場經濟的發展促進了這些組織的發展，同時這些組織反過來對市場經濟起一種校正作用：

1. 這些組織能提供公民社會功利需要的智力資源和倫理資源，如學校所提供的科學技術，家庭和教會所提供的倫理信念。
2. 這些組織還能提供非功利的人文精神資源，如友愛、正義、藝術等；唯有這些精神，才不致使人成為金錢的奴隸，不致使人變為貨幣符號，從而使公民社會的發展不會偏離人的正常發展的軌道。
3. 這些組織還可協調市場經濟發展中的一些矛盾和衝突，如勞資矛盾、待業矛盾等，當這些矛盾不能藉由市場解決，也無必要透過市場解決時，工會、行業協會等組織所進行的民間談判和協商就顯得非常必要。

當然，這些組織的過度發展也會影響經濟效率，美國學者奧爾森證明了這一點〔查理斯‧泰勒，1991（3）：95-118〕。如何把握這個度，也許要訴諸政治智慧。

二、中國內地公民社會發展的促因與局限

公民社會是建立在市場經濟基礎之上的，因而內地興起並發展公民社會是與改革開放之後逐漸實行市場經濟的進程相伴而行的。與此同時，由於社會經濟政治文化的特殊性，又決定了內地公民社會發展的獨特性。

市場經濟的機制一經啟動，由此而帶來的中國內地公民社會的全方位發展將是不可逆轉的。在此過程中，公民社會受市場經濟內在力量的驅使得到自發漸進式發展，並直接從公民社會內部孕育出公民文化。它們開啟於國家實行改革開放政策之初，並且伴隨著改革開放的進程和市場經濟體系的建立而逐步得到發展。一方面，公民社會的各種因素如民營經濟、私有企業、仲介組織、中產階層成長壯大，為社會自治的建立與擴展提供了必要的物質基礎和人力資源；另一方面，社會自治的生長也為公民社會的衍生與發育提供了有效的支援。

　　公民社會是以多元自由產權為核心的市場經濟社會，市場經濟發展本身所包含著的對國家與社會的要求，直接為基層群眾自治發展的「雙重民主化過程」的出現提供了重要的基礎和動力。對國家，市場經濟要求政府改變計畫經濟管理模式，轉變政府職能，減少不必要的干預；對社會，市場經濟要求參與經濟生活的社會單位、組織和個人擺脫對政府的過度依賴，迅速轉變為具有法律地位和自主能力的市場主體，要求社會能夠依據市場的原則，透過市場的機制實現有效的自我協調和發展。顯然，市場經濟的推行和發展，將使基層群眾自治發展成為中國民主化發展的必然取向。這也就同時意味著中國未來的民主化發展在很大程度上將在基層群眾自治發展的基礎上展開〔林尚立，1999（4）：47-53〕。

　　隨著改革開放的推進、市場經濟與民營經濟的發展和社會結構的轉型，從原有體制中間和邊緣產生了一些新的社會群體，在新的社會環境中得到了快速發展。如個體勞動者群體，即民間所謂的「個體戶」；私營企業主群體，其中個別私人企業已成為擁有幾百萬甚至上千萬資產的現代化工廠（朱光磊，1998）；新中產階層，他們的經濟收入是一般企業職工的幾倍、幾十倍，擁有高於人口平均數的金融資產與實物資產（李明堃、李江濤編，1993）。

(一)中國內地公民社會的促因

一個相對獨立的公民社會在中國內地的產生和發展，直接得益於其制度環境的改善。從 20 世紀八〇年代以來，中國內地修改了憲法，進行了以黨政分開、政企分開、政府職能轉變、建設法治國家等為重要內容的政治體制改革，相繼頒行了一系列鼓勵和規範民間組織的法律、規章和政策，轉變了對公民社會的態度，所有這些都是直接促成公民社會迅速成長的制度因素。隨著公民社會的興起，公民文化也在逐漸成型。中國公民的政治參與狀況有了一定改善，其促因主要表現在如下幾個方面：

■政治參與的基礎逐漸擴大

1979 年初，農村中的地、富分子被摘掉帽子；1983 年，全部「四類分子」也被摘掉帽子。據統計，從 1978 年底至 1987 年 3 月，全國各級公、檢、法部門，共平反、糾正「文化大革命」時期造成的冤假錯案一百一十多萬起（中央黨校黨史教研室主編，1991：76）。這些糾錯和平反行動，使人與人之間政治上的緊張關係逐漸緩和，政治空氣日趨寬鬆。

■政治參與的管道逐漸多樣化和制度化

1978 年以後，特別是八〇年代開始進行政治體制改革以來，在「文化大革命」中遭到破壞的各種公民參與機制，如人民代表大會制度、政治協商制度、基層民主自治制度、信訪制度等都得到了恢復和發展，這些制度在表達公民意志、吸納公民參與方面的功能逐漸有所增強。此外，還開闢了一些新的公民參與管道，如輿論參與和監督制度、專家諮詢制度、民意測驗制度等等。

■公民的政治參與行為逐漸增加

隨著社會利益分化和利益關係重組，公民有了進行利益表達的願望和要求，這使公民政治參與在自主性上得到增強；另一方面，由於社會資源日益由高層向低層、由政府向社會流動，公民政治參與的力度和效能均有所提高。可以說，公民參與已成為中國政治過程的一個有機組成部分（陶東明、陶明明，1998：199-200）。

例如，媒體的監督功能有了相對的增強，歷年來由媒體曝光而處理的案件時有發生；學術界可以對許多問題（包括過去被視為非常敏感的政治問題）進行自由探討和爭論；透過網路發表言論表達意願的也越來越多。近年來，隨著互聯網的發展，網路成為公民政治參與的重要管道。據統計，2007 年上半年中國互聯網用戶已達到 1.45 億，中國互聯網越來越凸顯其表達民意和製造輿論的優勢，許多民眾透過網路新聞的網友評論、BBS 論壇、各種社區以及博客等方式相互交流觀點，在網上形成強而有力的輿論空間，受到政府以及社會輿論的強烈關注（胡榮，http://www.tecn.cn/data/detail.php?id=23026，2009 年 4 月 15 日訪問）。

■「行政訴訟法」的實施

「行政訴訟法」的實施與「民告官」現象的大量湧現，成為公民文化成型的一個主要標誌。1990 年 10 月 1 日，「中華人民共和國行政訴訟法」正式施行後，「民告官」的現象開始大量湧現。[2]自 1997 年 10 月始，

---

[2] 比較典型的案例如 2000 年 3 月 3 日，浙江省永嘉縣甌北鎮中村村民就引水糾紛一案，狀告縣政府「不作為」，要求溫州市中級人民法院判令縣政府履行法定職責，儘快就原告與開洋村的水事糾紛做出處理。2000 年 8 月 10 日，溫州市中院依據「行政訴訟法」做出一審判決：永嘉縣人民政府對水事糾紛負有處理的法定職責，縣政府不履行此職責，對兩村的水事糾紛不做處理是違法的。中村百餘名農民要求縣政府履行

東北漢子周起財告了七個行政部門，其中包括公安部〔蕭瀚，2002（1）：17〕。據有關部門統計，在 2000 年裡，全國各級法院結案的行政訴訟案件八萬餘件，公民勝訴率接近 50%（張祖樺，2006：33）。

■人的自由空間的擴大

改革開放之後，人的自由空間擴大了很多，政治國家與市民社會之間的界限已經變得相對明晰。改革開放釋放了一個很大的空間，這個空間又受到法律的保護。如將政治意識形態排除在某些領域之外，不再搞全社會的政治運動；人們穿衣打扮也不再被賦予某種政治意義；人們的言論行為也變得越來越隨意，不再像過去那樣處處小心翼翼。當然，個人和政府在法律上並不是對等和並列的，所以出現了官員濫權、腐敗等問題。過去十多年來社會輿論經常談到維權，這與公民社會對自由權利的信念是息息相關的。公民社會理念可為大眾進行維權、監督政府提供一種精神支柱。

中國是一個轉型中的社會，以前的社會是相對整合的，在每一個領域都有單位進行管理，因此單位變成了一個最基本的社會組織，行使對於公共問題的處理職能。隨著改革開放的展開，單位制度逐漸地淡出。以往很多公共問題如衛生問題或治安問題要由單位處理，現在就需要當地的居民、業主一同來合作處理。公民社會強調合作、參與，正好對應著轉型中的中國如何重新整合社會的問題。

其職責，於法有據，應予以支持。責成永嘉縣政府在本判決生效後兩個月內，對原告與開洋村的水事糾紛做出處理。縣政府接到一審判決後表示不服，聘請了一名一級律師為之代理向浙江省高級人民法院上訴。該律師在接受聘任後，經查閱案卷，認為縣政府在一審法庭中不舉證、不異議，這就視同默認，庭後再補證據已無效用。至此，永嘉縣農民歷時一年狀告政府「不作為」之舉，終於得到了終審法院的支持（《北京日報》，2001 年 4 月 2 日）。

從傳統農業社會走到工業社會，就會出現舊的文化、價值和規範在新的社會裡不能使用的情況。而公民社會包括行業組織、居民組織、業主組織等，提供了一個場所，讓該領域的成員透過互動逐漸發展一個規矩出來，透過這個過程，人們參與其中，學會在這個領域裡怎樣處理公共問題。

　　德國社會學家哈貝馬斯批判現代生活太過受工具理性影響，不談目的，只談手段，很多事情好像已經不用再問其價值，而只問怎麼做最快、最有效，為了效率可以犧牲很多其他東西。公民社會強調對話與溝通，做事情會比較慢，但它強調對個人的尊重，強調平等對話、真誠溝通，給予普通人以貢獻智慧、參與創新的機會，使每一個體在政府和市場以外活得像一個完整的人而不單是一個工具。

(二)中國內地公民社會發展的局限

　　但是，中國的民間組織與西方國家的民間組織有著明顯的差別。中共中央確立的黨的基本路線是「一個中心，兩個基本點」[3]。在以經濟建設為中心，發展市場趨向的經濟過程中，必須確保中國社會政治的穩定。因此與西方國家相比，中國的公民社會具有一些中國的特色。對此，俞可平等學者做出很好的分析（俞可平，2002：216-220）。

■政府主導

　　中國內地的公民社會由政府主導，具有明顯的官民雙重性。中國的民間組織絕大多數由政府創建，並受政府的主導，尤其是那些經過合法登記的有重要影響的民間組織。雖然中央政府力圖增大民間組織的自主性，屢屢發布文件，規定黨政權力部門現職領導人不得擔任各種民間組

---

[3] 即「以經濟建設為中心，堅持四項基本原則，堅持改革開放」。

織和民辦非企業單位的領導職務，但是政府對重要民間組織的主導始終
是中國公民社會的顯著特點。

■過渡性

中國內地的民間組織正在形成之中，具有某種過渡性。與西方國家
的民間組織相比，它還很不成熟，其典型特徵如自主性、志願性、非政
府性等還不十分明顯。絕大多數民間組織都是在八〇年代中期以後成長
起來的，還處在變化發展過程之中，無論是其結構還是功能都還未定型。

■不規範性

中國內地的民間組織還極不規範。雖然1998年民政部修訂頒布了試
圖規範民間組織的新的管理條例，但這一規範過程才剛剛開始。從組織
體制上看，目前至少有這樣幾類民間組織：高度行政化的社團，如工會、
共青團和婦聯，它們實際上與行政機關沒有什麼實質性差別；相當行政
化的社團組織，如工商聯、消費者協會等各種行業管理協會，它們有一
定的編制並享有一定的級別，承擔部分行政管理職能；基本上民間化的
學術性社團，如各種學會、研究會等，它們中的絕大多數沒有專職的人
員編制，其主要領導由學會和研究會自行推選產生並報經主管機關批
准，不享受行政級別，但其中少數也享有人員編制和行政級別的待遇；
民辦非企業單位，這是非常特殊的一類民間組織，它們沒有行政級別，
行政化程度很低，它們除了進行專業研究和交流外，還為社會提供某種
專業性的服務。

■不平衡性

中國內地民間組織的發展很不平衡，不同的民間組織之間在社會政
治經濟影響和地位方面差距很大。在基層的農村和街道，影響最大、威
信最高的民間組織是村委會、居委會和某些社區組織如老年協會等，傳

統上影響很大的團支部、婦代會、民兵營現在的影響和作用非常微弱。在中央和省市層面上，行業協會、管理協會、慈善組織、職業性組織和民辦非企業單位相對說來影響正在日益增大。造成這種差距的主要原因是，不同的民間組織所擁有的制度資源不同、傳統文化基礎不同、經濟實力不同和其領導人的威望不同。

可見，中國內地公民社會的漸進發展這一特點是非常明顯的。它的發展有一定的空間限定，它受到國家外部力量的主導，使其發展完全規束在政府可以調控和容納的範圍之內。這主要是出於保持中國社會政治穩定的考量。

自 1949 年新中國建立以來，國家其實並沒有全盤否定民間組織，在不威脅政權的前提下，政府積極地將一些有助於提高治理績效的民間組織納入公共治理體系之中。但在此過程中，政府沒有放鬆對民間組織的監控，像工會等一些可能危及政權的組織還遠沒有獨立與自主。在國家體制轉型的這種路徑之下，公民社會發展顯然不可能在短期內突破後全能主義的政治控制框架。這意味著，中國公民社會的發展目前只能在這個政治控制框架所允許的限度內發展，即在政府開放的有限公共事務管理的空間中，積極參與治理以爭得與政府對話的權利，從而推動政府轉型並進而推進國家與公民社會邊界的重構。

在這個過程中，國家充當公民社會「發動機」的作用仍不可缺少，但如果不改變以「國家」來闡釋「社會」的思維方式，就不可能得出國家之於公民社會發展的真實意義。制度環境改善並不是國家政治制度安排和意識形態的附屬物，只有在公民社會與國家的博弈過程中，這種改善才可能實現。因此，國家作用應該是基於社會自治要求之上的適時變革，而非國家支配社會的變革。這意味著，中國公民社會發展的最終動力仍然應該來自於社會而非國家。在重視國家變革的同時，我們更要重視民間組織自我治理以及參與公共治理能力的提高。

長期以來，國家不僅在政治領域，而且在社會經濟、文化等領域都

成為唯一的主導力量，又成為具體的操作力量，國家與社會、政治與經濟、政治與文化之間的不同結構與功能被同一化了，形成了非政治領域政治化的社會特徵。十一屆三中全會以後，中國共產黨認識到了這種社會弊端，對傳統的模式進行了種種改革，從而推動了中國內地社會結構的變化，促進了原有的社會政治權力關係和利益關係的不斷調整和重構。正是在這種空前規模改革浪潮衝擊之下，中國的市民社會才得以孕育生成。

然而，這一切都是在國家的直接干預之下逐步推進的，國家的干預主要表現在以下幾個方面：

1. 國家的社會控制幅度明顯收縮，國家直接控制的社會資源的相對量和絕對量都已經大大減少，在整個國民經濟體系中，全民所有制所占的比重顯著下降，集體、個體以及各種混合所有製成分所占的比重迅速上升。
2. 國家的社會控制手段日趨多樣化，改變了以往幾乎完全依靠行政命令與計畫指令的狀況，經濟、法律等其他社會控制方式的作用越來越大。
3. 國家自身的權力結構也進行相應的調整，地方、部門、企業乃至個人占有與處理社會資源的自主權不斷擴大。

由此可見，改革中限制國家的社會職能範圍，擴大各種社會經濟組織的獨立性與自主性，這並不意味著應該對國家社會控制能力進行全面壓縮。正確的方法應該是在總體上縮減國家社會控制幅度的同時，根據社會經濟發展的實際需要，對國家職能進行科學調整，並且並不排斥在某些方面強化國家的社會控制能力和擴展其職能範圍的可能性。當然，中國的市民社會還處在剛剛發育的初始階段，但隨著社會經濟的發展，中國越來越需要一個成熟的市民社會，構建一個完善的市民社會。

三、中國內地公民社會的意義與展望

從 1978 年實施改革開放政策開始，中國內地的社會轉型得以啟動。社會轉型的一個重要體現就是公民社會的發展。公民社會的發展對於中國這樣一個民主制度和民主意識先天不足的國度具有特殊的意義。在市場經濟的不斷推進下，公民社會在中國內地的發展具有樂觀的前景。

(一)中國內地公民社會的意義

無論在東方還是在西方，人們一直都把民主化的希望寄託在公民社會身上。在當前的各種民主化理論中，公民社會都處於重要地位。與此同時，研究政治發展理論和比較政治的西方學者也將公民社會理論廣泛引入民主化理論以及地區政治的研究中。有些學者大膽而樂觀地預測，民主化全球趨勢的體現便是公民社會。中國內地公民社會的興起，對於一個有著兩千多年皇權專制主義傳統的國度來說，確認個人的價值、宣導合理的個人主義、培育公民意識、建立富有活力的公民文化社會，具有不可替代的重要意義。

■公民社會有助於生成民主意識

民主意識是一個開放的現代國家公民們必須具備的基本意識。傳統的社區整合依賴於傳統的社會習俗和社會道德，而當今社會卻不能僅僅依靠某種社會道德作為社區整合的主導力量。一個開放的民族必須具備民主的社會意識。培養民主意識可以形成共同的社會政治觀，可以使不問政事的老百姓積極地參與到國家政治生活中來，這樣也有利於形成更加強大的社會凝聚力。而一種強大的社會凝聚力無形中就能促進社會的

和諧。

從民主化獲得成功的各國經驗看，在中國這樣一個背負著幾千年專制政治傳統、民眾極度缺乏政治參與意識和願望的國度裡，如果僅僅依靠少數民主派知識分子的呼喊，或是僅有政府自上而下地推動，就指望從國家到地方各個層面的民主，一蹴而就大躍進成功，顯然是不切實際的空想〔陳剩勇，2003（6）：23-35〕。這一點已經為戊戌變法以來長達一百多年的民主和憲政的實踐所充分證明。「公民社會是一個不斷演進的過程，憲政的許多觀念、習慣乃至制度等因素都可以在其中沉澱、積累、定型。公民社會為憲政提供觀念培育、公民技能訓練的場所」（謝維雁，2002）。

■公民社會有助於推進民主政治

中國民主政治比較可行的路徑，恐怕只能是一方面透過政治體制改革，有序地推進國家層面的政治民主化；另一方面在公民社會的基礎上深化和鞏固基層民主，進一步拓展社會自治的空間，全面推進各類民間組織以民主自治為內容的社會民主，使公民經由社會領域的參與、地方事務的參與，進而有序地擴大到國家層面的政治參與。只有透過國家自上而下和民間自下而上的互動，漸進拓展民主的層次和範圍，民主的理念和制度安排才能在中國落地生根。公民社會視閾下的各類民間組織，對於激發民眾的政治參與意識，喚醒民眾的政治覺悟具有巨大的作用。民間組織是政治參與的重要管道，有利於社會主義民主法治建設，增強市民認同，為政治文明建設提供先進的政治文化。實行社會主義民主必須有把政府和社會聯繫起來的重要管道。社會民間組織就是政府聯結社會、表達民意，實現政治參與的重要管道。

■公民社會有助於促進社會穩定

在現代社會，個體作為社會的一分子要表達自己的利益、願望，往

往是透過某個組織或群體來進行的，只有參與某個組織或群體，才能順利表達自己的利益、願望。民間組織作為一種群眾性的組織，能夠把分散的社會利益群體組織起來，進行制度化的利益表達，實現政府與民眾的雙向溝通：一方面它代表社會利益向政府表達；另一方面它又可以充當政府代言人的角色，向社會表達國家意志，協調國家與社會的關係，成為溝通國家與社會、政府與民眾的重要管道。這一管道將會促進社會主義法治建設，有利於建立起民主管理機制，推動政府決策的科學化。民間組織在日常工作中，能夠深入基層，瞭解社會各階層的不同需求，尋找解決方案。因此，他們可以從社會的不同角度向各級政府提供諮詢、建議和資訊，為政府做出正確的決策，提供準確的基礎資源，有利於政府工作透明化和管理科學化。同時它也為政府建立民主監督起到積極的推動作用，有利於監督制約政府權利，推動政府運行的高效、廉潔。羅伯特・達爾指出：「多重獨立的社會組織的存在，可以直接促進社會主體的自主性和自覺性，從而形成一種相互約束又相互和諧的社會控制體系，抑制國家權利的擴張和腐敗。」（羅伯特・達爾，2000）更為重要的是，人們有更多的管道參與社會，就不會形成太大的社會張力，這有利於社會穩定，增強社會的向心力和凝聚力，增強市民認同，實現社會主義政治文明的基本理念。

中國公民社會的興起，是中國社會整體進步的重要表現，它不僅有助於推進中國內地民主政治和政治文明進程，且有助於市場經濟的健康發展、有助於提高中國共產黨的執政能力、有助於構建一個和諧社會。

(二)中國內地公民社會的展望

中國內地公民社會的發展在三十年改革開放的歷程中採用了一種漸進的方式，受到市場經濟與國家主導這兩種力量推進，公民社會在中國內地的未來發展趨向也必將循此軌跡。隨著市場經濟的進一步發展與完

善，公民社會將不斷壯大，逐漸走向發達與成熟。同時，我們也必須看到，在推動公民社會發展的過程中，中央政府將按照「穩定壓倒一切」的原則，採取積極穩妥有序的方針。可以預期公民社會在中國內地的未來發展，必然是一個漸進和有序的過程。從改革開放三十年中央政府的政策調整中，可以看出這一顯著特點。

因此，儘管中國內地的公民社會與公民文化仍處於起步階段，在其發展的進程中也還充滿著曲折和艱難，但是本文對其前景的展望卻是相當樂觀的。市場經濟的啟動所帶來的中國社會各個領域的全方位變化將是不可逆轉的。中國內地公民社會的現狀雖然與人們的期待值相差還甚遠，但是與三十年前的情況做一對比，變化是翻天覆地的，它對於中國社會未來進一步的發展具有重要的意義。

■公民社會將與深化改革相互促進不斷發展

公民社會的成熟，必然伴隨著整個國家的立憲進程與制度變革，並透過社會各種政治力量的博弈來實現。民間組織的頑強生存與發展，會大大推動這一過程的完成。在此過程中，公民透過結社的形式，爭取自身的合法權益，並影響社會規則的改革與公共資源的再分配，以形成足以抵制政府權力侵擾的公民社會發展，是實現社會民主現代化不可逾越的重要環節。而民間組織採取「遍地開花，由點連面」，穩健、策略的推進，有助於當代中國全社會理性的整體成熟；有助於社會管理結構由「支配—服從型」向「協商—合作型」漸進式地轉變。

■公民社會將與公民意識共同成長逐漸成熟

胡錦濤在中共十七大報告中提出，要「加強公民意識教育，樹立社會主義民主法治、自由平等、公平正義理念」（胡錦濤，2007）。這是中國共產黨在官方的檔中關於公民教育的首次正式表述，它意味著公民教育已被納入國家意識形態之中，正式進入官方的話語體系，得到各級

政府的宣導。

公民社會的前景，就在於能夠形成公民的自主意識和參與意識，並演化成新的社會民間力量陣營，以推動整個國家民主化的過程；反之亦如此。中國公民社會的建構，需要培育公民意識，改變傳統的政治文化，實現人自身的現代化。一個國家的國民只有具備了完整的公民意識，才能成為合格的公民。只有當廣大國民普遍具備了完整的公民意識和公民性格，才能建立成熟的有自治能力的公民社會。

■公民社會將與市場經濟協調完善不斷壯大

隨著中國社會二十多年的漸進式變革，市場經濟取代計畫經濟導致傳統社會的基礎漸趨瓦解，由此也引發了社會生產方式、人們的生活方式及觀念形態的變化。從政治上看，部分民眾的公民文化心理開始逐漸孕育並生長起來，狹隘順從心理向參與心理轉變、人治意識向法治意識轉化、等級依附向平等交往發展；反過來，這些變化對於市場經濟的進一步完善是極為有利的。

當然，一種新的公民觀念產生的同時，很難擺脫幾千年的傳統政治文化慣性造成的心理定勢。同時，市場經濟初始階段的混亂，劇烈的社會變革，容易導致人們的心態失衡，往往出現困惑、失望和焦慮，進而由激烈的心理衝突引發政治行為的偏差和失序。如權利意識增強而法治意識淡薄；平等意識強化而契約意識淡化；自主意識確立而社會責任意識缺乏等。因此，推行公民教育迫在眉睫，這是中國社會轉型時期培育公民文化的重要前提；完善市場經濟刻不容緩，這是實現社會和諧有序發展的基礎工程。

在民主共和的憲政時代，公民教育的主要作用是傳授和訓練民眾以理性方式參與國家政治生活，其基本核心在於培養民眾的公民意識。在社會轉型過程中設計憲政制度時，需要對傳統的臣民文化進行批判和蕩滌，大力培育以民主信念、權利意識和參與意識為主要內容的公民意識。

公民意識是一種平衡的政治取向，維權以守法為要旨、議政以認同為基礎、參與以有序為前提、紛爭以節制為條件、批評以寬容為原則，其特質是理性處世論事。

公民意識不僅是個人自由和權利的底蘊，而且是維持社會穩定的「穩壓器」。因此，社會轉型時期不僅要注重憲政制度的設計和安排，還須關注公民意識的養成，進而促進公民文化的培育以及公民社會的進一步發展。

公民意識的培育是我國內地公民社會發展進程漸進、有序、穩妥推進的先決條件。進行思想啟蒙，培育公民意識，要和爭取與維護言論自由、新聞自由、出版自由、思想自由、信仰自由、學術自由結合起來。一個國家、一個民族，若不實現上述自由，就不可能真正興旺發達。如果上述自由得不到保障，則思想啟蒙很難進行，公民權利無從談起，公民意識就會成為水上浮萍〔Bent Flvybjerg, 2000(4): 66-81〕。而要實現這一目標，又必然是一個漸進的、有序的過程，需要穩妥地加以推進。

中國要迎接公民社會的到來，民間組織的成長是其關鍵。民間組織在一個一個的個案經驗積蓄中，由觀念歷練到操作規則的反思性過程中，會自然而然地不斷實現與更高層面與系統的縱橫聯結機制，最終為公民社會的全面成熟奠定基礎，從而降低中國實現社會變革的成本。

參考書目

（美）阿爾溫‧托夫勒、海蒂‧托夫勒（1996）。《創造一個新的文明：第三次浪潮的政治》。上海三聯書店。

新華社記者張和平（2001）。〈「不作為」：農民告贏縣政府〉，《北京日報》。4月2日。

張祖樺（2006）。〈中國公民社會的興起〉，《選擇週刊》。總第九十八期，8月9日。

Bent Flvybjerg（2000）。〈兩種民主理論的述評〉，《政治學研究》。第四期。

中央黨校黨史教研室主編（1991）。《四十年的回顧與思考》。北京：中共中央黨校出版社。

中華人民共和國民政部（2008）。〈2007年民政事業發展統計報告〉，檢索自：http://cws.mca.gov.cn/article/tjbg/200805/20080500015411.shtml。線上檢索日期：2008年11月28日。

王穎、孫炳耀（2002）。〈中國民間社會組織發展概況〉，收錄於俞可平等著，《中國公民社會的興起與治理的變遷》。北京：社會科學文獻出版社。

朱光磊等（1998）。《當代中國社會各階層分析》。天津：天津人民出版社。

李明堃、李江濤編（1993）。《中國社會分層》。香港：商務印書館有限公司。

林尚立（1999）。〈基層群眾自治：中國民主政治建設的實踐〉，《政治學研究》。第四期。

俞可平（2002）。〈中國農村的民間組織與治理的變遷：以福建省漳浦

縣長橋鎮東升村為例〉，收錄於俞可平等著，《中國公民社會的興起與治理的變遷》。北京：社會科學文獻出版社。

查理斯‧泰勒（1991）。〈公民社會的模式〉，*Public Culture*。第三期。

胡榮（2008）。〈社會資本與城市居民的政治參與〉。檢索自：http://www.tecn.cn/data/detail.php? id=23026。線上檢索日期：2009 年 4 月 15 日。

胡錦濤（2007）。《高舉中國特色社會主義偉大旗幟為奪取全面建設小康社會新勝利而奮鬥》。人民出版社。

國家民間組織管理局（2007）。〈2006 年度民間組織統計資料〉。檢索自：http://www.chinanpo.gov.cn/web/listTitle.do?dictionid=2201。線上檢索日期：2008 年 11 月 28 日。

國家民間組織管理局（2008）。〈2007 年民政事業發展統計報告〉（社會組織部分）。檢索自：http://www.chinanpo.gov.cn/web/showBulltetin.do?id=30672&dictionid=2201&catid。線上檢索日期：2008 年 11 月 28 日。

國家民間組織管理局（2008）。〈2007 年社會組織統計資料〉。檢索自：http://www.chinanpo.gov.cn/web/showBulltetin.do?type=next&id=30672&dictionid=2201&catid。線上檢索日期：2008 年 11 月 28 日。

張祖樺、閻琦等著（1995）。《轉型期的中國社會變遷》。台北：時報出版公司。

陳剩勇（2003）。〈另一領域的民主：浙江溫州民間商會的政治學視角〉，《學術界》。第六期。

陶東明、陶明明（1998）。《當代中國的政治參與》。浙江人民出版社。

蕭瀚（2002）。〈現在就做個公民〉，《南風窗》。第一期。

謝維雁（2002）。〈憲政與公民社會〉，《師範大學學報》。四川：師範大學學報，第六期，社會科學版。

羅伯特‧達爾（2000）。〈多元主義民主的困境〉，《政治學導論》。

北京：中國人民大學出版社。

鐘朋榮（1990）。《十年經濟改革：歷程、現狀、問題、出路》。鄭州：
河南人民出版社。

12 中俄社會轉型中公民社會發展之比較

連連　浙江大學教育學院副教授

摘　要

　　始於 20 世紀八○、九○年代的中俄社會轉型，儘管在路徑選擇上存在著重大差異，但卻都對公民社會的產生與發展給予了相當的關注與期待，原因在於兩者的歷史文化傳統與以往的社會主義實踐長期壓制了公民社會的產生，使得當今的社會轉型與社會發展亟需獲得來自公民社會的支持與認同。以國家主導型發展為主的中俄公民社會，至今都還沒有發育成熟。大陸政府主導型的公民社會與具有自治特性的西方公民社會之間的差異，俄羅斯在普京領導下國家權力的加強與其提出培養成熟的公民社會兩者間的矛盾，既使我們看到中俄公民社會的發展是任重而道遠的任務，同時又表明在不同的歷史文化條件下，公民社會的產生與發展自有其不可忽視的特殊性所在。

Abstract

Social transformation in Russia and mainland China that begins in the 80s and 90s of the 20th century has been given much attention and anticipation to the emerging of the civil society， although there are some significant differences in the path choice of social transition. This is because of the historical and cultural tradition， as well as the past socialism practice that constrained the development of the civil society， so that current social transformation and social development need eagerly the support and identity from the civil society. It is suggested that the civil society dominated by the government in mainland China and Russia till now has not gotten mature. Considering the differences between the state-dominant civil society in mainland China and the civil society with autonomous characters in western countries， and the contradiction between the strengthening the government power under the leading of Putin and his claim of developing a mature civil society， this paper concluded that there would be a hard way of civil society's developing in both Russia and mainland China， and suggested that the civil society's emerging and developing would had their own specific characteristics as well.

一、緒　論

(一)問題的緣起

　　20 世紀八〇、九〇年代開始的中俄社會轉型，最為引人注目的是兩者在改革路徑選擇上存在的重大差異，但無論是大陸有特色的社會主義改革還是俄羅斯的資本主義轉向，卻都對公民社會的產生與發展給予了相當的關注與期待。而事實上，最初的公民社會及其理論是與歐洲資本主義興起及現代國家形成密切相關的，但這一出自歐洲歷史文化語境的理論卻在 20 世紀七〇、八〇年代得以復興，並在八〇年代早期的東歐社會運動中處於突出地位。原因在於「它為抨擊國家權力提供了思想依據，並指明了領導這些鬥爭的政治力量」，並且由於「調整專橫的國家和受壓抑的社會之間政治均衡的任務，對於世界其他地方的政治力量來說，也在一定程度上具有重要的優先地位，『公民社會』因此對於許多國家和地區也同樣成為有用的思想工具。」（戈登・懷特，2000）隨著發展中國家的制度變遷與社會轉型進程，公民社會越來越多地進入人們的視野。俄羅斯公民社會發展的問題開始被俄國學術界所關注，中國大陸的改革開放以及市場經濟的發展，也同樣引起了國內外學者們對公民社會在大陸是否產生、現狀如何及其發展前景等問題的廣泛探討。

　　研究不同改革路徑下中俄公民社會產生的原因、發展特點及未來走向，進而思考在不同的歷史文化條件下，公民社會發展的特殊性所在，對於兩者未來發展道路的選擇無疑具有重要的現實意義。大陸和俄羅斯無論是在現代化的發展模式或社會主義建設的歷史，以及當代社會轉型及公民社會產生等方面都存在著諸多可以比較和借鑒之處，但目前學術界對中俄公民社會進行的比較研究成果卻並不多見。大陸的主要文獻有

俞可平、項國蘭、徐向梅編的《市場經濟與公民社會——中國與俄羅斯》一書，收錄了中俄學者撰寫的相關論文二十餘篇，涉及中俄改革發展中「市場經濟與公民社會」、「政治改革與公民社會」、「社會發展與公民社會」以及「思想文化與公民社會」四個方面內容，以中俄比較為題的僅有四篇。俄文文獻主要有論文集：《俄羅斯和中國：社會和政治發展問題》、《公民社會與市場經濟——在俄羅斯和中國》、《俄羅斯與中國：改革和發展的進程》以及《俄羅斯與中國的社會和政治發展模式：比較分析》，作者均為俄羅斯聖彼德堡大學的教授和中央編譯局的研究者。[1]這些文章探討了中國大陸公民社會的發展與政治改革的關係，俄羅斯社會演變與公民社會的前景、中俄改革的特點與公民社會的形成問題，以及中俄社會經濟轉軌與階級階層結構的變化等諸多問題，提供了分析中俄社會轉型與公民社會發展關係的不同視角與方法，具有重要的參考價值。但中俄公民社會研究是一個內容豐富的領域，至今尚有許多薄弱環節需要做深入的探討。本文僅就中俄社會轉型中公民社會的產生、自上而下的國家主導型發展的不同表現，以及這種發展對公民社會的影響及未來的可能變化，透過比較研究的方法做初步的分析，從研究對象的共同性與差異性中，探尋與經典模式不同的特殊性所在，為進一

---

[1](1)俞可平、項國蘭、徐向梅編（2005）。《市場經濟與公民社會——中國與俄羅斯》。北京：中央編譯出版社。(2)Факультет социологии СПбГУ, (2003). Россия и Китай: социальные и политические проблемы развития. Санкт-Петербург: Астерион. (3)Факультет социологии СПбГУ, (2004). Гражданское общество и рыночная экономика в России и Китае. Санкт-Петербург: Астерион. (4)Факультет социологии СПбГУ, (2005). Россия и Китай: Динамика реформирования и развития. Санкт-Петербург: Астерион. (5)Факультет социологии СПбГУ, (2006). Модели социального и политического развития России и Китая: Сравнительный анализ материалы международного семинара. Санкт-Петербург: Астерион.

步的理論思考和總結提供認識依據，同時亦希望藉此得到各位同行專家的批評指正。

(二)公民社會的概念及構成要素

在研究中俄社會轉型之下公民社會的產生及其現狀之前，首先需對「公民社會」的概念做出明確的界定。惜迄未有一個統一的「公民社會」定義，即使是對 civil society 一詞還有「公民社會」、「市民社會」及「民間社會」三種不同的翻譯[2]。公民社會的定義也有以二分法（國家—社會）與三分法（國家—經濟—社會）為基礎的不同分類。20 世紀九〇年代以來，以三分法為基礎的公民社會定義逐漸為大多數學者所接受。在（英）戈登・懷特看來，「當代使用這個術語的大多數人所公認的主要思想是：公民社會是國家和家庭之間的一個仲介性的社團領域，這一領域由同國家相分離的組織所占居，這些組織在同國家的關係上，享有自主權並由社會成員自願地結合，而形成以保護或增進他們的利益或價值。」至於經濟社會或經濟系統作為一個同「公民社會」相近似的獨特領域，它構成了任何社會系統中「公民社會」一個主要的基礎。顯然，這是一個寬

---

[2] 關於目前越來越多的年輕學者喜歡採用 civil society 的新譯名「公民社會」的原因，學者俞可平的解釋是：(1)「市民社會」是最為流行的術語，也是對 civil society 的經典譯名，它源自於馬克思主義經典著作的中譯本。但這一術語在傳統語境中，或多或少帶有一定的貶義，許多人事實上把它等同於資產階級社會，而且容易把這裡的「市民」誤解為「城市居民」；(2)「民間社會」最初多為歷史學家在研究中國近代的民間組織時所使用，為一個中性的稱謂，不過在不少學者，特別是在政府官員眼中，它有著邊緣化的色彩；(3)「公民社會」是改革開放後對 civil society 的新譯名，是一個褒義的稱謂，強調 civil society 的政治學意義，即公民的公共參與和公民對國家權力的制約。見俞可平（2006）。〈中國公民社會：概念、分類與制度環境〉，《中國社會科學》。2006 年第一期，頁 110。

泛的定義，但正因如此它「更適合於發展中國家的混雜特徵，並能更好地抓住他們社團生活相應的多樣性特徵。」（何增科，2000：64-65）

由此分析公民社會的構成要素，那麼各種非國家或非政府所屬組織均在其列，包括非政府組織（NGO）、公民的志願性社團、協會、社區組織、利益團體和公民自發組織起來的運動等，它們又被稱為介於政府與企業之間的「第三部門」。這些社會組織具有非官方性、非營利性、相對獨立性和自願性的特點。（俞可平，2002：190-191）因此，公民社會奉行人本主義、多元主義、公開性、開放性、自治性以及民主與法治原則等價值理念。

以上述有關公民社會的認識為前提，來考察 20 世紀大陸和俄羅斯的歷史進程，可以發現，八○年代之前無論是在大陸還是在蘇聯，都沒有出現真正意義上的公民社會。高度中央集權的政治體制與社會主義公有制和計畫經濟，壓制了具有自主性和獨立性的社會空間的存在。隨著八○年代大陸有特色的社會主義改革開放，和九○年代俄羅斯向資本主義社會的急劇轉向，公民社會作為一個全新的社會領域才有了各自成長的空間和條件。

二、社會轉型中的中俄公民社會之發展

(一)中俄改革不同路逕選擇的原因

中俄同為後起的現代化國家，都具有專制主義與中央集權的歷史傳統，雖然俄羅斯是迫於內部壓力的主動化選擇，中國是迫於外部強迫的被動化選擇，但兩者都是透過暴力革命完成了從王朝國家向現代民族國家的轉變，（參見孫友晉，2005）並最終確立起社會主義制度。然而，社會主義實踐所面臨的困境卻使兩者選擇了不同的改革路徑。究其原

因，主要取決於以下三個方面：

■發展程度的差異

改革前俄羅斯已基本實現了工業化，而中國大陸依然處於以農業為主導的、工業化水準相當落後的發展階段。[3]不過這也使大陸的計畫程度和體制僵化的程度遠不如蘇聯，使其改革面對的阻力相對較小，（參見汪蘭麗、劉斌，2008），並導致要求改革的內在動力有所不同。由於大陸農民生活水準較低且從未享受由國家提供的醫療、養老等社會福利，而蘇聯包括農民在內的勞動人口都享有國家福利的保障，農村公有化程度很高，因此前者對於改革和市場經濟的發展具有一種內在的利益驅動和要求，後者則面臨著精英主導的變革如何化為地方和民眾的內在動力，並減少各種阻力的問題。戈巴契夫認為，他是在經濟改革遭遇官僚體制的抵制之後，才最終轉向政治領域。

■基本國情的不同

中俄都是幅員遼闊，人口眾多的大國，但俄羅斯同時是資源大國，其人口數量與結構和大陸相比也甚為懸殊。蘇聯人口從 1953 年的大約 1.88 億增加到了 1989 年大約為 2.87 億，即便如此，蘇聯人口密度仍然遠低於大多數西歐國家。而在 1959 至 1989 年的三十年間，城市人口從 48%增加到了 66%。（沃爾特・G・莫斯，2008：442）大陸人口從 1949 年的 5.4167 億（1953 年為 5.8796 億）到改革初始的 1978 年增加到 9.6259 億，但城鎮總人口的比重僅從 10.6%上升至 17.9%，（中國人口情報研究中心，1991：15）大陸面臨的人口壓力、農村貧困及工業化、城市化發展

---

[3] 有歷史學家注意到，20 世紀二○年代的蘇俄和七○年代的中國在社會歷史條件方面有某些相似之處。（A. B. 彼得羅夫《俄羅斯公民社會形成道路上的經濟障礙》，見俞可平等著，《市場經濟與公民社會——中國與俄羅斯》，頁 28-29。

不足等問題較俄羅斯改革之際更為突出，因此農村改革、經濟改革成為首選的戰略抉擇，而人口壓力、城鄉二元結構等因素也制約著改革以一種全面徹底的方式進行。

■文化與民族性的內在制約

由於俄羅斯身處東西方文明交匯處，自西元 988 年基輔羅斯接受東正教開始，到 12 至 15 世紀被蒙古韃靼人征服，再到彼得大帝、葉卡捷琳娜女皇等效法西歐的改革，俄羅斯文化與民族性中始終兼具東西文化的雙重特性，但也由此造成了俄羅斯的民族性問題——本位文化的缺失與自我認同的危機，並始終在自由主義與保守主義、西化派與斯拉夫派之間遊走，缺乏嚴密的哲學體系和理性精神更使極端主義成為常態，「要麼是國家性、要麼是無政府主義、要麼是造反派、要麼是奴性、要麼是心靈自由、要麼是精神奴役、要麼是虔誠的宗教意識、要麼是徹底的無神論，兩個極端，非此即彼。」（馮紹雷、相藍欣，2005：137-138）文化深層結構的極端性深刻影響著直至俄羅斯改革年代的統治精英和知識分子的抉擇。相比之下，中國有著悠久的歷史和高度發達的農業文明，以儒學為核心、儒佛道等諸學合一的傳統文化長久以來構成了中國人社會生活的精神支柱和道德基礎，無論是近代社會由器物—制度—文化層面的變革過程，還是毛澤東時代以馬克思主義意識形態取代傳統文化的革命實踐，在相當的程度上仍受制於傳統文化的深刻影響。「中庸」之道和實用主義一直以來影響著中國人的心理和行為選擇傾向，凡事不走極端，強調適可而止，執兩用中，是漸進式改革的文化前提和社會基礎。傳統文化中的秩序觀念和權威觀念，不僅有利於社會的穩定和政治的集中，還可以降低政府管理的成本。（汪蘭麗、劉斌，2008）家族本位意識與市場經濟的結合，亦彌補了信用交易的制度性缺失與組織化程度的不足。諸種要素的結合與作用，使得中俄兩國的改革以迥然有別的方式先後展開，並且影響著各自公民社會的形成和發展。

(二)大陸的改革開放與公民社會的產生

　　始於八〇、九〇年代的中俄改革與社會轉型,雖然在取向與路徑上存在相當的差異,但卻都成為了公民社會產生的先導。在計畫經濟體制向市場經濟體制的轉軌中,大陸地區在政府行政組織之外開始了民間社會的組織化過程。市場化改革一方面使企業成為擁有自主權的獨立法人,另一方面也增加了企業的市場風險和競爭程度。由此萌生出了以規避風險、自我利益保護為主旨的大量行業組織和同業組織,以及實行合作互助的各類企業家組織。同時,與市場化進程相適應的政府職能轉變,也要求企業聯合起來成立各種行業自律和行業自治的組織,以填補政府權力從經濟領域收縮後所留下的管理空白。此外,改革開放所帶來的經濟發展成效,為各種民間組織的出現和活動提供了必要的經濟條件,而個人生活水準的提高亦使得各種公民自發的興趣活動組織大量湧現。(俞可平,2002:197-198)

　　其次,公民社會的興起過程與制度環境的變化也有著直接關係。1982年頒布實施的「中華人民共和國憲法」為公民結社權利提供了最高法律保障。改革開放前,雖然法律也規定公民有結社自由,但在所有的社團都與黨政機關高度一體化的前提下,公民結社自由僅具有形式上的象徵意義。改革開放後,公民的結社自由開始具有實質性的意義,公民結社自由的權利得到了一定程度的實現。政府不再擔任全能型的角色,其行政管理職能強化,而經濟職能與社會職能被弱化,國家與社會從高度一體化到逐漸分化的過程,使得社會基本結構由政府—單位—個人(單位人)的單一關係,轉變為政府—社會—個人的多元結構,從而對社會變遷及社會轉型進程產生重要影響。1989年國務院頒布了「社會團體登記管理條例」,確定了社團雙重分層管理體制和統一登記管理原則。1988年和1989年國務院分別頒布了「基金會管理辦法」和「外國商會管理暫

行規定」。以上三個法規初步確定了民間組織管理的制度框架。1998 年
國務院發布了「民辦非企業單位登記管理暫行條例」和修訂的「社會團
體登記管理條例」。一套民間組織管理的法律法規體系已初步建立起來。
（何增科，2006）1998 年 6 月民政部將主管社會團體的「社團管理司」，
更名為「民間組織管理局」，此舉意味著民間組織正式得到了政府官方
的認可，取得了官方的合法性。（參見俞可平，2002）公民社會的發展
被視為改革進程中國家獲得社會認同和支持的重要基礎。

　　大陸公民社會的發展狀況反映在下面一組數字中：1949 年共產黨執
政後，1949 年前產生的所有民間組織幾乎完全消失。五〇年代初，全國
性社團只有 44 個，1965 年不到 100 個，地方性社團也只有 6,000 個左右。
這些社團的類別也十分單調，主要是工會、共青團、婦聯、科協和工商
聯等群眾組織。（俞可平，2005）即使這些數量有限的社團，也都無一
例外地缺乏民間組織具有的獨立性、自主性和志願性特點。直到八〇年
代情況才有了大大的改觀。到 1989 年全國性社團驟增至 1,600 個、地方
性社團達到 20 多萬個，之後政府對民間組織進行了重新登記和清理，民
間組織的數量在短時期內稍有減少，但不久後又重新回升。（俞可平，
2006）截止 2004 年前，包括註冊、未註冊等在內的所有社團數量，據王
紹光等人的估算，總數為 8,031,344 個。[4]（王紹光、何建宇，2004）另
據民政部 2007 年底的最新資料顯示，全國共有已註冊的社會組織 38.7
萬個，相較於 2003 年增加了 12.1 萬個，再加上 8.2 萬個居委會和 61.3

---

[4] 這一資料的具體來源如下：已註冊的社會團體為 142,000 個、已註冊
的民辦非企業單位為 124,000 個；未註冊社會團體為 40,000 個、未註冊
民辦非企業單位為 250,000；工會、共青團、婦聯、科協、工商聯、僑
聯、台聯、青聯八大人民團體的基層組織為 5,378,424 個；殘聯、
計畫生育協會、文聯等准政府社團基層組織為 1,338,220 個；草根
社團為 758,700 個。

萬個村委會[5]；據此計算，各類社團總數達到了 8,847,344 個。以至於有學者將其視為「全球結社革命的一部分」，（王紹光、何建宇，2004）引發了學界對公民社會問題的持續探討和研究。

(三)俄羅斯社會轉型與公民社會的產生

始於九〇年代的俄羅斯社會轉型，選擇了一條新自由主義的改革之路。經濟改革的「全面自由化」和「休克療法」與政治上擺脫蘇聯極權制度的努力，導致俄羅斯社會制度發生了根本性的變化。這是「可以與10月革命（1917年）相比的一次方向性的轉折，因為我們將以一種經濟和政治的模式取代另一種經濟和政治模式。」（戈巴契夫語）（邢廣程，1998：416）

10月革命後的蘇聯，國家既吞沒了個人，也吞沒了社會。「使權力和財產權都變成人民的異化物的極權主義政治制度，被宣布為民主的最高形式。這實際上就使公共權力的領域化為烏有——各級蘇維埃純粹只是名義上繼續充當公共權力的角色罷了。」（安德蘭克尼·米格拉尼揚，2003：72-73）公民社會在蘇聯時代被壓制的命運，使其在八〇、九〇年代被視為推動民主化進程的重要基礎，這一理念見諸於以「民主化」、「公開性」與「多元論」著稱的戈巴契夫改革中，並且一直貫穿至普京的國家主義發展目標和「可控民主」的實踐進程中。建設一個獨立自主的自我管理的公民社會，是被作為改革年代的主要任務之一而提出來的。

在戈巴契夫改革時期，民眾已被允許脫離共產黨的直接控制進行政治參與，允許他們不經黨的指導和參與就可以建立非正式的組織團體。這些組織的建立，是在建立一個獨立於政黨——國家之外的公民社會上

---

[5] 該資料來自民政部網站公布的「2007年民政事業發展統計報告」：http://cws.mca.gov.cn/article/tjbg/。

邁出了重要一步。（卡瑟琳·丹克斯，2003：174）俄羅斯獨立後國家從社會眾多領域退出，為社會組織和團體的活動提供了更大空間。1993年12月通過的「俄羅斯聯邦憲法」第三十條明確規定：「每個人都有結社權，包括成立工會以保護其利益的權利。保障社會團體的活動自由。任何人不得被迫加入任何團體或者留在團體中」，為公民的自由結社活動提供了法律保障。1995年頒布的「俄羅斯社會組織法」、「俄羅斯慈善法」和1996年頒布的「俄羅斯非營利組織法」，在內容上各有側重又相互聯繫，構成了俄羅斯公民結社和組織管理的法律體系，其中「社會組織法」是這一法律體系的核心。社會組織包括政黨及社會政治運動、工會、宗教組織、文化教育科學聯合會和基金會、青年團體和運動協會、慈善組織以及公民的利益團體等。（Б. С. Гершунский, 2001. С.229.）

俄羅斯聯邦成立初期進行註冊的政黨及其運動數量為19個,而在「社會組織法」頒布之前已經多達60餘個。在蘇聯時期僅僅是作為黨和國家機構附屬物的工會地位，如今也有了根本的變化，這在很大程度上得益於1995年12月國家杜馬通過的「工會及其權利與活動保障法」，給予其獨立活動的權利和保障。根據該法律年滿十四歲有勞動能力（有工作）者，有權根據自己的意願和為了維護自身的利益建立工會、參加工會從事活動或退出工會。（Б. С. Гершунский, 2001, С.251, С.277.）

隨著蘇聯的解體，宗教團體從昔日被政府嚴格控制的有限生存轉為幾乎受到所有政黨和當政者的公開支持，甚至久加諾夫及其領導的共產黨都宣布宗教是俄羅斯遺產不可缺少的一部分，並且歡迎信徒入黨。（尼古拉·梁贊諾夫斯基、馬克·斯坦伯格，2007：640）「俄羅斯聯邦憲法」第二十八條規定：保障每個人的信仰自由、信教自由，包括單獨地或與他人一同信仰任何宗教或者不信仰任何宗教，自由選擇、擁有和傳播宗教的或其他的信念和根據這些信念進行活動的權利。同時禁止建立國教，堅持宗教團體與國家相分離。在俄羅斯有超過50個以上不同的宗教派別，1996年1月已有13,000個宗教團體在司法部註冊。數量最多的是

東正教團體,其次是伊斯蘭教。（Б. С. Гершунский, 2001, C.284.）1997年 9 月俄羅斯根據實際情況頒布了迄今為止最為詳盡的一部宗教法——「信仰自由與宗教組織聯邦法」,它使國家與宗教組織的關係有了實質性的法律依據。

1991 年蘇聯解體後,互信組織、美國國際開發署、索羅斯基金會以及與之類似的其他組織,通過對俄羅斯非政府組織提供資金和技術上的援助,以幫助俄羅斯建立民主結構和公民社會。有些非政府組織積極開展活動,特別是一些專業性組織在與國家有關機構的交涉中取得了不菲的成績。據俄羅斯司法部統計,在俄羅斯聯邦正式註冊的非政府組織現有大約 13.5 個,註冊的社會組織有 30 萬個,在全俄羅斯定期或不定期參與非政府組織活動的人數接近 200 萬。（黃登學,2007;普京,2002:316）公民社會的發展與公民社會思想興起和傳播的結果之一,就是近年來在莫斯科和聖彼得堡分別舉行了有立法和行政權力機關、政黨、學者和社會組織代表參加的各種「公民論壇」會議。

上述情況表明,在中俄開始改革開放與社會轉型的二、三十年間,公民社會已經開始萌生並逐漸發展,成為社會轉型的重要內容之一。但是與西方成熟的公民社會相比較,中俄公民社會還處於弱小的發育階段,並且都表現為國家主導型的發展特徵。

三、自上而下的國家主導型發展特徵

中俄改革與社會轉型為公民社會的出現提供了現實條件,但由於兩國都曾經歷過公民社會被國家力量所吞噬的歷史。因此,在大陸的改革開放和俄羅斯的社會演進中,雖然路徑不同,但公民社會都被視為從計畫經濟向市場經濟,由全能社會、極權社會向民主社會過渡的重要內容,也被看作是國家現代化建設獲得社會支援及認同的必要基礎。這樣的歷

史背景和現實要求使得中俄公民社會的發展不約而同地採用了自上而下的國家主導型方式。

(一)國家主導型的公民社會發展

　　大陸公民社會的發展特徵主要表現為政府控制下的漸進發展模式，具有官民雙重特性，民間組織絕大多數由政府創建，受政府主導，並透過以下途徑得以實現：(1)根據政府有關民間組織登記和管理條例的規定，任何民間組織的登記註冊，都必須掛靠在某一個黨政權力機關作為它的主管部門，作為主管機關的權力機關必須對該民間組織負政治領導責任；(2)絕大多數有重要社會影響的民間組織都是由政府自己創立的，儘管它們最後從組織上逐漸脫離了創辦者，但兩者之間依然有著極為緊密的聯繫；(3)幾乎所有重要的社團組織的主要領導都由從現職領導職位退下來或由機構改革後分流出來的原黨政官員擔任；(4)凡是有政府核定編制的民間組織，如政府創辦的各種專業協會、行業協會和商會，其經費都由政府撥款。其他一些重要民間組織也部分享受政府資助，如各種學術研究團體。（俞可平，2005）顯然，這種由政府主導和推動的發展模式，使得公民社會的發展在很大程度上依賴於國家和政府，自主性、志願性、非政府性等公民社會的典型特徵尚未得到充分表現。

　　俄羅斯公民社會的發展特徵為制度變革中的立法先行模式。在九〇年代改革之初，俄羅斯便提出了建設公民社會的歷史任務。在民主憲政體制逐步確立的同時，一系列保障公民自由及獨立結社權利的法律也相繼頒布。與我們至今還沒有一部正式的「社團法」，沒有管理民間組織的一般性法律而只有管理條例相比，俄羅斯1995年頒布的「俄羅斯社會組織法」、「俄羅斯慈善法」和1996年頒布的「俄羅斯非營利組織法」，使得公民社會的基本建設以立法為基礎。但由於俄羅斯完成的是一場「沒有資產階級的資產階級革命」，依靠政權力量開始的私有化進程和市場

經濟建設，並沒有為俄羅斯帶來期待中的繁榮、富裕和穩定。政治精英在改革中攫取私利、社會階層急劇分化、中產階級力量弱小，使俄羅斯的公民社會一直處於發育不全的狀態。

因此，普京就任總統後不久，推行政治改革，提出培養成熟的公民社會的目標。他認為俄羅斯居民缺乏主動性和創新精神，公民社會剛剛起步，而包括市場經濟和民主化在內的國家發展很大程度上取決於公民的責任心、政黨和社團的成熟程度以及新聞媒體的社會作用。在他看來，一方面「社會組織、非政府組織和整個社會完全能夠、而且也應當對社會經濟和政治生活分享權利和責任，但這只能是在它們能參與制定並通過決議的情況下」，另一方面「沒有國家的有效工作既不會有人和公民的權利，也不會有人和公民的自由，說實在的，也就不會有公民社會本身。」（普京，2002）顯然，普京欲以強國家強社會的模式來發展國家與社會的關係，他透過建立垂直權力體系，改革國家權力機關；頒布「政黨法」，完善監督政府的紐帶，建立成熟的政黨制度以利於構建公民社會；成立俄羅斯聯邦社會院，作為國家與社會溝通的橋樑；規範非政府組織行為，同時對非政府組織接受國外資助做出嚴格限制。2006 年，俄羅斯適時地修改了 1995 年頒布的「社會組織法」和 1996 年頒布的「非營利組織法」。

(二)中俄公民社會發展的比較

中俄改革路徑的不同使得國家主導型的公民社會發展有著不同的表現。前者以國家放權為前提，後者以制度重建為基礎。由於大陸的公民社會是在以農村經濟體制改革為先導的漸進改革中產生和發展的，它具有廣泛的民眾基礎和內在活力。因此，國家主導型發展主要表現在為保持執政黨領導地位的前提下，政府對民間組織及活動的控制、監管以及逐步的放權過程，將公民社會的發展置於可以有效管理和掌控的範圍

內。這一模式在保持了社會文化的繼承性與社會秩序的穩定性同時，也因其非獨立自主的發展狀況造成了公民社會制度建設的相對滯後。與俄羅斯相比，我們不僅缺乏正式的「社會組織法」、「宗教法」等法律，而且已頒布的「工會法」，仍然規定了基層工會、地方各級總工會、全國或者地方產業工會組織的建立，必須報上一級工會批准。工會的行政化傾向與缺乏獨立性，使其還未能真正代表和維護勞動者的合法權益。此外，工會只是企業、事業單位、機關中以工資收入為主要生活來源的職工自願結合的工人階級的群眾組織，個體戶、下崗無業人員等，都沒有屬於自己的社會組織代表他們的利益，不少私營企業和外資企業裡也沒有建立工會。在「社會團體登記管理條例」中成立社會團體，應當經其業務主管單位審查同意的規定，顯然與「憲法」中公民有言論、出版、集會、結社、遊行、示威自由的內容相抵觸，也與「行政許可法」的規定不相符，只是計畫經濟時代管理模式和管理思維的延續。一旦幾億農民要成立農會，就會面臨那個機關是農會上級業務主管部門的問題，這一問題解決不了，那麼憲法賦予公民的自由結社權利將由此受到限制。因而許多民間組織成了未經登記的「非法」組織或是在工商部門登記的「企業」組織，遊離於公開的社會團體之外。目前關於民間組織的成立應由批准成立改為核准成立的呼聲日高，漸進式發展始終處於政府主導型控制與公民社會自主發展的矛盾中。

蘇聯解體和俄聯邦的成立使俄羅斯的制度重建任務成為必須，政治改革的民主化導向也使國家與公民社會的關係在法制層面獲得了相對獨立性。根據俄羅斯「社會組織法」規定，社會組織的權利包括：參加國家權力機關和地方自治機關決議的擬訂工作；組建大眾新聞媒體和實施出版活動；在國家權力機關、地方自治機關和社會聯合組織裡，代表和維護自己的權利，代表和維護自己的成員和參加者以及其他公民的合法利益；就各種不同的社會生活問題向國家權力機關提出動議、建議；依照俄羅斯聯邦立法規定的程式參加各種選舉和公決等。另一個非常重要

的特點是社會聯合組織登記只是取得法人資格的必要程式，而不是公民結社開展活動的必須。社會組織可以依照聯邦法律規定的程式登記和獲得法人權利，或者無需進行國家登記並獲得法人權利，而直接開展活動。這條規定可以視為俄聯邦對公民自由結社權的保護。只是這種未經登記、沒有法人資格的社會聯合組織，在法律權利、財產權利和法律責任上有很大的區別。（李偉，2007）

俄羅斯對社會組織實行的「雙重負責、分級登記」管理體制，也與大陸民間組織由登記管理機關和業務主管單位雙重負責、分級登記的管理體制內容不同，主要體現在監管方面。一方面登記機關依法對社會組織的活動是否符合章程規定進行監督檢查，另一方面俄聯邦檢察院、金融檢查機關、稅收監督檢查機關以及其他權力機關，依據職責對社會組織在活動中遵守法律的情況進行監督。（李偉，2007）在當代俄羅斯，工會相對於國家機關、地方管理機構、雇主、政黨以及其他社會組織，它是完全獨立和不受控制的。俄羅斯獨立工聯依據「工會法」，在立法參與和執法監督活動中發揮作用，推動建立和完善由政府、雇主組織和工會參與的三方協商與合作機制，全面加強工會的代表職能和維護職能。新的宗教法則放棄了對涉及宗教組織利益等方面的控制、規定，並使宗教組織在宣傳、教育、出版、對外交流、慈善等事業上享有很大自由。

此外，就公民社會發展的過程與領域而言，大陸是一個先科技、經濟、再到社會領域的過程，反映的是民間社會組織與政府體制改革和權力下放過程的高度吻合。（王穎，2005）就範圍來說，除高度行政化的工會、共青團、婦聯等社團外，農村村委會、城市居委會是最廣泛的基層社會組織。兩者都是在經濟體制改革引發的國家與社會分離過程中，逐漸獲得一部分基層自治的權利。相較於社區自治，村民自治具有較強的自發性，是村民自發創造與政府主導規劃互動的結果，並構建了一種新的國家與社會分權治理模式。而由政府推動的城市社區自治，隨著住

房制度改革以及住房私有化和商品化進程，出現了傳統管理體制與現代社會關係矛盾的激烈衝突，在自發的維權行動中新興的中產階級充分展示了他們的權利意識、組織能力和參與熱情，一些業主委員會也開始參加社區的治理和建設。除此之外，與市場經濟相關的行業協會、行業組織和同業組織，以及實行合作互助的各類企業家組織是發展較快、最成功、最有影響力的組織。與俄羅斯不同的是，在漸進改革的政治體制與政治環境中尚未出現具有獨立性的政黨、工會以及宗教組織及其活動。

　　九〇年代以後俄羅斯在政治上確立了多黨制，但由於政黨林立、無法可依，政治格局始終處於混亂局面，因此以法律來規範政黨的建立與活動勢在必行。2001 年頒布的「政黨法」規定，政黨是社會團體，創立的目的是俄羅斯聯邦公民透過形成和表達自己的政治意志參與社會政治生活，參加社會和政治活動，參加選舉和全民公決，在國家權力機關和地方自治機關裡代表公民利益。因此，政黨的功能在於瞭解和表達個人、集體與社會階層的利益，並對其進行整合與過濾，在市民社會與國家政權之間建立起一種聯繫紐帶，從而有意識地發展選民隊伍。在普京看來，「政黨是國家機器的一部分同時也是公民社會的一部分，是公民社會最有影響的一部分，也就是說最重要的一部分」，（項麗敏、汪寧，2007）故而在執政後積極推動「政黨法」的頒行。

　　九〇年代以後，在工會的參與下，國家杜馬先後通過了新的「勞動法典」、「工會及其權利與活動保障法」、「勞動保護法」、「社會保險法」等與勞動者權益密切相關的法律。近十多年來俄羅斯制定的法律中有 100 項不同程度地吸收了工會的意見。為了適應大批新建經濟組織和中小企業的發展。獨立工聯還透過加強立法參與、集體談判和簽訂集體合同等途徑，加強在新經濟組織和中小企業中的建會活動。（姜列青，2003）宗教在俄羅斯不僅信徒眾多，而且公眾對教會所懷有的崇高敬意和堅強信心超過了任何包括政府、部隊或政黨在內的其他機構。教會本身則一直尋求在國家的市民生活和道德生活中發揮更大的作用。宗教的

復興成為俄羅斯社會轉型的一個重要內容，並且與國家政權產生了難以隔斷的聯繫。儘管俄羅斯在法律上宣稱政教分離，但用普京的話說「在我們的靈魂和歷史中，我們是一體的。現在是，將來也永遠是。」（尼古拉・梁贊諾夫斯基等人，2007：642）因此，宗教（東正教）與政權的複雜關係直接影響著公民社會的發展進程。

中俄公民社會的國家主導型發展，因改革路徑和歷史文化傳統的差異而有了不同的內容和表現。但無論是政府主導的漸進發展還是立法先行的制度重建，中俄兩國至今都未能建立一個發育成熟的公民社會。這固然與其發展的時間進程有關，但同時也是國家主導型發展的制約所致。

四、未發育成熟的公民社會

(一)大陸的漸進改革與未發育成熟的公民社會

中國共產黨對公民社會的認識經歷了一個從否定到肯定的過程，對公民社會的管理也經歷了一個從堵到疏，即從簡單的禁止到適度的放開過程。在實行雙重管理之外，對一些重要的民間組織還採取了控制活動經費、在民間組織內部設立黨組織的措施。影響最大的民間組織幾乎全由國家撥款，共產黨的各級領導機關通常在其主管的規模較大的民間組織內部設立分支機構。絕大多數民間組織既要服從黨政機關的領導（既是強制性的規定也受一定程度的利益驅動），又要保持相當的獨立性，從而具有很大的內在矛盾，並在較大程度上構成了民間組織與黨和國家的主要互動關係。目前民間組織從組織體制上看還極不規範，發展很不平衡。（俞可平，2005）即使是最基層的村委會組織，如何處理好內部與村黨支部的關係，外部與鄉鎮政府的關係，已成為村民自治能否獲得更大空間的制約性條件。儘管民間組織已具有非政府性、相對獨立性、

非營利性、自願性等特點,但就其與國家的關係來看仍處於發展的初期。

　　公民社會的成長是大陸改革進程的產物,政府在其產生、發展過程中的主導型控制,一方面與漸進改革相關,具有過渡性質,另一方面也出於對公民社會發展過快、難以控制而擔心。政府將公民社會視為現代化建設重要的認同和支援基礎,希望其協同完成政府職能改變後的社會轉型,但同時公民社會的獨立性、自主性等特點,以及它在西方社會的發展歷史,使得政府在制度環境的建設中又要考慮限制和防範公民社會。因為公民社會一旦出現,便有一種內在的獨立傾向和參與意識,會力求在政治參與、政策制定、公益事業以及促進自身利益等方面發揮作用和影響。這使得公民社會的發展在某種程度上導致政府陷入兩難的選擇境地,呈現一種主導型控制下的被動放權狀態,制度建設始終滯後於現實需要。公民社會問題也成為考驗政府改革意識與改革能力的雙刃劍。

(二)俄羅斯的制度重建與未發育成熟的公民社會

　　俄羅斯始於九〇年代的激進改革伴隨著一系列的法律制度建設,但這些為目前大陸所缺乏的有利條件卻未能替俄羅斯造就一個積極發展的公民社會,其原因耐人尋味。由精英們主導的國家變革,因缺少民眾自下而上的參與意願,尤其是缺少與經濟利益相關的內在動力,使得公民社會的發展缺乏必要的社會基礎。利用政權的力量開始大規模的生產資料私有化和市場經濟建設,把建設公民社會作為一個明確的任務提出,這一做法本身恰恰與公民社會的精神南轅北轍,(安啟念,2005)而無視民眾利益與需求的改革及私有化「實際是以少數利益集團——新的社會經濟精英重新瓜分所有權及其帶來的收入為主要機制,它清楚地表明這樣一個事實,從激進改革一開始,大多數公民由於缺乏影響整個政權的現實機制而被排除在轉型進程之外。」(А. В. Петров, 2004, C.72.)結

果國家政權制度「無力保障法律的執行、公民的安全和所有權的保護。官商勾結，要麼是政府執行寡頭的意志，要麼是政府代表不顧社會利益親自經商。我們現有的是官職資本主義，是只為己謀利、阻礙國家發展的資本主義。」（A. B. 彼得羅夫，2005：37）作為一國的公民，當人們感覺不到國家對自己的責任時，也必然更加遠離政權。調查表明，幾乎69%的彼得堡人認為，他們無力對國家政治領導人的行動施加影響，而46%的人指出，國家機構沒有執行其最重要的職能之一——保護公民的生命和合法利益。（В. Д. Виноградов, 2003, С.23.）俄羅斯科學院社會政治研究所進行的追蹤調查[6]也顯示，在回答「您認為今天的國家代表和保護的是誰的利益」的問題時，2000 年的受訪者中有 46%選擇了富人，44%選擇了國家管理人員。（В. К. Левашов, 2006, С.15.）在另一個由俄羅斯科學院綜合社會研究所進行的調查中，59%的居民對改革的結果持否定態度。（А. О. Бороноев, 2004, С.36.）

　　因此，儘管俄羅斯從八〇年代末到整個九〇年代獨立性團體迅速發展，但人們似乎普遍認為，「與其說這些自發的組織關心的是能否在實際上改變事物，還不如說它們更加關心的是能否得到西方的資助」，「與其說俄羅斯人沒有建立新的組織和網路，還不如說這些自治組織和政治精英在各個層次的接觸點是有限的。」俄羅斯由此被視為是一個沙漏型社會，精英之間相互影響、人民之間相互作用，但精英和人民之間相互作用和影響的空間卻像沙漏的腰部那樣地狹窄。（卡瑟琳・丹克斯，2003：175）這樣一個社會，它具有公民社會的制度條件和外在形式，但缺乏在市場經濟中成長起來的獨立自主的公民群體，缺乏公民社會實現的社會基礎和社會意識，以至於被人稱為是一個「缺乏『公民』的『公民社會』」。（黃登學，2007）

---

[6] 俄羅斯科學院社會政治研究所自 1992 年起進行了「俄羅斯，你生活得怎樣」的社會學追蹤調查，在不同的階段調查了 1,312 至 1,851 個受訪者，這是其中的調查內容之一。

普京執政後，對激進的改革目標和政策進行了重新調整。鑒於九○年代公民社會發育遲緩的現狀，他致力於推動公民社會的發展和成熟。在普京看來，國家在很大程度上是由公民責任心的強弱、政黨和社團的成熟度以及新聞媒體的正義立場決定的。俄羅斯才僅僅建立起公民社會的骨架。（項麗敏、汪寧，2007）因此，俄羅斯現在既要建設強國家，也要建設強社會。但這一有別於西方傳統小政府大社會的國家與社會關係模式如何得以建立，卻是 21 世紀俄羅斯面對的挑戰之一。因為在民眾因精英們的激進改革而遠離社會政治生活的同時，還深受俄羅斯傳統文化的內在影響。這種文化注重精神追求，淡化物質生活；崇尚集體精神，鄙視個人主義；習慣於專制主義，國家至上。在許多俄羅斯知識分子看來，俄羅斯有一種完全不同於「新教倫理」的集體拯救倫理觀念，這種「東正教倫理」的價值是提出一種特殊的「精神村社」，「這種村社把個人的和國家的利益擱置一旁，以相互之間的愛和普遍拯救把他們聯繫在一起。」因此，俄羅斯文化中缺少與市場經濟相聯繫的個人自由主義價值理念的精神性前提，而且強調俄羅斯前現代文化的積極意義，並對九○年代公民社會建設提出批評的，正是俄羅斯思想界的主流，在這樣的背景下，公民社會的建設陷入重重困難是不可避免的，（安啟念，2005）這無疑造成了公民社會發展的社會文化土壤的缺失。

　　其次，普京的強國家強社會模式，在實踐中面臨著尋找有效實現途徑的問題。強化國家權力與發展公民社會的內在矛盾，已經在其執政期間顯現出來。普京強調要為政黨的發展創造條件，但政黨在國家的政治生活中卻很難發揮決定性影響，政黨受總統的牽製作用有限，政黨制度本身也還不穩定。儘管俄羅斯已經是民主制度，但普京執政後的政治體制及其所宣稱的「可控民主」，被學者或稱為權威體制或稱為「委任式

民主」。[7]「政黨法」意在促進國家的政治生活和公民的政治參與，但對選舉資格的規定卻使新的政治組織的出現變得相當困難，在無形中擠壓了公民社會的政治空間。由於非政府組織資源主要來自於西方的國際組織和基金會，發生「顏色革命」的各國背後都有國外非營利組織的參與和資助；因此，2006 年俄羅斯國家杜馬重點修改了「社會組織法」和「非營利組織法」，對外國公民在俄境內結社增加了限制條款，並對外國非營利組織在俄羅斯設立機構開展活動，特別是資助活動進行了嚴格規範。在普京看來，「很多非政府組織如今是依靠國外組織的資助而生存的，這不是我們的榮譽。」（普京，2002：317）上述修正案通過後，俄所有非政府組織都必須在一年內重新登記。對非政府組織的防範和對其接受捐助的徵稅規定，使其很難進行具成效的活動，也難以吸引更多民眾的加入。相反，為了獲得有限的資金，各種組織展開激烈競爭，削弱了社會功能與作用的有效發揮。2000 年開始，普京加強了對媒體的控制。2001 年國家杜馬通過了「大眾傳媒法」修正案，規定在建立傳媒機構時，外資不得超過 50%。通過取消美國「自由」電臺特權和修訂「大眾傳媒法」，俄政府避免了外國媒體及資本集團大範圍影響國內政治的可能性，也控制和減少了來自政府以外的不同輿論與聲音。這些舉措加強了國家政權的力量，卻制約了公民社會的發展，與普京提出培育公民社會、培養俄羅斯人公民意識的目標產生矛盾。在俄科學院社會政治研究所的追蹤調查中，同意「我們中的大多數人無法影響國家政治進程」的人數從1994 年的 47%上升到了 2005 年的 74%，提高了近三十個百分點。（B. K. Левашов, 2006, C.11.）這個數字足以使我們對普京強國家強社會模式產生疑問，而令人費解的是，如此高比例的數字卻並不影響民眾對普京作為國家領導人的廣泛支持和擁護。也許合理的解釋在於：對於現階段的

---

[7]「委任式民主」是一種混合體制，兼有權威體制、寡頭體制與民主體制的特點。參見馮紹雷（2005），相藍欣編。《轉型理論與俄羅斯政治改革》。上海人民出版社，頁 13。

俄羅斯民眾，有一個統領國家的強勢領導人遠比自身參加國家政治生活和社會管理更為重要。權威主義在俄羅斯的深厚根基以及關注麵包甚於自由的民眾意識，使得國家與社會的關係始終失衡，俄羅斯至今仍然是一個發育不良的公民社會。

五、結論與思考

隨著現代社會發展的世界性進程，尤其是近三十年來，越來越多的發展中國家開始了制度變遷與社會轉型，公民社會這一最早源自西方的社會歷史現象，已經跨越地域和國度而具有了一種普適性的特點。對公民社會的普遍關注，不僅因為它是現代社會和市場經濟發展的產物，而且還在於公民社會與民主化的關係被人們寄予了充分的期待與想像。雖然認為公民社會發展與民主化有著必然聯繫的「公民社會決定論」受到了一些學者的質疑，但至少對於大陸和俄羅斯，公民社會以國家主導型的方式出現，表明它在現代社會的重要性已被充分認識。至於它今後的發展能否推動民主化進程，則取決於國家與社會之間是否發展出一種新的良性互動關係。像大陸和俄羅斯這樣的發展中國家和地區，不同於西方社會內源性的發展模式，無論是在現代化的戰略選擇還是公民社會的發展抑或中產階級的培育上，都選擇了國家主導型的發展方式，這就勢必與公民社會的自發性、自主性與獨立性產生矛盾和衝突。如何化解這一兩難的問題，便成了考驗改革者和領導者政治智慧及政治能力的一種挑戰。

從中俄公民社會的比較中我們發現，公民社會發展一方面表現出普適性的特點，另一方面卻展示了相當不同的特殊性，換句話說，正是這些有著特殊表現的公民社會，才使我們看到其作為一個全球性現象在當代的發展。俄羅斯的發展告訴我們，制度建設只是公民社會成長的一個

重要方面，但並不能靠它解決所有的問題；作為一個系統的發展過程，公民社會的成長取決於如何根據不同國家和地區的歷史文化傳統、民眾社會心理、政治經濟發展模式及特點來構建國家與社會的關係，取決於如何從普適性與特殊性的統一出發，以一種變通、變化的觀念看待公民社會的特性，以一種合作主義或協商主義的方式來達成國家與社會的良性互動。這樣的認識或許能給中俄公民社會的未來發展提供一種新的思路和選擇。但就目前的情形而言，中俄公民社會的發育成熟恐怕還有很長的路要走。

參考書目

一、中文部分

（英）戈登・懷特（2000）。〈公民社會、民主化和發展〉，《馬克思主義與現實》。第一期，頁33。

中國人口情報研究中心（1991）。《中國人口資料手冊》（1990）。北京：北京經濟學院出版社。

王紹光、何建宇（2004）。〈中國的社團革命——中國人的結社版圖〉，《浙江學刊》。第六期，頁77。

王穎（2005），俞可平等編。〈社區，培育公民社會的搖籃〉，《市場經濟與公民社會——中國與俄羅斯》。北京：中央編譯出版社，頁260。

安啟念（2005）。〈構建公民社會——普京的思想與實踐〉，載於俞可平、項國蘭、徐向梅編，《市場經濟與公民社會——中國與俄羅斯》。北京：中央編譯出版社，頁340、342-344。

何增科（2000）。《公民社會與第三部門》。北京：社會科學文獻出版社。

何增科（2006）。〈中國公民社會制度環境要素分析〉，載於俞可平等著，《中國公民社會的制度環境》。北京：北京大學出版社，頁123。

李偉（2007）。〈俄羅斯結社法分析〉，《學會》。第一期，頁24-26。

汪蘭麗、劉斌（2008）。〈中俄改革初始條件的比較研究〉，《法制與社會》。第八期，頁182、183。

邢廣程（1998）。《蘇聯高層決策70年》。北京：世界知識出版社。

俞可平（2002）。《中國公民社會的興起與治理的變遷》。北京：社會科學文獻出版社。

俞可平（2005）。〈市場經濟與中國公民社會的興起〉，載於俞可平、
　　項國蘭、徐向梅編，《市場經濟與公民社會——中國與俄羅斯》。
　　北京：中央編譯出版社，頁 3、12-13、14-15。

俞可平（2006）。〈中國公民社會的制度環境〉，載於俞可平等（著），
　　《中國公民社會的制度環境》。北京：北京大學出版社，頁 12。

姜列青（2003）。〈俄羅斯工會的演變及其在新時期的探索〉，《當代
　　世界與社會主義》。第三期，頁 96-98。

孫友晉（2005）。〈中俄現代化道路的比較分析〉，《西伯利亞研究》。
　　第三十二卷第六期，頁 73-74。

徐葵等譯（2003），（俄）安德蘭克尼・米格拉尼揚著（2002）。《俄
　　羅斯現代化與公民社會》。北京：新華出版社。

張冰譯（2008），（美）沃爾特・G・莫斯（1997）。《俄國史》（1855-1996）。
　　海口：海南出版社。

普京（2002）。〈發揮非政治性社會組織在社會經濟和政治進程中的作
　　用〉，載於《普京文集：文章和講話選集》。北京：中國社會科學
　　出版社，頁 317、316。

項麗敏，汪寧（2007）。〈構建公民社會——普京的思想與實踐〉，《俄
　　羅斯研究》。第四期，頁 20、21。

馮紹雷、相藍欣（2005）。《轉型中的俄羅斯社會與文化》。上海：上
　　海人民出版社。

黃登學（2007）。〈俄羅斯缺乏「公民」的公民社會：從非政府組織向
　　度〉，《俄羅斯中亞東歐研究》。第一期，頁 9、10。

楊燁、卿文輝主譯（2007），（美）尼古拉・梁贊諾夫斯基、馬克・斯
　　坦伯格（2005）。《俄羅斯史》（第七版）。上海：上海人民出版
　　社。

歐陽景根譯（2003），（英）卡瑟琳・丹克斯（2001）。《轉型中的俄
　　羅斯政治與社會》。北京：華夏出版社。

二、外文部分

А. В. Петров. (2004), Экономические Барьер на пути становления гражданского общества в России.Гражданское общество и рыночная экономика в России и Китае (С.72). Санкт-Петербург: Астерион.

А. О. Бороноев. (2004). Интеллигенция и перспективы российских реформ. Гражданское общество и рыночная экономика в России и Китае (С.36). Санкт-Петербург:Астерион.

Б. С. Гершунский. (2001). Гражданское общество в России: Проблемы становления и развития. Москва:Педагогическое общество России.

В. Д. Виноградов. (2003). Политическая Система и Гражданское общество: динамика взаимодействий. Россия и Китай: социальные и политические проблемы развития (С.23). Санкт-Петербург: Астерион.

В. К. Левашов. (2006, No1). Гражданское общество и демократическое государство в России.Социологические исследования. С.15.

13 民間組織對維護公民權利的作用——以中國大陸為

李衛紅　北京農業職業學院副教授

摘　要

　　從權利的視角看，作為公民聯合體的民間組織的產生與發展源於一項法律權利——結社權，而國家法律之所以賦予公民結社權在於結社自由是基本人權，人權本質上是自然權利。「結社權是一項自然權利」。民間組織的產生與發展始終與尊重權利、維護權利、實現權利聯繫在一起。

　　2004 年大陸「人權入憲」，體現尊重和保障人權成為國家的責任。2006 年提出，「依法保障公民的知情權、參與權、表達權、監督權」。「四權」是公民權利和自由在政治與社會活動過程中的延伸和具體化。民主新進展推動了民間組織的發展；反過來，在一定法律政治制度下發展著的民間組織，又維護、實現著公民的「四權」，推動著社會的民主進程。

Abstract

Citizens have the freedom of association which is a fundamental human right and ensured by many countries in their laws. The origin and evolution of civil organizations are closely linked with human rights.

One of the amendments to the constitution of the People's Republic of China in 2004 says, the state respects and guarantees human rights. In 2006, the state declared that it should ensure citizens to have more right to know, to participate, to express and to supervise in accordance with laws. Civil rights and freedom in the field of politics and other social activities have been embodied concretely and deeply. Along with the promotion of social democracy and the administration and management reform, many types of civil organizations have developed at an unprecedented speed and become an important force in the mainland. Also, the civil organizations play an important role in safeguarding and exercising civil rights to know, to participate, to express and to supervise, and then, they strengthen the democratic process in the mainland.

一、前　言

　　從權利的視角看，作為公民聯合體的民間組織的產生與發展源於一項法律權利——結社權，而國家法律之所以賦予公民結社權在於結社自由是基本人權。人權問題儘管複雜，但是這並不能證明不存在人們對有關人權問題的一個起碼的共識，這個共識是：人權是人作為人享有和應該享有的權利（夏勇，2001：176）。人權本質上是自然權利。「結社權是一項自然權利」（安修，1999：164）。民間組織天生具有維護權利和實現權利的特徵。在一個國家，其培育與發展是與民主法治聯繫在一起的。現代社會，以民間組織為主體的公民社會與國家或政府體系、市場體系相對獨立又相互滲透、相互作用，推動社會的進步和人的全面發展。

　　改革開放以來，隨著市場經濟體系的不斷健全和政治體制改革的深入發展，中國大陸各種各樣的民間組織大量湧現並深刻影響社會政治經濟文化生活的方方面面。當下大陸正處於經濟社會發展的戰略機遇期和矛盾凸顯期，如何借助民間組織快速發展的新形勢，發揮民間組織在維護和實現公民權利中的作用以推進民主法治建設，是民間組織發展與研究所面臨的重大課題。

二、關於民間組織的界定、分類與發展現狀

(一)民間組織的界定

在學術界和政府文件中，「民間組織」（civil organization）常與「非政府組織」（non-governmental organization）、「非營利性組織」（non-profitable organization）、「第三部門」（the third sector）、「公民社會組織」（civil society organization）、「志願組織」（voluntary organization）、「慈善組織」（philanthropic organization）等術語交替使用。這些概念儘管有交叉但並不完全重合，主要反映各國在歷史、文化、法律上的差別。迄今為止，並沒有哪一種概念或定義為大家所一致接受，或者認為至少可以涵蓋所有民間組織的形式，並且準確反映它們的特點（黃曉勇，2008：3）。從實際使用來看，這些名稱各有側重。「非政府組織」強調組織的非官方性，表明其不屬於政府組織系統；「非營利性組織」主要突出其與企業和公司等市場組織的區別，強調它不以追求利潤為主要目標；「志願組織」強調組織的志願性特徵；「慈善組織」強調組織的公益慈善性質，為救濟弱勢者提供慈善服務；「公民社會組織」強調組織以公民自治、志願參與、民主治理等特徵，其中公民社會主要突出公民對社會政治生活的參與和對國家權力的監督與制約；「第三部門」強調組織是相對於政府代表的公共部門和企業代表的私人部門的另一個部門（俞可平，2006：2-5；王名、劉培峰，2004：4-6；黃曉勇，2008：2）。它們之間存在著細微的差別，使用者對相關詞語的選擇和偏好，大體反映出對相關問題的理解以及對未來發展的某種期盼（黃曉勇，2008：

2）。1998年國務院將設於民政部的原社會團體管理局改為民間組織管理局，「民間組織」一詞從此作為大陸官方用語開始被正式使用。雖然「民間組織」用法也存在一些模糊和可能引起歧義的地方，但從文化傳統的歷史延續上來看，較之西方「非政府組織」、「非營利性組織」、「第三部門」等術語而言，「民間組織」概念其外延不但可以涵蓋上述各概念所要表達的主要意思，而且是一個與中國的文化、制度框架比較適應的概念。因此，有研究者建議：從整體上談論並涉及非政府性、非營利性、志願性、自治性的共同特徵時，盡量使用民間組織概念；具體講述某一類組織的時候可使用專門的名稱或者加以簡要的解釋與說明。譬如，在比較宏觀的層次上談論時可以使用社會組織概念，如果是強調與政府機構之間的區別可以使用非政府組織，如果是突出與營利企業之間的區別可以使用非營利組織等等（黃曉勇，2008：3）。本文持相同觀點。

概括說來，民間組織是指由公民自願組成的從事非營利性活動的社會組織，具有非官方性、非營利性、相對獨立性和自願性的特徵。非官方性是指這些組織是以民間的形式出現的，不代表政府或國家的立場；非營利性是指這些組織不把獲取利潤當作生存的主要目的，而通常把提供公益和公共服務當作其主要目標；相對獨立性是指這些組織擁有自己的組織機制和管理機制，有獨立的經濟來源，無論在政治上、管理上，還是財政上，它們都在相當程度上獨立於政府；自願性是指這些組織的成員都是強迫的，而完全是自願的。就當前民間組織而言，只要在關於民間組織基本內涵上達成共識基礎上，使用哪一個概念並不是主要的，關鍵是承認其是社會發展中不可忽視的重要力量，充分發揮民間組織的作用，從而推動公民社會（civil society）[1]的發展。

---

[1] 「公民社會」，在中國常常又稱民間社會或市民社會。它們是同一個英文術語 civil society 的三個不同中文譯名，它們之間存在一些微妙的差別；「市民社會」為流行的術語，源自於對馬克思主義經典著作的翻譯；「民間社會」是臺灣學者的翻譯，為歷史學家所喜歡，但有人認為，

(二)民間組織的種類

　　民間組織的範圍和領域廣泛性，規模和形式複雜性，決定其分類也必然是多樣的。可以從許多不同的角度對民間組織進行分類。例如按組織構成可分為會員制組織和非會員制組織；按法人形式可分為社團法人和財團法人；按組織性質可分為公益組織、共益組織或互益組織；按資產來源可分為官辦組織、合作組織、民辦組織；按活動形式可分為資助組織、項目組織或服務組織；按活動性質和範圍可分為網路組織、支持組織、草根組織；按活動領域可分為環保組織、人權組織、扶貧組織、婦女組織等等（王名，2008：7）。

　　目前，大陸民間組織大致分為以下幾類情況：

　　第一類，依照法律在民政部門登記註冊的社會團體[2]、基金會[3]、民辦非企業單位[4]。依法登記的社會團體、基金會和民辦非企業單位這三大類

它具有邊緣化的色彩。「公民社會」為改革開放後，對 civil society 的翻譯，它強調其政治學意義，即對公民的政治參與和對國家全力的制約。不少學者實際交叉使用公民社會和民間社會，前者強調其政治學意義，後者強調其社會學意義。相關內容參閱俞可平，2005：188。本章則把公民社會當作政府或國家體系和市場體系之外的一切民間組織及其關係總和。

[2] 「社會團體登記管理條例」第二條：「本條例所稱社會團體，是指中國公民自願組成，為實現會員共同意願，按照其章程開展活動的非營利性社會組織」。

[3] 「基金會管理條例」第二條：「本條例所稱基金會，是指利用自然人、法人或者其他組織捐贈的財產，以從事公益事業為目的，按照本條例的規定成立的非營利性法人」。

[4] 「民辦非企業單位登記管理暫行條例」第二條規定：「本條例所稱民辦非企業單位，是指企業事業單位、社會團體和其他社會力量以及公民個人利用非國有資產舉辦，從事非營利性社會服務活動的社會組織」。

別民間組織，再具體劃分又有相應的類型，如社會團體劃分為學術性、行業性、專業性和聯合性四種類型，基金會劃分為公募和非公募兩種類型，民辦非企業單位則劃分為教育、衛生、文化、科技、體育、勞動、民政、社會仲介服務業、法律服務業、其他等十種類型。近年來，為了規範和統一民間組織的統計管理，民政部借鑒和參考聯合國推薦的國際非營利組織統計分類體系，並結合大陸民間組織發展的特點，於 2006 年底提出了新的分類體系，並用於三類民間組織的年度檢查工作。2007 年底，根據新的年檢分類體系，民政部發布了民間組織新的分類統計資料。新的民間組織分類體系，將以往按登記註冊的形式區分為社會團體、基金會和民辦非企業單位的各類民間組織，根據各自的活動領域，劃分為十四個類別，分別是：(1)科技與研究；(2)生態環境；(3)教育；(4)衛生；(5)社會服務；(6)文化；(7)體育；(8)法律；(9)工商業服務；(10)宗教；(11)農業及農村發展；(12)職業及從業人員；(13)國際及涉外組織；(14)其他。

第二類，民間自發組建的未在民政部門登記註冊的非營利組織。他們中間有的因為缺少現行法律規定的「民間組織」登記條件，不得已只能在工商部門註冊獲得企業法人資格，有的至今沒有法人地位。還有一些組織，因為僅在有限的地域範圍開展活動，所以不需要註冊登記，如學校的學生組織和單位內部的組織等。上述這些組織一般被稱為「草根組織」，其數量巨大，從業人數和參與人數難以估計（顧曉今，2007）。

第三類，建立在城市社區中的居民委員會和農村的村民委員會，這是基層群眾性自治組織。

第四類，部分學者將事業單位也列入民間組織範疇。事業單位是計畫經濟的產物，幾乎涉及社會的所有領域，有的甚至還行使著國家「公權」。隨著市場經濟的發展，社會轉型必將推動政府職能的進一步轉變，事業單位將面臨「國退」後的選擇，其中大部分可能成為自治的民間組織，為社會提供服務（顧曉今，2007）。

此外，還有商會[5]、境外在華民間組織以及宗教組織等。其中，境外在華民間組織指的是在境外（含香港、澳門和臺灣地區）登記註冊、長期且穩定在大陸開展活動的民間組織。[6]

本文主要從上述第一類和第三類民間組織出發，探討民間組織在維護公民權利中的作用。

(三)民間組織的發展現狀

最近幾年，民間組織數量增長幅度逐年增大。以納入民政部門管理的三大類民間組織，即企業單位、基金會、社會團體為例。民政部「2004年民政事業發展統計公報」公布的資料顯示：民間組織已經遍布全國城鄉，涉及社會生活各個領域，初步形成了門類齊全、層次不同、覆蓋廣泛的民間組織體系。截至2004年底，全國各類民間組織已發展到28萬多個，其中社會團體近15萬個，比上年增長5.4%，民辦非企業單位13.3萬個，比上年增長6.7%，基金會902個。民間組織得到了穩步發展，單位總數比上年增長8.9%。民政部「2005年民政事業發展統計公報」公布的資料顯示：2005年民間組織依法管理力度繼續加大，民間組織結構進一步優化，截至年底，全國各類民間組織已發展到31.5萬個，其中社會團體16.8萬個，比去年增長9.8%；民辦非企業單位14.6萬個，比去年增長8.1%；基金會999個，比去年增長12%。民政部「2006年民政事業

---

[5] 商會指的是未在民政部門登記，主要在各級工商聯體系登記的以企業家為主的會員制的協會組織。工商聯全稱「中華全國工商頁聯合會」，成立於1953年10月屬於中國共產黨領導下的統一戰線性質的人民團體和民間商會。

[6] 隨著世界多極化、經濟全球化和科學技術的迅猛發展，民間組織全球化的趨勢日益彰顯，大陸外國民間組織越來越多，從涉及的行業看，主要分布在教育、文化、衛生、環保、社會福利等領域；從地域分布看，主要在一些大中城市和對外開放較早、經濟發展較快的東南沿海。

發展統計公報」公布的資料顯示：鼓勵民間組織在各個領域發揮提供服務、反映訴求、規範行為的作用，重視民間組織加強自律與誠信建設，引導民間組織服務社會主義新農村建設，重視各類民間組織的培育工作，截至 2006 年底，全國共有各類民間組織 34.6 萬個，其中社團 18.6 萬個，比去年增長 8.8%；民辦非企業單位 15.9 萬個，比去年增長 7.4%；基金會 1,138 個，比上年增長 13.9%。民政部「2007 年民政事業發展統計公報」公布的資料顯示：進一步完善了涉外社會組織登記管理制度，正式啟動涉外基金會登記管理工作。截至 2007 年底，全國共有各類民間組織 38.1 萬個，其中社團 20.7 萬個，比上年同期增長 11.3%；民辦非企業單位 17.2 萬個，比上年同期增長 8.2%；基金會 1,369 個，比上年同期增長 20.3%。

從就業規模和經濟總量來看，民間組織是大陸經濟社會發展的一支重要力量。據「2007 年民政事業統計報告」之社會組織部分公布的資料顯示：截至 2007 年底，全國共有社會組織 38.7 萬個，比上年增長 9.3%；吸納社會各類人員就業 456.9 萬人，比上年增長 7.4%；形成固定資產總值 682 億元，比上年增長 61.2%；收入合計 1,343.6 億元，比上年增長 111.3%；各類費用支出 900.2 億元，比上年增長 99.9%；2007 年社會組織增加值為 307.6 億元，比上年增長 173.9%，占服務業的比重為 0.32%。

從民間組織從業結構來看，民間組織業務範圍涉及科技、教育、文化、衛生、勞動、民政、體育、環境保護、法律服務、社會仲介服務、工商服務、農村專業經濟等社會生活的各個領域。根據 2007 年的統計資料，其各自比例如下：(1)科技與研究：占 6.9%；(2)生態環境：占 1.5%；(3)教育：占 26%；(4)衛生：占 10.4%；(5)社會服務：占 13%；(6)文化：占 5.8%；(7)體育：占 4.2%；(8)法律：占 1.1%；(9)工商業服務：占 5.1%；(10)宗教：占 1.0%；(11)農業及農村發展：占 9.6%；(12)職業及從業人員：占 4.2%；(13)國際及涉外組織：占 0.12%；(14)其他：占 11.9%。（王名，2008：8）從資料可以看出，大陸民間組織主要的活動領域是教育、衛生、

社會服務、農業及農村發展等領域。

　　從地域分布來看，民間組織的發展與市場經濟發育程度、經濟社會發展階段密切相關，東部等社會經濟發達地區數量較多，而中西部欠發達地區數量較少，形成了一種區域有別的發展格局。以廣東民間組織的發展狀況為例，廣東省民間組織與該省市場經濟發展相適應，發育較早、較快，同時民間化程度也相對較高，而且慈善類民間組織發達，在全國處於領先水準。雖然西部大多數地區民間組織發育不足、數量較少，但也有例外，如四川民間組織的數量在 2006 年位居西部第一，全國排名第二，增長速度在全國也處於領先水準。（黃曉勇，2008：6）

　　隨著改革開放深入發展、市場經濟逐漸成熟、社會轉型全面展開，民間組織擁有了一定的公共空間，並成為社會治理與提供社會服務的重要力量。

三、民間組織與大陸民主化進程

　　民間組織的產生和發展總是與權利聯繫在一起的，在一定社會總是與其政治環境休憩相關。一方面，公民權利得到保障的政治環境帶來民間組織的生存與發展；另一方面，民間組織的培育與發展也會有力推動民主政治的進程。

(一)人權與民間組織的產生

　　人權問題具有複雜性。但是人們對有關人權問題的一個起碼的共識：人權是人作為人享有和應該享有的權利。人權在本質上屬於自然權利或者道德權利，即按照人的本性（基於人性、人格和人道基礎上的自然屬性）所應該享有的權利，這是人之所為人在道德上所具有的標誌和

屬性。但權利不能是完全自然的。人權需要法律保障,從而轉化為法律權利。法律權利是自然權利的法律化。作為自然權利的人權與作為法律權利的人權實際上是個人權利與國家權力的關係,簡而言之是個人與國家這個社會共同體的關係,人權被轉化為法律權利的時候,也就意味著國家以其國家的強制力保證人權的實施,從而使人權獲得一種現實的力量。「權利不能單靠社會承認取得力量,沒有國家權力的支援,至少說是乏力的。即使 17、18 世紀的啟蒙思想家們反對把國家權力作為權利的基礎,他們也不能否認這一點:所謂的自然權利也是需要國家權力支援的。一個簡單的問題是,當『自然權利』被破壞時,若國家權力支援這些自然權利,那麼,它就不會對此不管不問」(程燎原、王人博,1998:31)。但不是所有的人權皆可以規定為法律權利,否則法律就萬能的了。法律權利是法律規範所認可和支援的權利。

人權作為自然權利或道德權利、法律權利都不必然是現實權利或者實然權利。現實權利指權利已經被人們實實在在地享有了。「現實權利是權利轉化的最終結果,是權利價值的最高表現形式,它構成權利主體追求的最高目標。一切權利的嚮往與奮鬥無不以此為歸宿」(程燎原、王人博,1998:336)。作為權利的高級形態的人權的最終落腳點也是現實權利。任何社會共同體中的大多數人都會自覺遵守道德,把道德規範作為自己行為的準則。因而作為道德權利的人權至少說部分內容可以直接轉化為現實權利。但有些道德權利的實現需要國家強制力來保證,道德權利還須轉化為法律權利。然而,從法律權利到現實權利之間還有一段距離,把人權規定為法律權利,只表明為這些人權的實現提供了法律上的可能性,並不能保證它完全具有實效。把人權轉化為法律權利並不是目的,它只是保障人權實現的手段。

因而,人權首先而且本質上是一種道德權利或者自然權利。在現代社會中,人權既可以法律權利作為其表現形式或者存在形態,也可以現實權利作為其表現形式或者存在形態。並不是所有的人權都可以轉化為

法律權利，都可能成為現實權利。這是理想與現實的差距，理想與現實的矛盾。這是人和人類社會生生不息永遠前進的動力。一切權利的理論和制度皆是以現實權利為圭臬，現實權利是人和人類社會追求的永恆主題。

從權利的視角來看，民間組織產生基於一項基本人權——結社自由，其培育與發展同樣也要經過從自然權利到法律權利，再到現實權利的擴展過程。結社自由屬於人的自然權利，用自然權利來對結社自由加以概括意味著這種自由具有符合人的自然本性，代表人的自然需求的性質，它「是僅次於自己活動自由的最自然的自由」（托克維爾，1988：218）。人作為一個社會的動物具有天然地和他人合作互助分享情感的自然需求，結社自由使孤立的個人得以聯合。而一個正當合理的法律制度就必須為人們這種自然需求的實現提供法律上的保障。正因如此，結社權作為一項憲法性權利，為世界諸多國家由憲法或憲法性文件加以宣告。民間組織的產生是以自然權利為基礎，以法律為保障的。隨著現實中一批批民間組織的形成與發展，它們在理想與現實的矛盾中維護、保障、實現著人的權利，推進著公民社會的形成與發展。

(二)公民權利的維護與民間組織的健康發展

民間組織是公民結社自由的產物。公民結社自由以及隨之產生的民間組織是民主政治的基礎。大陸近幾十年的社會發展證明：沒有對公民權利的尊重和保障，就不會有民主與法治，當然也不會有民間組織的培育與發展。

1949 年，共產黨建國以來，社會長期處於黨政一元化時代。黨、國家與社會的基本關係是「黨領導國家、國家主導社會，黨透過國家或自身組織主導社會」（林尚立，2000：322）。「在社會層面，黨政一元化的社會管理體系使政府的職能泛化，作為政府職能的延長，每個人所隸

屬的單位把個人的政治、經濟、文化和社會生活全部納入了管理的範圍，使得個人或團體沒有可能追求現存社會機制以外的興趣和利益。在這種背景下，民間組織不可能是獨立於政府之外的民間組織，它們經常被賦予執政黨和政府的一些政策或任務的職能。中國民間組織基本不是相對於政治權力的市民社會，而是處於政治權力和市民社會之間的力量。它對政府的角色與職能起到了補充的作用」（湯瑪斯‧西克爾，2000：83-84）。「單位制和人民公社體制的建立使國家壟斷了全部的社會資源和社會活動空間，公民社會萎縮成為新中國建立後最為典型的社會事實」（王名，2008：58）。

1954 年「中華人民共和國憲法」第八十七條規定：「中華人民共和國公民有言論、出版、集會、結社、遊行、示威的自由。國家供給必需的物質上的便利，以保證公民享受這些自由。」儘管從憲法上規定了公民的自由結社權利，但是由於缺乏憲法之下的下位法和相關制度的支持，以及隨後共產黨在其路線、方針、政策出現失誤，公民的權利和自由沒有實現從法律權利向現實權利的轉化。

1978 年以來，經濟體制改革與對外開放為民間組織的發展開創了空間。包括私營企業、個體經濟和「三資」企業在內的非公有制經濟迅速發展。經濟體制的改革推動政治體制的改革。高度中央集權的體制被打破，政府逐步放權，日益弱化其經濟職能和社會職能，強化其行政管理職能。經濟和政治體制改革直接或間接的促進了民間組織的發展。有資料指出：1989 年，全國性社團增至 1,600 個，地方性社團達到 20 多萬個（俞可平，2005：195）。1989 年 10 月，國務院發布「社會團體登記管理條例」，政府對各種民間組織進行復查登記和清理整頓，民間組織數量短期內有所減少。民政部「1992 年民政事業發展統計公報」公布的資料顯示：「截至 1992 年底民政部批准登記的全國性社團有 1,270 個；地方社團管理工作進一步展開，省級以下民政部門批准登記社團組織 15.3 萬個，註銷社團 7,654 個。」進入到 20 世紀九〇年代中後期，為適應國

有企業改革和完善市場機制，政府主動推動行業協會和其他市場仲介組織的發展。民政部「1996 年民政事業發展統計公報」公布的資料顯示：「截至 1996 年底，全國縣級以上社團已有 18.7 萬個，其中全國性及跨地區社團 1,845 個，省級社團 20,058 個。」1998 年發布了「民辦非企業單位登記管理暫行條例」，開始對民辦非營利的實體性機構進行民間組織的登記。據初步統計，直至 1998 年這類組織已達到 70 多萬個（俞可平，2005：195）。

從法律對公民結社權的保障來看，1982 年新頒布的「中華人民共和國憲法」第三十五條規定：「中華人民共和國公民有言論、出版、集會、結社、遊行、示威的自由。」；1986 年頒布的「民法通則」中對社團法人的規定是對民間組織的組織形式的定位；1988 年頒布了「基金會管理辦法」；1989 年頒布了「外國商會管理暫行規定」和「社會團體登記條例」；1998 年修改後的「社會團體登記管理條例」和「民辦非企業單位登記管理暫行條例」頒布；1999 年頒布了「公益事業捐贈法」；2002 年頒布了「民辦教育促進法」；2004 年「基金會管理條例」頒布。此外，相關稅收法律法規，如「企業所得稅法」和「企業所得稅實施條例」等，都包含了對民間組織的稅收優惠規定。這些法律法規的頒布填補了建國後民間組織立法的空缺，對改善民間組織的發展環境和規範民間組織的組織管理起了很大的作用。

儘管「民間組織的立法一直在促進發展與加強管理、放鬆管制與有效規範、提供服務與切實監管、基本信賴與適度警惕的辯證關係中尋找平衡」（朱衛國，2008：83），但它一定程度上保障了公民的結社權，權利在大陸不再是被公權力忽視或漠視的辭彙。隨著經濟市場化與社會多元化，公民自由、自主、自治和志願意識逐步覺醒與強烈起來，為自下而上的民間組織發展創造了條件、提供了機遇。

(三)大陸民主新進展：從「人權入憲」到維護公民「四權」的提出

　　對人權政治法律地位的確認，在大陸經歷了一個從諱言人權到執政黨和政府文件予以確認、再到寫入國家憲法的發展過程。「人權」曾經是一個禁區。1949年後的相當長時期內，不僅在憲法和法律上不使用「人權」概念，而且在思想理論上將人權問題視為禁區。特別是「文革」時期，受極「左」思潮的影響，「人權」被當成資產階級的東西加以批判，在實踐中也導致了對人權的漠視和侵犯。

　　改革開放三十年來，大陸人權事業無論在理論和實踐上都取得了重大進展。1991年11月1日，國務院新聞辦公室發表《中國的人權狀況》白皮書，這是政府向世界公布的第一份以人權為主題的官方文件，突破了「左」的傳統觀念和禁區，將人權稱為「偉大的名詞」，強調：實現充分的人權「是長期以來人類追求的理想」，是「中國社會主義所要求的崇高目標」、「是中國人民和政府的一項長期的歷史任務」，首次以政府文件的形式正面肯定了人權概念在社會主義政治發展中的地位。1997年9月，中共十五屆全國代表大會召開，首次將「人權」概念寫入黨的全國代表大會的主題報告，使人權成為執政黨領導國家建設的主題。此次會議主題報告第六部分「政治體制改革和民主法制建設」中，指出：「共產黨執政就是領導和支持人民掌握管理國家的權力，實行民主選舉、民主決策、民主管理和民主監督，保證人民依法享有廣泛的權利和自由，尊重和保障人權。」在這裡，尊重和保障人權被明確作為共產黨執政的基本目標，納入黨的行動綱領之中，同時作為政治體制改革和民主法制建設的一個重要主題，納入中國改革開放和現代化建設的跨世紀發展戰略之中。2002年11月，中共十六屆全國代表大會再次在主題報告中將「尊重和保障人權」確立為新世紀新階段黨和國家發展的重要

目標，重申在「政治建設和政治體制改革」中，要「健全民主制度，豐富民主形式，擴大公民有序的政治參與，保證人民依法實行民主選舉、民主決策、民主管理和民主監督，享有廣泛的權利和自由，尊重和保障人權」。2004 年 3 月 14 日，十屆全國人民代表大會第二次會議表決透過中華人民共和國憲法修正案。將「國家尊重和保障人權」寫入憲法，首次將「人權」由一個政治概念提升為法律概念，將尊重和保障人權確立為國家根本大法的一項原則。尊重和保障人權成為國家的責任、國家的義務。

2005 年，中共十六屆五中全會提出：「尊重和保障人權，促進人權事業全面發展。」2006 年中共十六屆六中全會提出「尊重和保障人權，保證公民權利和自由」，並圍繞完善民主權利保障制度這一主題，提出推進決策科學化、民主化，深化政務公開，依法保障公民的知情權、參與權、表達權、監督權。「四權」是公民權利和自由在政治和社會活動過程中的延伸和具體化。2007 年 10 月，中共十七屆全國代表大會提出：「人民當家作主是社會主義民主政治的本質和核心。要健全民主制度，豐富民主形式，拓寬民主管道，依法實行民主選舉、民主決策、民主管理、民主監督，保障人民的知情權、參與權、表達權、監督權。」

2008 年 10 月，中共十七屆三中全會報告「中共中央關於推進農村改革發展若干重大問題的決定」中提出：「完善與農民政治參與積極性不斷提高相適應的鄉鎮治理機制，實行政務公開，依法保障農民知情權、參與權、表達權、監督權。」在這裡，中共針對大陸「三農」問題，提出在新農村建設中對農民權利的保障問題。2008 年 10 月 24 日，國務院新聞辦公室宣布，政府決定制定「國家人權行動計畫」，對未來兩年人權事業的發展做出規劃，內容將涉及完善政府職能，擴大民主，加強法治，改善民生，保護婦女、兒童、少數民族的特殊權利，提高全社會的人權意識等與人權相關的各個方面。「國家人權行動計畫」的制定為大陸公民帶來對人權保障的進一步具體化的期待。

從「人權入憲」到維護公民「四權」的提出，以及由此引起的執政理念和執政方式的轉變，為民間組織的培育與發展帶來了一個全新的發展機遇期。隨著大陸民間組織數量與規模的擴大，有研究者認為，中國正在經歷一場前所未有的「社團革命」（何增科，2006：122）。

四、民間組織在維護公民權利中的作用

一旦民間組織產生並獲得一定程度的發展，它們又會成為社會不可忽視的重要力量，維護和實現著公民的權利，推動著社會各個方面的進步與發展。本文就大陸從「人權入憲」到將人權進一步具體延伸到知情權、參與權、表達權、監督權的民主進程，討論民間組織在維護公民「四權」中的作用。

(一)民間組織在維護公民知情權中的作用

所謂「知情權」，就是公民對於國家的重要決策、政府的重要事務以及社會上當前發生的與普通公民權利和利益密切相關的重大事件，有瞭解和知悉的權利。具體來說，知情權包括行政知情權、司法知情權、社會知情權以及個人資訊知情權。享有知情權的公民有權要求政府及其部門公開有關的資訊，並享有在法定範圍內獲取各類資訊的自由。這項權利不僅涉及政治、經濟、社會、文化、教育等各個領域，而且隨著整個社會資訊化的高度發展和公民個人對公共事務愈來愈廣泛的參與和監督，日益凸顯其在公民權利體系中的重要地位。

民間組織在維護公民知情權中發揮著重要作用。首先，民間組織作為政府與公民之間的仲介和橋樑，是推動資訊公開化的重要動力。公民之所以選擇一個民間組織，一方面可以透過它為自我發展提供更好的平

臺，另一方面，在民間組織活動中，公民與他人之間有固定而長期的聯合關係，由此可以形成集體的力量，來彌補個人權能的不足。在許多情況下，公民個人對於知情權的要求往往藉由所在民間組織來推動相關資訊的全面、及時地輸出。例如，在廣大農村或城市社區，村民或居民個人往往透過村民委員會或居民委員會等組織的力量來實現村務公開、政務公開或居務公開。其次，一些民間組織本身就是傳播資訊的媒介。例如各種研究會、學會、聯合會、行業協會等民間組織經常召開成員會議，或舉辦培訓班和研討會，這些名目繁多的會議通常是其成員獲取政治、經濟、文化、社會等各種資訊的重要場所。同時，成員也在組織的活動中，實現了相互之間的資訊共用。再次，一些民間組織創辦自己的傳播媒體，如各種報刊、雜誌、網頁或網站，透過這些媒體傳播各種信息。例如，很多的民間力量以網站、電子公告板、論壇、博客等傳播方式，將最具思想性、針對性或指導性的內容透過網路擴大影響力，從而充分發揮出其在公民社會構建中的作用。最後，在公民的知情權受到侵犯的時候，民間組織能夠以組織的力量發揮保障公民權利的作用。

(二)民間組織在維護公民參與權中的作用

所謂「參與權」，主要是指公民依法透過各種途徑和形式，參與管理國家事務、管理經濟和文化事業、管理社會事務的權利。這裡的「各種途徑和形式」，包括選舉、投票、協商、座談會、論證會、聽證會、批評、建議、透過平面媒體和網絡討論國家政務等。參與權首先使公民增強主體意識，感受到自己對國家、對社會、對所在共同體、對他人的責任，從而積極與政府和單位、組織的管理者合作，推動社會公共各項事業的發展；同時，公民對國家政務（如立法、決策、執法等）和其他社會事務的參與，有利於防止社會公共政策和公權力行為的偏差與失誤，平衡和協調各社會不同階層、不同群體的利益衝突。

民間組織是公民有序參與社會各項事務的重要載體：

1. 民間組織參與社會政治活動中。例如，與政府特別接近的一些民間組織，尤其是工商聯、共青團、婦聯、工會、計生協會、老年協會、某種行業協會等等，往往都有代表參加從中央到地方的各級人民代表大會和政協機關，工商聯的會長在各級政府人民政協中兼任副主席，通常成為一種慣例（俞可平，2005：210）。

2. 民間組織參與政府決策。目前，各種民間組織參與政府決策的途徑大致有以下幾種：一是代表所在的組織或行業向決策部門反映問題、提出要求，促使權力機關制定相應的政策或措施。二是應決策機關的請求，對某些專門政策的制定和實施發表意見。一些國家機關在制定或實施某些政策時，通常向相關的民間組織進行政策諮詢，聽取其意見，對政策作出修改或調整。三是當政府政策損害其成員的利益時，代表其成員向有關部門進行交涉（俞可平，2005：211）。

3. 民間組織參與社會治理、社會服務活動中。改革開放以後，政府逐漸放權，「政企分開」標誌著政府在經濟領域成功地退出「市場」。隨之而來的「政事分開」、「政社分開」，也將要求政府進一步放權於民。政府職能在不斷轉變著，原由政府包辦的社會服務，需要有新的更為有效率的組織來承擔。這種社會服務的巨大空間，促進了民間組織的培育與發展。

(三)民間組織在維護公民表達權中的作用

所謂「表達權」，主要是指公民透過出版、集會和其他各種途徑（如新聞媒體、信訪等）公開發表自己的思想、觀點、主張和看法的權利。表達權是公民的基本人權，其實現的程度是衡量一個國家民主、法治和

文明的重要尺度。言論表達自由與思想自由密切聯繫，沒有表達自由也就談不上思想自由。這裡的思想是指人們對事物的理解、想法、願望以及意見等。對言論自由的壓制就是對思想自由的壓制。法國思想家巴斯卡曾說：「人的全部尊嚴就在於思想」（巴斯卡，1985：158），對言論自由的壓制也是對人的尊嚴的侵犯。孔子云：「君子和而不同，小人同而不和」。不同思想、觀點，不同主張、看法的人們只有平等地享有表達權，才能相互瞭解、相互協調、相互妥協，沒有相互瞭解、協調和妥協，各種利益衝突就不能化解，社會無穩定、和諧可言。

民間組織在維護公民表達權中的作用也是顯而易見的：

1. 民間組織緊密接觸社會基層，發現問題最直接，反映訴求最迅速。隨著經濟社會不斷發展，公民的利益訴求日益多樣化，權利意識、民主意識、法律意識普遍提高，參與經濟、政治、文化、社會事務管理的願望日趨強烈。特別是大陸目前處於由傳統社會向現代社會、農業社會向工業社會的轉型期，一系列社會問題不斷湧現，如失業率增高、貧富差距拉大、環境污染嚴重、失地農民的社會保障等，民間組織是不同群體實現自己意願、維護自身權益的利益共同體，為公民理性表達利益訴求、合理維護自身權益、有序擴大政治參與，提供了重要的組織管道。

2. 民間組織在弱勢群體的利益表達和利益保護中有特殊作用。民間組織負有關懷弱勢群體，促進社會公平正義的使命。希望工程、春蕾計畫、幸福工程、微笑列車、新長城計畫等眾多公益項目，透過積極反映民眾訴求，動員社會資源向農村、偏遠地區流動，向貧困群體流動，以幫助那些最困難的人獲得生存和學習發展的機會。透過這些公益活動，數以千萬計的貧困人口、婦女、兒童、殘疾人接受了社會的關愛，解決了上學、看病等實際困難，在一定程度上緩解了社會矛盾（顧曉今，2007）。

3.隨著一批專業學會、法律服務組織、研究機構等民間組織的建立，以及一批高素質的成員加入民間組織，他們有能力、有水準表達各個利益群體的訴求。如 2008 年四川汶川大地震發生後，自然之友聯合多家民間組織草擬了「關於災後重建應當重視的幾個問題」呼籲書。民間組織關於災後重建應當重視的幾個問題，如災後重建要避免「政績工程」思路、規劃編制應實行資訊公開、災後重建要重視社會修復和接續文化傳承等，切中時弊、利於社會發展。[7]再如，一批批社會精英，如大學生、研究生以及海外留學人員加入到志願者、研究會等民間組織行列，為民間組織的發展補充了新鮮血液，提高民間組織從業人員的素質，為更好地表達公民利益創造了條件。

(四)民間組織在維護公民監督權中的作用

所謂「監督權」，主要是指公民對國家機關及其公職人員行使公權力行為進行監督的權利。首先，監督是保障公權力合法、正當行使的必要條件。歷史已經反復證明，沒有監督和制約的權力必然膨脹、腐敗和濫用。政權合法性來自於民眾的授權與參與。只有自上而下的灌輸與管束，沒有自下而上的產生、支持與監督，這個國家的政治是不能夠被稱為文明的。其次，監督是公權力在行使過程中實現自我糾錯、自我調節，以保障立法者、決策者、執法者主觀與客觀一致，法律、政策與國情、

---

[7] 建議內容包括：災後重建要避免「政績工程」思路、規劃編制應實行資訊公開、重建規劃首先要解決整體布局問題、災後重建要重視社會修復和接續文化傳承、災民安置工作要注意社會公平、災後重建要重視環境保護和生態修復、重建規劃要進行社會評估、注意汲取以往規劃編制中的教訓，以及災後重建應加強政府、民間、國外的合作等等。http://www.fon.org.cn/content.php?aid=10039

社情、民情適應。立法、決策、執法中的問題並非立法者、決策者和執法者本身都能自己發現和自己找出解決的辦法，須賴社會公眾的監督。

民間組織在維護公民監督權中的作用主要表現在如下方面：

1. 對立法與決策的監督。如民間組織參與制定國務院即將頒布的「國家人權行動計畫」，[8]這不僅是其參與權的體現，也是監督權的體現。

2. 對行政執法的監督。改革開放前，對政府行為的制約主要來自政府內部的權力制衡。民間組織大量成長起來後，政府開始受到來自外部的制約。一些民間組織在發現本地或本部門的政府政策明顯不合理或違反國家法律後，有組織地抵制這些政策，在許多情況下政府迫於民間組織的壓力往往能夠改變原來的政策。民間組織越是強大的地方，政府的壓力就愈大。一個明顯的例證是，在村民委員會十分健全和有力的村，鄉鎮幹部違法亂紀的現象就要比其他村少得多（俞可平，2005：216）。

3. 對公職人員濫用權力、不作為和腐敗行為的監督。與國外一些發達國家相比，由於在權力制衡方面存在差異，國外發現腐敗的主體一般是監督者、制衡者，是有權機關。如果這些機關不能及時發現存在的腐敗問題，就是一種瀆職。而現在大陸的情況不同，官員的權力很大，又缺少必要與有效的監督制約機制，加上官員普

---

[8] 「國家人權行動計畫」由國務院新聞辦公室和外交部共同帶頭組織制定。為制定該「計畫」，建立了由國務院新聞辦公室和外交部帶領的聯席會議機制，邀請全國人大、全國政協、最高人民法院、最高人民檢察院和國家發改委等國務院有關部門，以及相關群眾團體、非政府組織共五十多個單位共同參與。同時，還成立了由全國重點高校與研究單位十多位人權專家組成的專家組。
http://news.xinhuanet.com/newscenter/2008-11/04/content_10303745_1.htm

遍對上負責的機制，因此腐敗不易被有權機關發現。為維護自身的獨立和利益，公民社會必然要求對國家權力進行有效的制約。單個的、分散的公民個體經由公民社會中的各種團體、組織積聚成強大的力量，這是任何統治機構和統治者都不能忽視的。「國家需要健康健全的公民社會為後盾，如果公民社會不能形成或軟弱無力，國家得不到公民社會的支持就會陷入困境，國家沒有公民的監控就會走向專制和腐敗」（郭道暉，2006）。

五、結　語

民間組織的產生與發展始終與尊重權利、維護權利、實現權利聯繫在一起。大陸從「人權入憲」到維護公民「四權」的提出的民主新進展，推動了民間組織的發展，反過來，在一定法律政治制度下發展著的民間組織又維護、實現著公民的權利，推動著社會的民主進程。

當然，就近些年大陸民間組織的發展狀況而言，既有民主進步帶來的欣喜，更有制度體制不足帶來的憂思。如現行法律法規確定的政府對民間組織管理體制具有強烈的限制和控制特徵[9]，從而使民間組織的發展壯大遭遇嚴重的體制性困境。有研究者概括了現有制度環境使民間組織發展面臨的八大困境：(1)註冊困境；(2)定位困境；(3)人才困境；(4)資金

---

[9] 現行體制特點可以概括為「歸口登記、雙重負責和分級管理」。歸口登記是指除法律、法規明確規定免予登記者之外，其他所有民間組織都由民政部門同意登記；雙重負責是指登記管理機關和業務主觀單位分工合作，共同實施對民間組織的管理；分級管理是指縣級以上民政部門分別負責同一層級民間組織的審批、登記、年檢、變更、撤銷和監管。（劉培峰，2006：80）

困境；(5)知識困境；(6)信任困境；(7)參與困境；(8)監管困境（何增科，2006：156-159）。此外，民間組織本身也存在治理機制不完善、能力建設不夠、獨立性不強的特點（黃曉勇，2008：17）。因此，大陸倡導的弘揚以改革創新為核心的時代精神尤為重要，透過制度體制創新，才能進一步培育與發展民間組織。

　　同時，依照本文從權利角度對民間組織產生與發展問題所進行的探討，民間組織的基礎在公民。要培育與發展一批批真正以非官方性、非營利性、相對獨立性和志願性為特徵的民間組織，還需加強公民意識教育，「樹立社會主義民主法治、自由平等、公平正義理念」（胡錦濤，2007），張揚公民權利，呼喚公民責任，從而促進公民社會的形成，推動社會的全面進步和人的自由全面發展。

參考書目

一、中文部分

中國科學基金研究會主譯（2000），湯瑪斯·西克爾。《亞洲公益事業及其法規》。北京：科學出版社。

王世剛（2001）。《中國社團發展史》。北京：當代中國出版社。

王名、劉培峰（2004）。《民間組織通論》。北京：時事出版社。頁4-6。

王名主編（2008）。《中國民間組織30年》。北京：社會科學文獻出版社。

王紹光、何建宇（2004）。〈中國的社團革命〉。《浙江學刊》。第六期。

朱衛國（2008）。〈民間組織的法制建設〉。載王名主編（2008）。《中國民間組織30年》。北京：社會科學文獻出版社。

何兆武譯（1985），巴斯卡。《思想錄》。北京：商務印書館。

何增科（2006）。〈中國公民社會制度環境要素分析〉，載俞可平主編（2006），《中國公民社會的制度環境》。北京：北京大學出版社。

何增科主編（2000）。《公民社會與第三部門》。北京：社會科學文獻出版社。

林尚立（2000）。《當代中國政治形態研究》。天津：天津人民出版社。

俞可平（2005）。《增量民主與善治》。北京：社會科學文獻出版社。

俞可平（2006）。《中國公民社會的制度環境》。北京：北京大學出版社。

夏勇（2001）。《人權概念的起源》。北京：中國政法大學出版社。頁176。

郭道暉（2006）。〈公民權與公民社會〉。《法學研究》。第一期。

程燎原、王人博（1998）。《贏得神聖──權利及其救濟通論》。山東：
　　山東人民出版社。

黃曉勇主編（2008）。《中國民間組織報告》。北京：北京社會科學文
　　獻出版社。

董果良譯（1988），托克維爾。《論美國的民主》上卷。北京：商務印
　　書館。

賈西津等譯（2002），薩拉蒙。《全球公民社會──非盈利部門視界》。
　　北京：社會科學文獻出版社。

劉培峰（2004）。〈社團管理制度的比較分析：從中國的許可登記制度
　　出發〉，載吳玉章主編（2004），《社會團體的法律問題》。北京：
　　北京社會科學出版社。

黎建飛譯（1999），詹姆斯·安修。《美國憲法判例與解釋》。北京：
　　中國政法大學出版社。

二、外文部分

Michael Ignatieff (2000), *The Rights Revolution*, Toronto: house of Anansi
　　Press.

Roscoe Pound (1957), *The Development of Constitutional Guarantees of
　　Liberty*, New Haven: Yale University Press.

Wuthnow, Robert (1991), *Between States and Markets: The voluntary Sector
　　in Comparative Perspective*, Princeton: Princeton University Press.

三、網路部分

民政部「1992 年民政事業發展統計公報」。
　　http://www1.mca.gov.cn/mca/news/news2003010103.html

民政部「1996 年民政事業發展統計公報」。
　　http://www1.mca.gov.cn/artical/content/WJYL_ZH/20041010154850.ht
　　ml

民政部「2004 年民政事業發展統計公報」。

    http://cws.mca.gov.cn/article/tjkb/200707/20070700000916.shtml

民政部「2005 年民政事業發展統計公報」。

    http://cws.mca.gov.cn/article/tjkb/200707/20070700000917.shtml

民政部「2006 年民政事業發展統計公報」。

    http://cws.mca.gov.cn/article/tjkb/200711/20071100003702.shtml

民政部「2007 年民政事業發展統計公報」。

    http://cws.mca.gov.cn/article/gzdt/200801/20080100010511.shtml

民政部「2007 年民政事業統計報告」（社會組織部分）。

    http://mjj.mca.gov.cn/article/xwzx/200806/20080600017591.shtml

胡錦濤（2007）。「胡錦濤在中國共產黨第十七次全國代表大會上的報
    告」。

    http://news.xinhuanet.com/newscenter/2007-10/24/content_6938568.htm

顧曉今（2007）。「發揮民間組織在社會治理中的作用」。

    http://www.cydf.org.cn/shiyong/html/lm_144/2007-08-06/092635.htm1

14 新移民婦女之社會資本、社會適應與社區意識——中國籍與東南亞籍新移民之比較

李俊豪　元智大學社會暨政策科學學系助理教授

徐淑瑤　立德大學休閒管理學系助理教授

陳東豪　彰化縣社頭鄉舊社國民小學教師兼教務主任

摘　要

　　本章以彰化縣境內國民小學一、三、五年級新台灣之子的女性家長為研究對象,研究者分析 381 位(含 146 位中國籍與 235 位東南亞籍新移民婦女)之問卷調查資料,以討論社會資本、社會適應與社區意識三者間的因果關係,並探討中國籍與東南亞籍新移民間的差異。首先,資料分析指出,中國籍婦女透過家庭親屬、鄰居,與朋友三種社會網絡,取得較東南亞籍新移民更多的工具性、財務性與情感性的支持及協助,但中國籍與東南亞籍新移民婦女的社會適應與社區意識並無明顯差異。

　　其次,研究者發現,中國籍與東南亞籍新移民的「社會資本—社會適應—社區意識」因果關係模式相似性高:

1. 社會資本(家庭親屬、鄰居,與朋友三種社會網絡關係)對新移民的社會適應,有直接且明顯的影響效果。
2. 新移民的家庭親屬與鄰居二種社會網絡關係與品質有助於提升個人的社區意識。
3. 個人社會適應的優劣對於新移民的社區意識不僅有直接且明顯的影響效果,同時是介於個人社會資本與社區意識間的重要中介變數。

　　然而,中國籍與東南亞籍新移民的模式存在些許的差異性;鄰居網絡關係的品質是提高中國籍新移民社會適應的最重要因素,而家庭親屬網絡關係的優劣對東南亞籍新移民的社會適應有最重要的直接影響力。

Abstract

The paper relies on the data collected from 381 neo-immigrants from China and Southeast Asia countries, who were mothers of the first-, third-, and fifty-graders enrolled in the public elementary schools in Zhanghua County in the school year 2007. Its purpose is to examine the causal relationships of social capital, social adaptation, and sense of community for neo-immigrants. Additionally, researchers intend to identify whether the Chinese- and ASEAN-oriented shared the same causal model. As the results, first, Chinese neo-immigrants report receiving more instrumental, financial, and emotional supports through their social networks than their ASEAN counterparts. Second, Chinese and ASEAN-oriented neo-immigrants have no significant difference on their social adaptation and sense of community.

Further, Chinese and ASEAN-oriented neo-immigrants share a similar "social capital-social adaptation-sense of community" causal model. First, social capital measured as supports received through family, neighbor, and friend networks, directly and significantly affect the social adaptation of neo-immigrants regardless of nation orientation. Second, the inclined social supports accessed through family and neighbor networks lead to higher sense of community. Third, social adaptation not only directly influences on the sense of community of neo-immigrants, but also is an important intervening factor mediating their relationship between social capital and sense of community. Moreover, Chinese and ASEAN-oriented neo-immigrants act slightly differently; while the social supports received through the neighborhood network impact more on the social adaptation of Chinese neo-immigrants, family social capital is more important than the other two sources of social capital for a better social adaptation of the ASEAN counterparts.

一、前　言

　　自 1980 年代起，台灣開啟大量女性新移民因婚姻關係移入的新頁；截至 2008 年 10 月底，有 384,451 位新移民婦女居住在台灣，其中來自中國的新移民約占三分之二，來自其他國家之婦女則占三分之一。[1]中國與越南、印尼、泰國、菲律賓及柬埔寨等東南亞國家，為新移民婦女的主要來源國。就地理分布而言，東南亞籍新移民除集中於台北市與高雄市外，多集中於西半部農業縣；而中國籍新移民則多集中於大都會地區（特別是基隆台北都會區、桃園中壢都會區、台中彰化都會區，與高雄都會區）。

　　無論其原生國籍為何，新移民切斷既有的社會網絡關係，遠渡重洋到台灣，除需面對離鄉背井的思鄉之苦與生活習慣的改變外，還得適應台灣的風俗文化與價值觀；在缺乏有效且及時的社會支持系統的情況下，不免產生適應的困難或問題。爰此，研究者企圖從社會資本的角度切入，以討論在目的國（the destination）內重新建立的社會網絡關係是否有助於新移民的適應。此外，因婚姻關係而移居台灣的新移民，常被賦予撫育新台灣之子的重責大任，被期望融入台灣社會，並積極扮演台灣在地人的角色；因此，本研究進一步將討論新移民的社會適應是否可提升其社區意識，使新移民認同其所處之社區，對社區有歸屬感（sense of belongingness）與依附感（community attachment）。綜合言之，本研究目的在於，針對中國籍與東南亞籍新移民婦女族群探討其社會資本、社會適應，與社區意識三者間的因果關係。研究者企圖透過本文檢驗：(1)

---

[1] 內政部統計處（2008）。http://www.ris.gov.tw/ch4/static/m0sb09710.xls。
線上檢索日期：2008 年 11 月 21 日。

是否新移民的社會資本可以有效的提升其社會適應與社區意識；(2)是否新移民的社會適應會影響其社區意識；(3)是否中國籍與東南亞籍新移民有不同的適應模式。

二、文獻回顧

對新移民而言，跨國界移動不僅造成既有的個人人際關係與社會網絡的隔斷，另一方面必須適應新環境脈絡、適應新社會與文化系統，建立新的身分認同與人際網絡關係（Sonn, 2002）。學者曾以實證研究描繪與討論移民群體與其他族群之互動模式；Berry（1997）指出，跨國移民者的適應過程有四種可能的反應：整合（integration）、同化（assimilation）、隔斷化（separation），與邊緣化（marginalization）。此四種反應所顯示的是個人對於社區（或社群）的態度與行為；換言之，不同的反應主要顯示，在新環境空間內，新移民者對自己或其他族群的內在態度與外顯行為的轉變。

如 Searle 與 Ward（1990）所指出，新移民的適應可分為心理適應（psychological adaptation）與社會文化適應（sociocultural adaptation）。前者為個人內在心理反應，包括個人的文化認同、心理健康，以及對新文化脈絡的滿意度……等等；後者則是指個人外在心理反應，包括個人面對日常生活問題的能力……等等。相關研究陸續指出，心理適應受到個人性格、生活經驗與社會支持之影響（Stone Feinstein and Ward, 1990; Ward and Kennedy, 1992, 1993a, & 1993b; Ward and Searle, 1991）；社會文化適應則是受在新文化脈絡空間居住的時間長短、語言能力、文化差異性，與新文化的接觸品質的影響（Searle and Ward, 1990; Ward and Kennedy, 1992, 1993a, & 1993b）。然而，學者如 Birman（1994）並未將「適應」細分為心理與社會文化適應二者並分別討論，而是認為個人的

社會適應反應（包括行為與態度）受到大環境脈絡因素影響；這些脈絡因素當然包括當地社區（host community）或目的國的接納程度（包括政策與居民態度）對新族群的了解程度，以及其他社會、經濟，與政治等因素。

　　Berry（1997）亦認為，目的國及其公民對於新移民與多元主義的態度會影響新移民的社會適應。Murphy（1965）指出，如果目的國支持文化的多元性，則目的國公民較不易迫使新移民同化或排斥新移民；相反地，目的國社會更可能從制度面對新移民提供社會支持，並且創造多元文化的社會。因此，研究者主張，目的國居民的接納態度直接反映在社會支持系統的提供，促使新移民得以建立其社會資本；換言之，在目的國的人際網絡關係對新移民者的適應有重要的影響力。人際網絡不僅僅是聯結人與人的線；Field（2003）指出，人際網絡不僅僅是認識誰或某某人。如果認識的某人沒有幫助的意願，此種將人與人連在一起的線（網絡關係）是不具任何顯著性意義；自然無助於新移民在目地社會的適應。具有協助與社會支持功能的人際網絡關係不再僅是簡單的連結人與人間的線，它是一種社會資本（social capital）。就如 Field（2003）所言，社會資本除包括連結成員的網絡，且成員間需有共享的價值觀；進一步，社會資本不僅代表人際關係，且必須包含可以從人際網絡中取得協助或資源。若可取得資源或協助，明顯地顯示助人者與被助者存有共享的價值觀，且彼此覺得屬於「同一掛」。林南（1990、1999、2001）與 Coleman（1988）曾將「社會資本」定義為，個人可透過社會關係或社會網絡所取得的資源（resource）。因此，如果一個人可以自人際網絡關係中獲得協助，那麼可以知道的是此人擁有某種程度的社會資本；另一方面，Bourdieu（1986）則認為，人際網絡的價值也在於它擁有多少可以被動員的資源。

　　Woolcock（2001）指出並定義三種社會資本的類型：結合型（bonding）、架橋型（bridging）與連結型社會資本（linking social capital）。

其中結合型社會資本（bonding social capital）是一種連接情況近似個人的人際網絡關係，特別是家人或親屬、親近朋友與鄰居。透過結合型人際網絡連結，個人在社會網絡關係中取得資源與社會支持。若個人可自家庭親屬、朋友，與鄰居網絡關係中取得社會支持，吾輩可將其視個人得到網絡中的其他個人的接受；如前述所言，新移民若得到社區或社群內其他個人的接受，有助於新移民提高其社會適應。

社會資本的擁有程度不僅影響新移民的社會適應，同時影響其社區意識的建立；社會資本不僅代表人際關係，同時顯示個人可以自人際網絡中獲得資源，以及個人願意提供多少資源予人際網絡中的其他成員。如果願意提供資源給其他成員，該行為所隱含的意義是，個人對於社群（community）內其他個人的認同，或是對於該社群的認同。

在本文中，研究者將社會資本界定為具有提供協助與社會支持的社會網絡；而由於社會關係類型的差異，筆者進一步將其分為三種次類型：家庭親屬、朋友，與鄰居等社會網絡關係。社區心理學研究指出，社區意識（sense of community or psychological sense of community，社區心理感）與鄰里關係有密切關係（Ahlbrandt, 1984; Chavis and Wandersman, 1990; Prezza et al., 2001; Skjæveland et al., 1996; Unger and Wandersman, 1985）；鄰里關係的密度與品質決定個人的社區意識。Hughey 與 Speer（2002）強調社會網絡對於形塑社區意識的重要性。Glynn（1986: 350）則認為，「鄰里社區（neighborhood）對於社區意識的形成具有顯著性意義」；任何會影響社區意識的發展與維持的鄰里社區元素，都是重要的學術討論對象或議題。「社區意識」指的是，一個可以反映個人對於所處鄰里社區及其居民的心理信念與態度；Sarason（1974）則認為，社區意識反映個人對其所處社區的歸屬感與認同感。相對地，鄰里關係則是一個行為變數；就空間層面而言，鄰里關係可被界定為鄰里（或社區）成員間的社會支持交換關係（Farrell, Aubry, and Coulombe, 2004; Weiss, 1982），它反映鄰里居民的社會互動、互助與支持關係。Chavis 與

Wandersman（1990）指出，社區意識與鄰里關係有正向關係；進一步，Prezza 等人（2001）與黃源協、蕭文高、劉素珍（2007）則指出，鄰里關係是社區意識的最重要解釋變數。因此，足見鄰里關係的優劣可以左右個人的社區意識，或影響個人對於社區及其居民的心理信念與態度。

當社區心理學研究指出鄰里關係對於發展個人社區意識的重要性時，都市社會學界認為，朋友與親屬關係則是重要的中介變數（the intervening variables）（Kasarda and Janowitz, 1974; Sampson, 1988, 1991）。社區是一個依其自有的生命週期持續運轉的組織，其中的社會網絡關係更是不斷地更迭，新世代與新住民加入特定社區的社會網絡當中，並被同化。久而久之，個人適應社區，改變個人社會行為，發展社會關係，進而強化個人的社區意識。以 Kasarda 與 Janowitz（1974）所提出的系統模式觀點而論，社會資本、社會適應與社區意識三者間的因果關係可以清楚地被描繪；個人若能穩定且長期居住於社區內，便能維繫個人的親屬聯繫，及發展個人的朋友關係與其他夥伴合作關係；並透過社區內的社會網絡關係，強化個人的社區依附感、社區心理感或社區意識。

當都市社會學研究指出，社會關係對於個人的社區意識的影響時，社區心理學研究則強調鄰里關係的重要性。無論是都市社會學或社區心理學研究，二者針對社會關係或鄰里關係對於社區意識影響的討論多留下幾個值得再思考的議題。其一、針對鄰里關係的研究，學者傾向以鄰居間的關係作為社會關係的測量工具（Prezza et al., 2001）；因此忽略了社區內的社會關係可能不僅止於鄰居間的關係，尚應該包括家庭與親屬，及朋友間的關係。其次，學者僅以社會關係之密度作為測量社會關係之工具（Kasarda and Janowitz, 1974; Sampson, 1991；熊瑞梅、吳文楦，1997），忽略了社會關係品質對於個人社區意識的重要性。如郭文雄（1995）所言，社區意識不僅受朋友與親屬數目多寡所影響，並與交誼品質所測量的非正式鄰居關係有關。

綜合言之，筆者認為新移民所處社區內的社會關係大體上可以分為二類：親屬關係（kinship）與非親屬關係（含朋友關係與鄰居關係等）。在本文中，研究者不僅關心是否新移民參與家庭親屬、朋友，與鄰居的社會網絡，更關注新移民是否可自前述社會網絡取得社會支持。如果答案是肯定的，前述三種社會關係不僅是連結各種不同關係的個人關係網絡，更是三種不同的社會資本。如圖 14-1 研究者以前述之討論建構本研究的概念性模式；其中清楚地顯示出「社會資本─社會適應─社區意識」的因果關係。首先，新移民的社會資本直接影響其社會適應與社區意識；其次，新移民的社會資本容量透過社會適應的提升間接影響個人的社區意識。

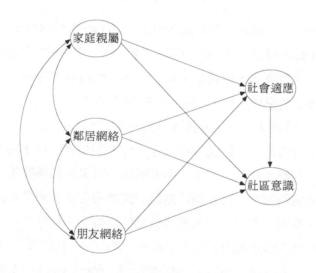

圖 14-1　社會適應與社區意識之概念型模式

三、研究方法

本研究以自填式問卷進行資料收集；鑒於新移民婦女的語言能力可能不順暢，研究者將問卷翻譯或轉換成簡體中文、越南文、泰文、印尼文，與英文等版本，並針對受訪新移民的原生國籍發送適合其語言能力的問卷。

(一)研究工具

本文所分析之資料主要包括四個部分：(1)社會網絡關係；(2)社會適應問項；(3)社區意識量表；與(4)基本資料（含夫與妻的原生國籍、年齡、教育程度、月薪收入，與結婚年數）。前三面向中之各個問項均以李克特六點量表形式呈現：1 分代表「非常不同意」、2 分代表「不同意」、3 分代表「稍不同意」、4 分代表「稍同意」、5 分代表「同意」，與 6 分代表「非常同意」。如表 14-1 所示，作為測量社會資本的社會網絡關係可分為三個層面：鄰里關係、朋友關係，與家庭親屬關係；三者同時反映關係親密的程度。社會網絡關係的問項內容清楚測量受訪者是否可以從鄰居、朋友，與家庭親屬獲得情感性支持、工具性支持，與財務性支持。社會適應面向則由五個問項組成，其內在一致性信度為 0.826。本研究同時採用 Chavis、Hogge、McMillan 與 Wandersman（1986）的社區意識量表（Sense of Community Index, SCI），其內在一致性信度為 0.804。

由於所有面向之內在一致性信度（Cronbach's Alpha）均達 0.80 以上，研究者進一步將各個面向之問項分數加總，並計算受訪新移民各面向的平均分數。而後並以各面向的平均分數作為測量個人在各個面向上的認知、態度、行為，或經驗分數；同時各面向的相關程度則詳列於**附錄一**。

表14-1　變數與構念之名稱與說明

變數與構念名稱	說明
社會資本：家庭親屬網絡關係（Cronbach's Alpha=0.893）	
SS01	我覺得家人、親戚願意傾聽我的心事與煩惱
SS02	我覺得在日常生活中，家人、親戚會體貼我、尊重我
SS03	我常和家人親戚一起談論自己的想法和意見
SS10	當我日常居家生活需要協助時，家人願意幫助我
SS11	當我生活上碰到一些問題時，家人、親戚會提供訊息或建議 解決方式
SS12	當我發生緊急事件時，家人、親戚會幫我解決
SS19	在我經濟上有困難時，家人、親戚願意借我金錢
社會資本：鄰居網絡關係（Cronbach's Alpha=0.875）	
SS04	我覺得鄰居願意傾聽我的心事與煩惱
SS05	我覺得在日常生活中，鄰居會體貼我、尊重我
SS06	我常和鄰居一起談論自己的想法和意見
SS13	當我日常居家生活需要協助時，鄰居願意幫助我
SS14	當我生活上碰到一些問題時，鄰居會提供訊息或建議解決方 式
SS15	當我發生緊急事件時，鄰居會幫我解決
SS20	在我經濟上有困難時，鄰居願意借我金錢
社會資本：朋友網絡關係（Cronbach's Alpha=0.866）	
SS07	我覺得朋友願意傾聽我的心事與煩惱
SS08	我覺得在日常生活中，朋友會體貼我、尊重我
SS09	我常和朋友一起談論自己的想法和意見
SS16	當我日常居家生活需要協助時，朋友願意幫助我
SS17	當我生活上碰到一些問題時，朋友會提供訊息或建議解決方 式
SS18	當我發生緊急事件時，朋友會幫我解決
SS21	在我經濟上有困難時，朋友願意借我金錢

社會適應（Cronbach's Alpha=0.826）

SA01	我對台灣的風土民情感到很有興趣
SA02	我對參與社區廟會節慶活動感到很習慣
SA03	我與台灣一般人士相處良好
SA06	我覺得在生活圈中自己是越來越受歡迎的人
SA08	整體而言，我在台灣的生活適應良好

社區意識（Cronbach's Alpha=0.804）

SC01	對我而言，我所居住的社區是一個很好的居住地
SC02	住在這個社區的居民對於事情的是非對錯看法相同
SC03	我和我的鄰居對這個社區有相同的需求
SC04	我認得大多數居住在這個社區的居民
SC05	這個社區給我一種「有家的感覺」
SC06	社區裡只有少數的鄰居認識我（reversed）
SC07	我在乎鄰居如何看待我的所作所為
SC08	我對這個社區的一草一木沒有任何的影響力（reversed）
SC09	如果這個社區有問題發生了，社區裡的居民會設法解決
SC10	對我而言，能居住在這個社區是非常重要的事
SC11	居住在這個社區的居民彼此無法融洽相處（reversed）
SC12	您期望長期居住在這個社區

(二)母體與樣本

根據 2008 年 10 月內政部的統計資料，在 26 個台灣的縣市地區中，彰化縣境內新移民婦女人數排名第八位，計有 17,165 人；中國籍（含中國與港澳地區）有 8,731 人，占 50.9%；其他國籍者有 8,434 人，占 49.1%，其中包含 8,311 位來自越南、印尼、泰國、菲律賓、柬埔寨等四個東南亞國家。[2]在彰化縣的越南籍新移民婦女人數僅次於中國籍，有 5,722 位，

---

[2] 資料來源為內政部統計處（2008）。
http://www.ris.gov.tw/ch4/static/m0sb09710.xls。線上檢索日期：2008 年 11 月 21 日。

占 33.3%，印尼籍人數為 1,571 人，占 9.2%；中國、越南與印尼籍新移民婦女人數達 16,024 人，占彰化縣新移民婦女總人口數的 93.4%。

新移民婦女的移入造成彰化縣國小學童人口結構的改變；如表 14-2 所示，彰化縣政府教育處資料顯示，2007（民國 96）學年度，在 175 所彰化縣公立國民小學，共有 5,632 位學生之女性家長的原生國籍為台灣以外之國家；其中主要來自越南（2,006 人，占 35.6%）、中國（1,572 人，占 27.9%），與印尼（1,266 人，占 22.5%）。

表14-2　註冊學生與標靶學生之女性家長，及受訪新移民婦女之原生國籍分布

	註冊學生[a]		50所學校標靶學生		成功受訪新移民婦女	
	人數	%	人數	%	人數	%
中國籍	1,572	27.91	222	28.17	146	38.32
東南亞籍	4,015	71.29	565	71.70	235	61.68
越南	2,006	35.62	279	35.41	110	28.87
印尼	1,266	22.48	200	25.38	97	25.46
泰國	186	3.30	18	2.28	6	1.57
菲律賓	322	5.72	46	5.84	16	4.20
柬埔寨	176	3.13	14	1.78	6	1.57
緬甸	30	0.53	6	0.76	0	0.00
馬來西亞	28	0.50	2	0.25	0	0.00
新加坡	1	0.02	0	0.00	0	0.00
其他國籍	45	0.80	1	0.13	0	0.00
合計	5,632	100.00	788	100.00	381	100.00

註a：彰化縣教育處（2007）。http://erw.chc.edu.tw/document/index.php

本研究以彰化縣公立國民小學一、三、五年級新台灣之子之女性家長為研究母體，研究者採取隨機群聚抽樣；首先，研究者自 175 所公立國民小學中隨機選取 50 所學校；其次，在此 50 所學校之一、三、五年級班級中探尋新台灣之子。研究者將問卷發予每位新台灣之子的女性家

長，如表 14-2 所示，在 50 所學校的一、三、五年級班級中，共有 788
位新台灣之子，其女性家長的原生國籍多為越南籍（279 人，占 35.4%）、
中國籍（222 人，占 28.2%），與印尼籍（200 人，占 25.4%）。回收之
問卷共有 381 份；其中，成功完成問卷之中國籍受訪者共有 146 位（占
38.3%）、越南籍受訪者有 110 位（占 28.9%）、印尼籍受訪者有 97 位
（占 25.5%）（見表 14-2）。

　　由表 14-3 可見，新移民婦女年齡多介於三十一至三十五歲間，但中
國籍新移民年齡較東南亞新移民年齡為大；約 87%的中國籍新移民年齡
達三十一歲或以上，74%的東南亞籍新移民年齡達三十一歲或以上；約
有 13%的中國籍新移民婦女與約 26%的東南亞籍新移民婦女年齡在三十
歲或以下。而其男性配偶多較新移民年齡為大；無論是中國籍或東南亞
及新移民，其男性配偶多為中年人。其中 61%的中國籍新移民的男性配
偶與 68%的東南亞新移民男性配偶為四十一歲或以上；整體而言，超過
90%的新移民男性配偶年齡在三十六歲以上。如表 14-4 所示，黑色區塊
之數據為新移民婦女與其配偶年齡相近之夫婦對數，黑色區塊以上之數
據表示新移民之配偶的年齡超過新移民婦女年齡之夫婦對數；整體而
言，至少有 240 位受訪者（約占 80.0%，240/301），其配偶之年齡明顯
大於新移民婦女。

　　表 14-3 亦顯示新移民婦女與其配偶的受教育年數，中國籍新移民婦
女的教育程度較東南亞籍新移民高；約有 48%的中國籍新移民僅具有國
中或以下的教育程度（受教育年數為九年或以下），相對地，約有 59%
的東南亞籍新移民具有國中或以下的教育程度。具有高中或以上教育程
度（受教育年數為十年或以上）的中國籍與東南亞籍新移民婦女分別為
52%與 41%。新移民婦女的教育程度與其配偶教育程度相近；反映在比
例上，45%中國籍新移民配偶僅具有國中或以下的教育程度（受教育年
數為九年或以下），約有 57%的東南亞籍新移民之配偶的受教育年數僅
有九年或以下。相對地，約有 55%的中國籍新移民的配偶與 43%的東南

亞新移民婦女的配偶具有高中或以上教育程度。整體而言，無論是新移
民或其配偶，中國籍新移民與其配偶之教育程度略高於東南亞籍新移民
婦女及其配偶。

表14-3　新移民婦女與其配偶之年齡、教育程度與收入（NT$）

	新移民婦女						新移民婦女之配偶					
	中國		東南亞		合計		中國		東南亞		合計	
年齡												
16-20歲	0	0.00	2	0.92	2	0.56	0	0.00	1	0.56	1	0.32
21-25歲	2	1.40	4	1.84	6	1.67	0	0.00	0	0.00	0	0.00
26-30歲	16	11.19	50	23.04	66	18.33	1	0.76	2	1.11	3	0.96
31-35歲	66	46.15	88	40.55	154	42.78	12	9.16	13	7.22	25	8.04
36-40歲	44	30.77	41	18.89	85	23.61	38	29.01	42	23.33	80	25.72
41歲或以上	15	10.49	32	14.75	47	13.06	80	61.07	122	67.78	202	64.95
受教育年數												
無	2	1.39	8	4.10	10	2.95	1	0.77	4	2.65	5	1.78
1-3年	3	2.08	13	6.67	16	4.72	2	1.54	5	3.31	7	2.49
4-6年	21	14.58	32	16.41	53	15.63	9	6.92	20	13.25	29	10.32
7-9年	43	29.86	62	31.79	105	30.97	46	35.38	57	37.75	103	36.65
10-12年	58	40.28	51	26.15	109	32.15	55	42.31	42	27.81	97	34.52
13-15年	13	9.03	13	6.67	26	7.67	15	11.54	16	10.60	31	11.03
16-18年	4	2.78	12	6.15	16	4.72	2	1.54	4	2.65	6	2.14
19年或以上	0	0.00	4	2.05	4	1.18	0	0.00	3	1.99	3	1.07
月薪收入												
無	44	34.38	49	25.26	93	28.88	9	7.38	13	8.02	22	7.75
1-15,000	31	24.22	79	40.72	110	34.16	18	14.75	27	16.67	45	15.85
15,001-30,000	48	37.50	57	29.38	105	32.61	44	36.07	61	37.65	105	36.97
30,001-45,000	3	2.34	4	2.06	7	2.17	33	27.05	43	26.54	76	26.76
45,001-60,000	2	1.56	3	1.55	5	1.55	13	10.66	11	6.79	24	8.45
60,001-75,000	0	0.00	0	0.00	0	0.00	2	1.64	4	2.47	6	2.11
75,001-90,000	0	0.00	0	0.00	0	0.00	1	0.82	1	0.62	2	0.70
90,001或以上	0	0.00	2	1.03	2	0.62	2	1.64	2	1.23	4	1.41

表14-4　受訪新移民婦女與其配偶之年齡

新移民年齡	新移民配偶年齡（歲）						
	16-20	21-25	26-30	31-35	36-40	41或以上	總數
16-20歲	1	0	0	0	0	0	1
21-25歲	0	0	0	1	2	3	6
26-30歲	0	0	3	12	15	26	56
31-35歲	0	0	0	10	43	79	132
36-40歲	0	0	0	0	19	59	78
41歲或以上	0	0	0	0	0	28	28
總數	1	0	3	23	79	195	301

表14-5　新移民之結婚年數

新移民結婚年數	中國		東南亞		合計	
	人數	%	人數	%	人數	%
1-5年	6	4.17	12	5.66	18	5.06
6-10年	80	55.56	100	47.17	180	50.56
11-15年	52	36.11	98	46.23	150	42.13
16年或以上	6	4.17	2	0.94	8	2.25
總數	144	100.00	212	100.00	356	100.00
平均數（標準差）	10.34	(2.77)	10.33	(2.60)	10.33	(2.67)

　　由於台灣法令的特別限制，無薪資收入的中國籍新移民婦女比例高於東南亞籍新移民婦女，二者之比例分別為 34%與 25%（見表 14-3）。然而，針對有月薪收入的群體分析，中國籍新移民婦女之薪資收入可能高於東南亞籍新移民婦女；約有 41%的東南亞籍新移民婦女之月薪收入在 15,000 元以下，而月薪收入在 15,000 元以上者約有 34%。相對地，月薪收入在 15,000 元以下之中國籍新移民僅占約 24%，且約有 38%的中國籍新移民月薪收入介於 15,001-30,000 元間；而月薪收入超過 15,000 元者則約有 41%，較東南亞籍新移民婦女的 34%為略高。而在新移民婦女配偶的月薪收入上，中國籍與東南亞籍間並無明顯差異；多數男性配偶的

月薪收入在 15,001-45,000 元之間,分別占 63%與 64%,而月薪收入高於 45,000 之比例分別為 15%與 11%。此外,由表 14-5 可見,受訪者的平均結婚年數約為 10.3 年,且中國籍與東南籍新移民婦女間並無明顯差異。

　　進一步就整體受訪者基本資料而言,中國籍新移民婦女資料完整性較東南亞籍新移民婦女為高,東南亞籍新移民婦女資料完整性相對較低,在 235 位東南亞籍受訪者中,常有資料不完整的情況,如表 14-3,針對東南亞籍新移民婦女本身的資料而言,完整回答關於年齡、受教育年數,與月薪收入的人數分別為 217、195 與 194 人,占 235 位東南亞籍新移民婦女的 92.3%、83.0%與 82.6%。同時,東南亞籍新移民婦女對其配偶的社經特徵也可能有認識不足的現象;完整填答其配偶的年齡、受教育年數,與月薪收入的受訪東南亞籍新移民人數分別為 180、151 與 162 人,占 235 位東南亞籍新移民婦女的 76.6%、64.3%與 68.9%。儘管中國籍新移民婦女對其配偶也有認識不足的現象,但情況未如東南亞新移民婦女嚴重,在前述三個問項的完整填答人數分別為 131、130 與 122 人,分別占 146 位中國籍新移民婦女的 89.7%、89.0%與 83.6%。

四、新移民婦女之社會資本、社會適應與社區意識

　　本研究主要針對新移民婦女討論其社會資本、社區意識,與社會適應三者之間的互動關係;明確地,研究者企圖檢驗新移民的社會資本是否影響其社區意識與社會適應,亦檢驗新移民的社區意識與其社會適應互動關係。由於社會資本係以新移民的家庭親屬、朋友,與鄰居網絡關係的品質測量,研究者建構分析的操作型研究架構(圖 14-1)。研究者不僅討論所有新移民,亦將新移民分為中國籍與東南亞新移民二群體,分別檢驗。

首先，研究者比較中國籍與東南亞籍新移民婦女在五個研究面向上的差異；五個面向分數均介於 1 與 5 分之間，分數越高越正向。如表 14-6 所示，在社會資本上，所有新移民婦女的平均分數自 3.34 分（鄰居網絡關係）到 3.63 分（家庭親屬網絡）；家庭親屬網絡與朋友網絡的分數差異不大，但鄰居網絡關係較低。若將新移民婦女按其原生國籍區域區分成中國籍與東南亞國籍，在社會資本的三個面向中，二者的表現相似；以家庭親屬網絡面向分數最高，分別為 3.75 與 3.56 分，其次是朋友網絡關係，分別為 3.74 與 3.55 分，最低的是鄰居網絡關係，平均分數分別為 3.42 與 3.39 分。明顯地，新移民婦女無論其原生國籍為何，鄰居網絡關係相較於其他人際網絡關係是較弱的；這或許一方面反映新移民婦女與其鄰居互動關係較弱，亦意味著由於某些限制的存在，新移民缺乏與其鄰居發展優質的人際互動關係，或累積其社會資本。值得注意的是，是否較弱的鄰居網絡關係會對新移民的社區意識或社會適應產生負面影響；在下文中，研究者將透過統計分析的方法討論三個社會資本的研究面向對新移民的社區意識與社會適應的影響。

　　此外，如表 14-6 所示，在三個社會資本的研究面向中，中國籍新移民婦女之分數均顯著地高於東南亞籍新移民婦女（p <0.05）。值得注意的是，是否中國籍與東南亞籍新移民婦女的社會資本容量的差異會造成社會資本、社區意識，與社會適應三者間的互動關係；在下文中，研究者亦將針對此一研究問題深入討論。

　　社區意識與社會適應是本研究的二個內生變數（endogenous variables）；所有新移民婦女的社區意識與社會適應面向分數分別為 3.41 與 3.65 分。中國籍與東南亞籍新移民在此二面向的表現相似，均為前者分數較低，後者分數較高；同時，中國籍與東南亞籍新移民在此二面向的表現無顯著差異；平均數的差異未達顯著水準（α=0.05）。

表14-6　新移民之社會資本、社區意識與社會適應[a]

	所有新移民（N=381）	中國籍新移民（N=146）	東南亞籍新移民（N=235）	平均數差異
社會資本				
家庭親屬網絡	3.63（0.75）	3.75（0.76）	3.56（0.73）	0.19[b]
朋友網絡	3.62（0.62）	3.74（0.59）	3.55（0.63）	0.18[c]
鄰居網絡	3.34（0.69）	3.50（0.70）	3.24（0.66）	0.26[d]
社會適應	3.65（0.58）	3.72（0.59）	3.61（0.57）	0.10
社區意識	3.41（0.48）	3.42（0.54）	3.39（0.45）	0.03

註a：括弧內數字為標準差。
註b：$p<0.05$。
註c：$p<0.01$。
註d：$p<0.001$。

　　進一步，研究者以因果徑路模式分析社會資本、社會適應，與社區意識三者的互動關係，且比較中國籍與東南亞籍新移民間的差異；研究者依據操作型研究架構建構三個實證因果徑路模式，包含所有新移民婦女的模式、中國籍新移民婦女模式，與東南亞籍新移民婦女模式。經以AMOS 分別分析前述三種新移民模式，並刪除未達顯著水準的徑路關係後，研究者分別針對所有新移民、中國籍與東南亞籍新移民等三種分析群體建立最終的「社會資本—社會適應—社區意識」因果模式（見圖 14-2 至圖 14-4），同時三種模式的絕對適配度、相對適配度，與簡效適配度均達標準（見附錄二）。

　　圖 14-2 顯示，新移民婦女的社會適應受到家庭親屬、鄰居，與朋友網絡關係三者的直接影響；表 14-7 指出前述三者作為測量個人社會資本容量的指標對新移民婦女社會適應的標準化直接影響效果分別是 0.26、0.30 與 0.16。另一方面，新移民的社會資本對其個人的社會適應並無間接影響效果。值得注意的是，鄰居網絡關係對於改善新移民的社會適應具有最重要的影響力，其次是家庭親屬網絡關係，再則為朋友網絡關係。

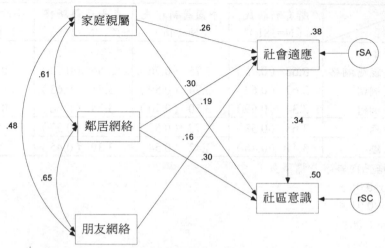

圖14-2 　新移民（含中國籍與東南亞籍）之社會資本、社區意識與社
　　　　 會適應

　　而就提升新移民的社區意識而言，如**表 14-7** 所示，社會資本不僅具
有直接影響效果，亦有間接影響力。首先，家庭親屬與鄰居網絡關係對
其個人的社區意識的標準化直接影響效果分別為 0.19 與 0.30。其次，個
人的社會適應優劣直接影響個人的社區意識，其標準化直接影響效果為
0.34。此外，家庭親屬、鄰居，與朋友網絡關係對新移民的社區意識的標
準化間接影響力分別為 0.09、0.10 與 0.05；進一步而言，三者對新移民
的社區意識的標準化總影響效果分別為 0.28、0.40 與 0.05；由此可見，
在三個作為測量新移民社會資本涵晷的指標中，鄰居網絡關係不僅對改
善其社會適應有重要的影響力，對於提升其個人的社區意識亦有重要的
意義。此外，值得注意的是，個人社會適應的改善有助於提升新移民的
社區意識；標準化直接影響效果為 0.34。

表14-7 新移民婦女之社區意識與社會適應標準化的直接、間接與總影響效果

依變數／自變數	總模式			中國模式			東南亞模式		
	直接	間接	總影響	直接	間接	總影響	直接	間接	總影響
社會適應									
家庭親屬網絡關係	0.26	--	0.26	0.20	--	0.20	0.31	--	0.31
鄰居網絡關係	0.30	--	0.30	0.37	--	0.37	0.24	--	0.24
朋友網絡關係	0.16	--	0.16	0.20	--	0.20	0.13	--	0.13
社區意識									
家庭親屬網絡關係	0.19	0.09	0.28	0.12	0.08	0.20	0.27	0.09	0.36
鄰居網絡關係	0.30	0.10	0.40	0.36	0.14	0.51	0.25	0.07	0.32
朋友網絡關係	--	0.05	0.05	--	0.08	0.08	--	0.04	0.04
社會適應	0.34	--	0.34	0.38	--	0.38	0.30	--	0.30

　　進一步，研究者將新移民就其原生國籍分為中國籍與東南亞籍新移民兩組，分別建構其社會資本、社會適應與社區意識之因果模式。如圖14-3 與表 14-7 所示，中國籍新移民的因果徑路模式與所有新移民的模式極為相似；鄰居網絡關係對於改善中國籍新移民的社會適應具有最重要的直接影響力，其標準化直接影響效果為 0.37，超越其他兩個社會網絡關係的影響力。不僅如此，鄰居網絡關係對於提升中國籍新移民的社區意識亦有顯著的意義；鄰居網絡關係對社區意識的標準化總影響效果為 0.51（直接與間接影響力分別為 0.36 與 0.14）。個人的社會適應對於社區意識的提升亦有重要的影響力，其標準化直接影響效果為 0.38，超越鄰居網絡關係的直接影響力。綜合前述，鄰居網絡關係對於中國籍新移民的社會適應的改善與社區意識的提升皆具有重要的直接影響效果；此外，社會資本（家庭親屬、鄰居與朋友網絡關係）則是透過個人的社會適應間接影響中國籍新移民婦女的社區意識。

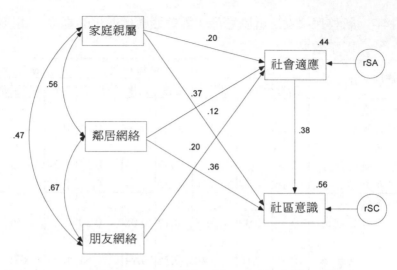

圖 14-3　中國籍新移民之社會資本、社區意識與社會適應

　　明顯地，東南亞籍新移民的社會資本、社區意識與社會適應的因果
徑路關係模式與中國籍新移民的模式或是所有新移民婦女的模式相似。
然而，異於中國籍新移民婦女，東南亞籍新移民的家庭親屬網絡關係較
其他因素重要，可有效地改善個人的社會適應；換言之，東南亞籍新移
民或許因較中國籍新移民缺乏家庭以外的社會關係，以及社會關係中所
隱含的資源，而致較仰賴家庭內的社會資本以改善其社會適應的問題。
不僅如此，家庭親屬網絡關係對於提升東南亞新移民婦女的社區意識亦
有重要的影響力；其標準化總影響效果為 0.36（直接與間接影響力分別
為 0.27 與 0.09）。改善東南亞籍新移民的社會適應對於提升其個人的社
區意識亦有重要的意義；不僅社會適應對個人的社區意識具有直接影響
效果（標準化徑路係數為 0.30），社會適應亦是社會資本與社區意識間
的中介變數；家庭親屬、鄰居與朋友網絡關係透過社會適應對個人的社
區意識具有間接影響效果（分別為 0.09、0.07 與 0.04）。

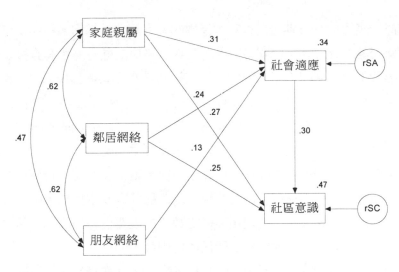

圖 14-4　東南亞籍新移民之社會資本、社區意識與社會適應

五、結語與討論

　　本研究以彰化縣境內國民小學一、三、五年級新台灣之子的女性家長為研究對象。研究者採隨機群聚抽樣，首先隨機選取 50 所學校；其次，針對一、三、五年級新台灣之子的女性家長依其原生國籍分別發送簡體中文、英文、越南文、印尼文，與泰文版問卷，最後成功完成 381 份新移民問卷。研究發現，中國籍新移民婦女的社會資本略高於東南亞籍新移民婦女（見表 14-6）；簡言之，中國籍婦女透過家庭親屬、鄰居，與朋友三種社會網絡取得較東南亞籍新移民更多的工具性、財務性與情感性的支持與協助。然而，中國籍與東南亞籍新移民婦女的社會適應與社區意識並無明顯的差異。

　　進一步，研究者分析新移民婦女的社會資本、社會適應，與社區意識三者間的因果關係模式。整體而言，中國籍與東南亞籍新移民的模式

相似性高：(1)作為測量社會資本指標的家庭親屬、鄰居，與朋友等三種社會網絡關係，均對中國籍與東南亞籍新移民的社會適應有直接且明顯的影響效果（見圖 14-1 至圖 14-3 與表 14-7）；(2)新移民的家庭親屬與鄰居二種社會網絡關係與品質有助於提升個人的社區意識；(3)個人的社會適應的優劣對於新移民的社區意識不僅有直接且明顯的影響效果，同時是介於個人社會資本與社區意識間的重要中介變數。然而，中國籍與東南亞籍新移民的模式亦存在些許差異性。就提高中國籍新移民的社會適應而言，鄰居網絡關係的品質較其他二種社會資本指標重要，其次是個人的朋友網絡關係；家庭親屬網絡關係的重要性相對最低。就東南亞籍新移民婦女而言，家庭親屬關係是她們最大的倚靠；家庭親屬網絡關係的優劣對其社會適應有最大的直接影響力，其次是鄰居網絡關係，最後則是朋友網絡關係的品質。

　　無論是中國籍或東南亞籍新移民的社會適應均受到個人社會資本的影響，儘管二者有些許的差異，但對與台灣文化差異較大的東南亞籍新移民而言，家庭親屬網絡的社會支持是最重要的。因此，為加速東南亞籍新移民婦女的社會適應，政府的政策應該強化東南亞籍新移民在台灣的初級關係，促進新移民與其配偶家庭成員的相互了解與接受。進而使新移民配偶之家庭成員與其他親屬願意與能夠，提供新移民婦女適當的工具性、財務性與情感性的社會支持，以及促使新移民認同其所處的社區環境。

　　然而，觀察現行或近年來政府對新移民所提供的措施，不免令人憂心忡忡；多數提供給東南亞籍新移民的服務措施是以同化新移民與提升新移民的生活適應為主要目的，例如成人識字班、生活適應班、駕駛考照班……等等課程。提高新移民的適應能力或加速新移民在台灣的生活能力固然重要的，但這類課程多是灌輸如何在台灣生活的訊息給新移民，單方面迫使新移民學習台灣人的生活方式、飲食習慣、宗教儀式……等等。長期如此，如果新移民無法以台灣人的生活方式過日子，新移民

的角色容易被標籤化，新移民與本土籍間的不對等關係不僅持續存在於台灣社會，甚至會出現在新移民家庭中，更使新台灣子女面臨邊緣化的風險。因此，值得我們思考的是，未來台灣社會是否會變成一個「多元族群，單一文化」的社會。

為避免「多元族群，單一文化」的形成與新移民（文化）的邊緣化，不應該僅只是關注如何提升新移民對台灣本土文化的認知，公私部門（特別是政府部門與非營利組織）更應該積極地「教育」台灣本籍人士，使其認識與尊重新移民文化。可能的政策性與實務性做法可包括：(1)就近程目標而言，擘劃與鼓勵新移民家庭參與新移民文化活動，強化新移民家庭的多元文化知覺，促使新移民家庭尊重新移民文化，營造多元文化社會；(2)就中程目標而言，政府應制定族群平權政策，保障新移民權益，與公私部門應推動多元文化活動，以提升本籍人士的多元文化知覺；(3)就長程目標而言，落實學習環境與學習內容的多元文化，積極將新移民文化納入國民教育，促使多元文化主義扎根，摒除族群歧視意識。

附錄一 新移民婦女之社會資本、社會適應與社區意識之相關性

	1	2	3	4
所有新移民婦女				
1.家庭親屬網絡關係	--	--	--	--
2.朋友網絡關係	0.481	--	--	--
3.鄰居網絡關係	0.606	0.649	--	--
4.社會適應	0.519	0.477	0.561	--
5.社區意識	0.551	0.460	0.608	0.610
中國籍新移民婦女				
1.家庭親屬網絡關係	--	--	--	--
2.朋友網絡關係	0.471	--	--	--
3.鄰居網絡關係	0.559	0.671	--	--
4.社會適應	0.503	0.547	0.620	--
5.社區意識	0.517	0.495	0.669	0.670
東南亞籍新移民婦女				
1.家庭親屬網絡關係	--	--	--	--
2.朋友網絡關係	0.473	--	--	--
3.鄰居網絡關係	0.625	0.623	--	--
4.社會適應	0.522	0.427	0.513	--
5.社區意識	0.582	0.443	0.571	0.567

附錄二　因果徑路模式之適配度

	總模式	中國模式	東南亞模式
參數個數（NPAR）	19	19	19
自由度（df）	1	1	1
絕對適配指標			
CMIN (χ2)	0.147	0.150	0.817
Root Mean Square Error of Approximation (RMSEA)	0.000	0.000	0.000
Expected Cross-Validation Index (ECVI)	0.100	0.263	0.166
相對適配指標			
Goodness of Fix Index (GFI)	1.000	1.000	0.999
Adjusted Goodness of Fit Index (AGFI)	0.998	0.994	0.979
Non-Normed Fix Index (NNFI or TLI)	1.010	1.025	1.004
Normed Fix Index (NFI)	1.000	1.000	0.998
Comparative Fit Index (CFI)	1.000	1.000	1.000
Incremental Fit Index (IFI)	1.001	1.002	1.000
Relative Fit Index (RFI)	0.998	0.996	0.983
簡效適配指標			
Parsimonious Normed Fit Index (PNFI)	0.100	0.100	0.100
Akaike Information Criterion (AIC)	38.147	38.150	38.817
Hoelter's Critical N (CN)	9949	3708	1101
Normed chi-square (χ^2/df)	0.147	0.150	0.817

參考書目

一、中文部分

郭文雄（1995）。〈社區意識與鄰里關係〉，《中國論壇》。12（6）：48-52。

黃源協、蕭文高、劉素珍（2007）。〈社區意識及其影響因素之探索性研究〉，《社會政策與社會工作學刊》。11（2）：1-33。

熊瑞梅、吳文楦（1997）。〈都會化與居民地方聯繫——台中地區為例〉，載於蔡勇美、章英華（主編），《台灣的都市社會》。台北：巨流圖書公司，頁 315-350。

二、外文部分

Ahlbrandt, Roger S. (1984). *Neighborhoods, People and Community*. New York: Plenum Press.

Berry, John W. (1997). "Immigration, Acculturation, and Adaptation." *Applied Psychology: An International Review* 46(1): 5-34.

Birman, Dina. (1994). "Acculturation and Human Diversity in a Multicultural Society." pp. 261-284 in Edison J. Trickett, Roderick J. Watts, and Dina Birman (eds.), *Human Diversity: Perspectives of People in Context*. San Francisco: Jossey Bass.

Bourdieu, Pierre. (1986). "The Forms of Capital." pp. 241-58 in John G. Richardson (ed.), *Handbook of Theory and Research for the Sociology of Education*. New York: Greenwood Press.

Chavis, David M., and Abraham Wandersman. (1990). "Sense of Community in the Urban Environment: A Catalyst for Participation and Community

Development." *American Journal of Community Psychology* 18(1): 55-81.

Chavis, David M., James H. Hogge, David W. McMillan, and Abraham Wandersman. (1986). "Sense of Community through Brunswik's Lens: A First Look." *Journal of Community Psychology* 14(1): 24-40.

Coleman, James S. (1988). "Social Capital in the Creation of Human Capital." *American Journal of Sociology* 94(Supplement): S95-S120.

Farrell, Susan J., Tim Aubry, and Daniel Coulombe. (2004). "Neighborhoods and Neighbors: Do They Contribute to Personal Well-being?" *Journal of Community Psychology* 32(1): 9-25.

Field, John. (2003). *Social Capital*. London: Routledge.

Glynn, Thomas J. (1986). "Neighborhood and Sense of Community." *Journal of Community Psychology* 14(4): 341-352.

Hughey, Joseph, and Paul W. Speer. (2002). "Community, Sense of Community, and Networks." pp. 69-84 in Adrian T. Fisher, Christopher C. Sonn, and Brian J. Bishop (eds.), *Psychological Sense of Community*. New York: Kluwer Academic/Plenum Publishers.

Kasarda, John D., and Morris Janowitz. (1974). "Community Attachment in Mass Society." *American Sociological Review* 39(3): 328-339.

Lin Nan. (1999). "Social Networks and Status Attainment." *Annual Review of Sociology* 25: 467-487.

Lin, Nan. (1990). "Social Resources and Social Mobility: A Structural Theory of Status Attainment." pp. 247-271 in Ronald Breiger (ed.), *Social Mobility and Social Structure*. New York: Cambridge University Press.

Lin, Nan. (2001). *Social Capital: A Theory of Social Structure and Action*. New York: Cambridge University Press.

Murphy, H.B.M. (1965). "Migration and the Major Mental Disorders." pp.

221-249 in Mildred B. Kantor (ed.), *Mobility and Mental Health*. Springfield, IL.: Charles C. Thomas.

Perkins, Douglass, Joseph Hughey, and Paul W. Speer. (2002). "Community Psychology Perspectives on Social Capital Theory and Community Development Practice." *Journal of Community Development Society* 33(1): 33-52.

Pooley, Julie Ann, Lynne Cohen, and Lisbeth T. Pike. (2005). "Can Sense of Community Inform Social Capital?" *The Social Science Journal* 42(1): 71-79.

Prezza, Miretta, Matilde Amici, Tiziana Roberti, and Gloria Tedeschi. (2001). "Sense of Community Referred to the Whole Town: Its Relations with Neighboring, Loneliness, Life Satisfaction and Area of Residence." *Journal of Community Psychology* 29(1): 29-52.

Sampson, Robert J. (1988). "Local Friendship Ties and Community Attachment in Mass Society: A Multilevel Systemic Model." *American Sociological Review* 53(5): 766-779.

Sampson, Robert J. (1991). "Linking the Micor- and Macrolevel Dimensions of Community Social Organization." *Social Forces* 70(1): 43-64.

Sarason, Seymour B. (1974). Psychological Sense of Community: *Perspectives for a Community Psychology*. San Francisco: Jossey-Bass.

Searle, Wendy, and Colleen Ward. (1990). "The Prediction of Psychological and Sociocultural Adjustment during Cross-Cultural Transitions." *International Journal of Intercultural Relations.* 14(4): 449-464

Skjæveland, Oddvar, Tommy Gärling and John Mæland (1996). "A Multidimensional Measure of Neighboring." *American Journal of Community Psychology* 24(3): 413-435.

Sonn, Christopher C. (2002). "Immigrant Adaptation." pp. 205-221 in Adrian

T. Fisher, Christoper C. Sonn, and Brian J. Bishop (eds.), *Psychological Sense of Community: Research, Applications, and Implications.* New York: Kluwer Academic/Plenum Publishers.

Stone Feinstein, B. E., and Colleen Ward. (1990). "Loneliness and Psychological Adjustment of Sojourners: New Perspectives on Cultural Shock." Pp. 537-547 in Daphne M. Keats, Donald Munro, and Leon Mann (eds.), *Heterogeneity in Cross-Cultural Psychology.* Amsterdam, Netherlands: Swets and Zeitlinger.

Unger, Donald G, and Abraham Wandersman. (1985). "Neighboring and Its Role in Block Organizations: An Exploratory Report." *American Journal of Community Psychology* 11(3): 291-300.

Ward, Colleen and Wendy Searle. (1991). "The Impact of Value Discrepancies and Cultural Identity on Psychological and Sociocultural Adjustment during Cross-Cultural Transition." *International Journal of Intercultural Relations* 15(2): 209-225.

Ward, Colleen, and Antony Kennedy. (1992). "Locus of Control, Mood Disturbance, and Social Difficulty during Cross-Cultural Transitions." *International Journal of Intercultural Relations* 16(2): 175-194.

Ward, Colleen, and Antony Kennedy. (1993a). "Psychological and Sociocultural Adjustment during Cross-Cultural Transitions: A Comparison of Secondary Students Overseas and at Home." *International Journal of Psychology* 28(2): 129-147.

Ward, Colleen, and Antony Kennedy. (1993b). "Where's the Culture in Cross-Cultural Transition? Comparative Studies of Sojourner Adjustment." *Journal of Cross-Cultural Psychology* 24(2): 221-249.

Weiss, Robert S. (1982). "Relationship of Social Support and Psychological Well-being." pp. 148-162 in Herbert G Schulberg and Marie Killilea (eds.), *The Modern Practice of Community Mental Health*. San Francisco, CA: Jossey-Bass.

Woolcock, Michael. (2001). "The Place of Social Capital in Understanding Social and Economic Outcomes." ISUMA: *Canadian Journal of Policy Research* 2(1): 1-17.

多元文化與公民社會

主　　　編／劉阿榮

著　　　者／王潤華、楊荏善等

出 版 者／揚智文化事業股份有限公司

發 行 人／葉忠賢

總 編 輯／閻富萍

地　　　址／台北縣深坑鄉北深路三段 260 號 8 樓

電　　　話／(02)8662-6826

傳　　　真／(02)2664-7633

網　　　址／http://www.ycrc.com.tw

　E-mail　／service@ycrc.com.tw

印　　　刷／鼎易印刷事業股份有限公司

ISBN　／978-957-818-918-8

初版一刷／2009 年 7 月

定　　　價／新台幣 480 元

國家圖書館出版品預行編目資料

多元文化與公民社會 / 王潤華等著. -- 初版.
-- 臺北縣深坑鄉：揚智文化, 2009. 07
面；　公分

ISBN　978-957-818-918-8 (平裝)

1.多元文化　2.公民社會　3.文集

541.207　　　　　　　　　　　　　98011967